LOS INTÉRPRETES DE PITEAS

Una aproximación literaria al lenguaje, a la imagen y al trabajo de los arqueólogos

---

Riccardo Frigoli

AHIA: Colección Arqueología Pública

Todos los derechos reservados. El contenido de esta obra está protegido por Ley. Queda totalmente prohibida cualquier forma de reproducción de la misma, sin consentimiento expreso del editor. Si necesita fotocopiar o escanear algún fragmento de esta obra diríjase al Editor www.jasarqueologia.es

Primera Edición, noviembre de 2012

© De la edición:
JAS Arqueología S.L.U.
Plaza de Mondariz, 6
28029 - Madrid
www.jasarqueologia.es
Editor: Jaime Almansa Sánchez
Corrector: David Andrés Castillo

© Del texto:
Riccardo Frigoli

© De la imágen de portada:
Michelangelo Algardi

ISBN: 978-84-939295-4-1 (papel) / 978-84-939295-5-8 (electrónica)

Depósito Legal: M-36798-2012

Imprime: Gráficas Juma
Calle de los Montes de Toledo
28830 - San Fernando de Henares

Impreso y hecho en España - Printed and made in Spain

LOS INTÉRPRETES DE PITEAS

Una aproximación literaria al lenguaje, a la imagen y al trabajo de los arqueólogos

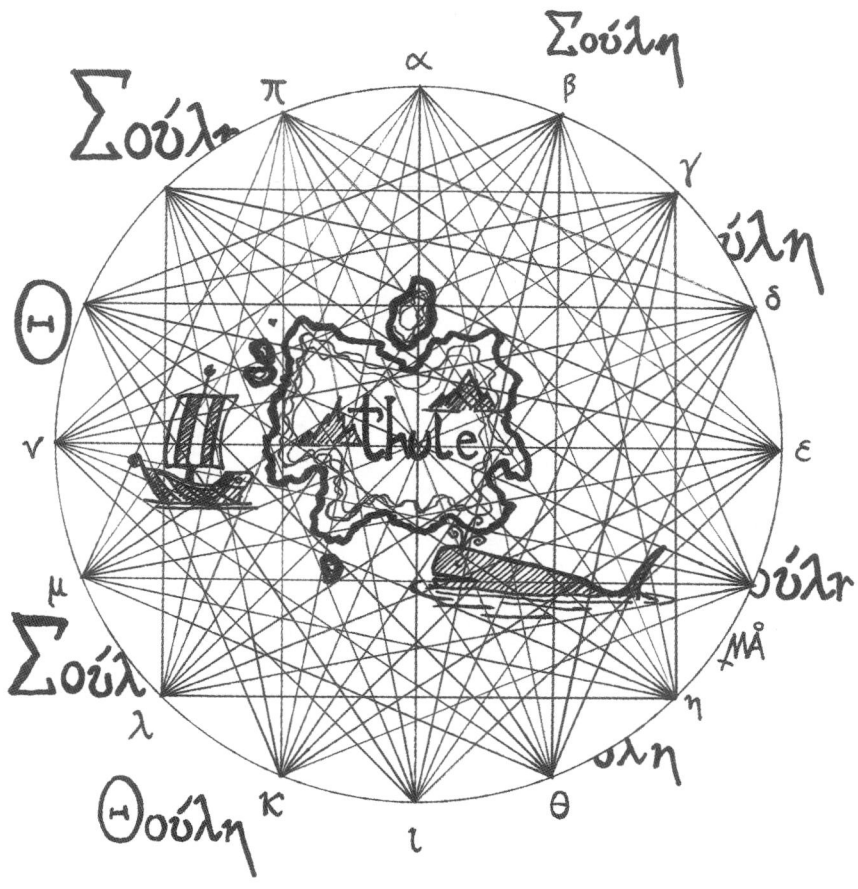

RICCARDO FRIGOLI

A la memoria de mi padre Enzo
y dedicado a todos los arqueólogos
y a los que quisieron serlo pero no pudieron.

1. Un millón de años de viaje en el tiempo.
Presentación e introducción.

"Luego Buliwyf, borracho como los demás, me ordenó a mí también cantar una canción. Insistió mucho. Como no quería irritarle, recité unos versos del Corán, mientras que un intérprete repetía mis palabras en su idioma. [...] Pedí perdón a Alá por la manera en que fueron tratadas sus sagradas palabras y también por la traducción, que me había parecido muy aproximada, porque, en verdad, también el intérprete estaba borracho".
(*Devoradores de cadáveres*, M. Crichton)

Un amigo arqueólogo medievalista, hace poco tiempo, me preguntó si este ensayo iba a ser el segundo de una tríada. La idea no suena mal y, además, habiendo yo nacido un día tres, es posible que me deje influenciar por la mística de este número. De momento prefiero pensar en este ensayo como una especie de continuación de mi primer libro, *Las excavaciones de R'Lyeh* (donde intentaba un análisis del vínculo entre la narrativa de un autor específico, H. P. Lovecraft, la arqueología como método y la prehistoria como idea), manteniendo como objetivo último la difusión y divulgación de temáticas arqueológicas en el marco de la que, desde hace unos años, se viene llamando "arqueología pública" *(Public Archaeology)*.

Con este ensayo deseo acercar el lector no especializado, el público en general, a algunas de las temáticas científicas desarrolladas por la disciplina arqueológica, enfocando mi atención especialmente sobre: a) la relación entre la arqueología y el proceso de traducción-interpretación del pasado prehistórico; b) la imagen que los arqueólogos reflejan en la sociedad contemporánea a través de su trabajo cotidiano y de la producción literaria y c) las problemáticas reales relacionadas con el desarrollo científico de la investigación arqueológica a través de la voz de algunos de sus protagonistas.

2 - Los intérpretes de Piteas

Con este propósito intentaré analizar algunos puntos clave de la interpretación del pasado prehistórico, intentando destacar algunos personajes que fueron "actores" (muchas veces de forma inconsciente) en aquella "representación dramática" que nosotros ahora definimos como *antigüedad* y a los anónimos individuos que fueron protagonistas en aquella "estropeada e incompleta película muda"[1] que resulta ser el pasado prehistórico investigado, recreado o imaginado por los arqueólogos a lo largo, por lo menos, de los últimos 150 años de actividad científica[2]. No quiero trivializar ni las fuentes clásicas, ni el importante trabajo de mis colegas arqueólogos, ni, por supuesto, la aproximación científica y artística del pasado prehistórico, sino que intentaré acercar al lector ajeno a los círculos científicos a lo que, con ironía, mis compañeros de trabajo y yo solemos definir como "el maravilloso mundo de la arqueología", pues la ironía no debe faltar cuando se está excavando basureros prehistóricos bajo el sol a una temperatura de 35º y sin una pizca de sombra.

Emic, etic... epic y heretic.

Hay un punto crucial, podríamos incluso decir que se trata "del" punto fundamental, en lo que concierne a la arqueología prehistórica (y no sólo prehistórica): ¿en qué términos tenemos que hablar del pasado nosotros los arqueólogos? ¿Qué es lo que convalida las explicaciones del pasado que los arqueólogos hacen en el presente? Dicho de otra forma: si los arqueólogos viven en el presente y del presente comparten diferentes problemáticas, creencias y perspectivas, distintas formas de ver y vivir el mundo, enfermedades, formas de vida (occidental, industrializada, globalizada...), dietas, idiomas, religiones, esquemas mentales, filosofías... ¿cómo pueden hacerse una imagen de las razones,

---
1 Barker 1981, 12.
2 Moro Abadía 2007.

las ideas, las opiniones de hombres y mujeres del pasado prehistórico cuando (y donde) no existían la mayoría de las condiciones materiales, psicológicas y sociales que existen en el mundo contemporáneo y que experimentan los arqueólogos mismos? El célebre arqueólogo norteamericano Lewis Binford[3] parece eludir el problema sosteniendo que en realidad los arqueólogos no excavan el pasado, sino el presente, es decir, que la evidencia material que los arqueólogos sacan a la luz es una evidencia que existe en la actualidad, su materialidad es tangible aquí y ahora, mientras que la relación con el pasado de la evidencia material está constituida por inferencias que los arqueólogos crean para reconstruir, aquí y ahora, la idea del pasado.

Voy a proponer un ejemplo lingüístico. Pongamos que quisiéramos aprender un idioma muy diferente de nuestro idioma nativo, por ejemplo, en el caso de los hispanohablantes, el alemán: ¿es preferible acudir a un profesor español de alemán que sepa explicarnos la gramática, la sintaxis, la fonética del idioma alemán o es mejor mudarnos a Alemania y aprender el "alemán de la calle", es decir, aprender el alemán escuchando a los nativos, leyendo los carteles publicitarios en la calle, haciendo preguntas a los tenderos, intentando comunicarnos directamente con los autóctonos, aunque estos tal vez ignoren las reglas gramaticales de su propia lengua? Al fin y al cabo, todos hemos aprendido nuestro propio idioma escuchando a individuos que lo hablaban, nuestros padres y la gente que nos rodeaba durante la infancia, sin haber estudiado ningún libro de gramática hasta, por lo menos, haber pisado el colegio. Digámoslo de otra forma: ¿es mejor una aproximación externa o una aproximación interna al idioma alemán? ¿Sabe más alemán un español que haya estudiado filología alemana en España y que sepa explicar sus reglas gramaticales, o un español que lleva muchos años en Alemania y que nunca ha pisado una facultad de filología? El lector atento

---
3 Binford 1983.

conoce perfectamente la respuesta más apropiada: la postura mejor sería estudiar alemán en Alemania, poder verificar y utilizar las reglas gramaticales aprendidas en los cursos de filología directamente sobre el terreno, hablando con alemanes y viviendo entre ellos. Además, el lector puede apuntar una objeción importante a mi ejemplo: no hay una forma mejor de aprender un idioma, ni hay una forma mejor de saber un idioma, sin embargo todo depende del uso que queramos hacer de la lengua aprendida. Si necesitamos saber el idioma para comprar el pan y tomar unas cervezas en un garito en Berlín durante las vacaciones nos apañaremos con un alemán de nivel básico, si quisiéramos poder leer y entender las obras de Nietzsche en versión original, necesitaríamos un conocimiento muy profundo del idioma alemán y de la historia de la filosofía alemana; es decir: todo depende del *contexto* y de nuestras necesidades (y también de nuestro tiempo, dinero y posibilidades).

Volvamos ahora a la arqueología prehistórica. Si quisiéramos tener un conocimiento lo más preciso posible del pasado prehistórico ¿sería mejor observarlo desde la actualidad, medirlo, aprender las reglas de la tipología[4], fechar con los métodos radiométricos los restos materiales o ir a vivir en el pasado prehistórico para...? ¡Vaya, acabo de caer en una paradoja espacio-temporal! Termino de darme cuenta de que con el pasado mi ejemplo no funciona del todo; me parecía que iba bien encaminado, pero no es así; en el caso de la arqueología prehistórica, a diferencia de la sociolingüística, de la sociología, de la antropología cultural, de la lingüística y de otras ciencias sociales, para el investigador, el arqueólogo, es imposible "meterse en el pellejo" de los individuos estudiados. Pero, aún así, no todo está perdido.

En los textos fundamentales de arqueología, los autores nos presentan dos formas de aproximación al pasado prehistórico, dos aproximaciones que los antropólogos llaman *etic* y *emic*, dos formas de conocimiento del objeto investigado por las ciencias sociales, el *ser humano*, que en

---
4 Véase, por ejemplo, Eiroa et alii 1999.

parte se acercan y explican mi ejemplo anterior. No es casualidad que los dos términos hayan sido inventados por un lingüista, Kenneth Pike, largamente utilizados por un antropólogo, Marvin Harris y, desde hace unas décadas, también utilizados por los arqueólogos, pues las tres disciplinas tienen mucho en común.

La aproximación *etic* a los fenómenos sociales implica por parte del investigador la observación, medición y descripción externa de los fenómenos a estudiar; la aproximación *emic* implica, sin embargo, el tomar en consideración el punto de vista interno, el punto de vista de los mismos individuos que constituyen los fenómenos sociales que hay que describir y explicar. El Profesor de antropología y arqueología Adrian Praetzellis[5] nos ofrece un buen ejemplo para explicar los dos conceptos: "la visión del mundo que tiene sentido para los individuos que estamos estudiando - la aproximación *emic*, así la llamamos - es sólo una de las formas de ver las cosas. Los científicos sociales pueden también utilizar categorías *etic* que describen los fenómenos en una forma completamente diferente. Por ejemplo, una persona puede que tenga una amplia variedad de vajillas en el armario de la cocina, algunas de las cuales son utilizadas a diario – las vajillas habituales, normales y corrientes – mientras otras son utilizadas sólo en ocasiones especiales – la porcelana refinada. Podemos definir como *emic* estas categorías. Sin embargo, a través del análisis tecnológico, un investigador podría descubrir que los dos tipos de vajillas están hechos de diferentes tipos cerámicos, tienen un vidriado diferente, etc. La descripción técnica del científico, el análisis *etic*, le permite comparar la idea de "porcelana refinada" que tiene una familia con la idea que tienen los vecinos. La descripción científica puede que no tenga ningún sentido para los individuos que utilizan las vajillas. Pero, utilizando sus propias categorías en vez de las de los 'otros', el científico crea una base para la comparación".

[5] Praetzellis 2011, 77.

Resulta evidente, sobre todo tras la crítica procesualista y posprocesualista a la arqueología histórico-cultural y a la *New Archaeology*, que es imposible una aproximación exclusivamente *emic* al pasado prehistórico y que un punto de vista puramente *etic* es poco viable hoy en día aunque, bajo el punto de vista científico, haya aportado nuevas e interesantes perspectivas a la investigación arqueológica del pasado[6]. La interpretación del pasado prehistórico por parte de la arqueología ha sido marcada, y sigue siéndolo, por dos puntos de vista, sólo aparentemente, en mi modesta opinión, antitéticos: una aproximación *emic*, el enfoque marcado por líneas de investigación del tipo "meterse en el pellejo de los hombres de la Edad del Bronce" o "qué haría yo si tuviera que cazar un mamut en el solutrense en la región del Perigord" y una aproximación puramente *etic*, basada en la interpretación de los fenómenos sociales del pasado cómo fenómenos naturales, utilizando modelos matemáticos y de las ciencias naturales para la interpretación de la prehistoria, zanjando cuestiones de percepción subjetiva de los mismos individuos del pasado, etiquetándolos de no-científicos e intentando crear una terminología lo más neutra posible, que tenga en cuenta sólo la observabilidad actual de los fenómenos prehistóricos.

Un ejemplo paradigmático de este segundo enfoque es el libro de David L. Clarke *Analitic Archaeology* ("Arqueología analítica"), 1968[7] en la edición original, o el libro de Karl Butzer *Archaeology as human ecology* ("Arqueología, una ecología del hombre), de 1982[8]. Como ejemplo de aproximación *emic* quiero proponer el maravilloso, aunque no exento de polémicas, libro de Jean Clottes y David Lewis-Williams, *Les chamanes de la préhistoire: transe et magie dans les grottes ornées* ("Los chamanes de la prehistoria: trance y magia en las cuevas decoradas"), de 1996[9].

---
6 Véanse Hodder 1988; Trigger 1992; Renfrew 1993; Moro Abadía 2007.
7 Clarke 1984.
8 Butzer 1989.
9 Clottes y Lewis-Williams 2001

En este trabajo voy a proponer otras dos formas de aproximación a la prehistoria que me resultan útiles para los fines de este breve ensayo y voy a llamarlas, aunque de forma provisional, *epic* y *heretic*. La aproximación *epic* es la forma de "ver" y reconstruir el pasado prehistórico bajo una perspectiva artística, la prehistoria reconstruida a través de la literatura, de la pintura, del cine[10]... La disciplina que estudia este tipo de enfoque es la que Stephanie Moser define como *archaeological representation*, un área de investigación que enfoca su centro de interés "en examinar como las representaciones no académicas del pasado han contribuido a la construcción del conocimiento de las sociedades y culturas antiguas"[11]. La aproximación *epic* no es una categoría de conocimiento científica *stricto sensu*, sino artística, emotiva y emocional, y , según mi punto de vista, no menos importante de las demás aproximaciones (si tenemos en cuenta la gran accesibilidad que el público tiene a esta categoría y la cantidad de inversiones que la recreación artística de la prehistoria implica, sobre todo en el cine)[12]. A este propósito sigo citando a Moser: "... investigadores han demostrado que los diferentes tipos de representaciones no académicas y académicas actúan entre sí en una forma compleja e interdependiente, y que, lejos de ser un simple producto secundario, las representaciones 'populares' del conocimiento

---

10 "Las películas (pre)históricas son el equivalente posmoderno de las narraciones orales. Como las sagas épicas y los poemas del romancero, el cine persuade mediante la fuerza emocional y la inmediatez de la 'historia' y consigue implantar 'verdades' más a través del corazón que del cerebro", Ruiz Zapatero y Fernández Martínez 1997, 263.

11 Moser 2009, 1048. "Such representations exist in form of illustrations, museum displays, media reports, artwork (including decorative arts), literature, film, staged re-enactments, advertising, and computer games. Archaeological representation can be two- or three-dimensional, visual or textual, static or performative. [...] As primary vehicles for communicating ideas about the past, archaeological representations are invaluable documents for investigating how we have come to understand human history".

12 "En todos estos ámbitos – y muchos otros – la arqueología, de una u otra forma, está presente. Es verdad que deformada, manipulada o mal interpretada la mayoría de las veces, pero esa es 'la arqueología' que normalmente llega a un mayor número de ciudadanos", Ruiz Zapatero y Fernández Martínez 1997, 263. Véanse también: Ruiz Zapatero 1997; Hernández Descalzo 1997; Fernández Martínez 1997.

[sobre el pasado] influyen y a menudo moldean, las ideas académicas. De hecho, el impacto que tales reconstrucciones tienen sobre la investigación académica puede ser extremadamente influyente"[13].

Es evidente que una buena aproximación *epic* tendrá que tener en cuenta las categorías *etic* y *emic*. Como ejemplo "clásico" puedo citar la excelente película dirigida por J. J. Annaud *En busca del fuego* ("La guerre du feu"), de 1981, basada en la novela de J. H. Rosny, o los *best sellers* de J. M. Auel, como *El clan del oso cavernario*, publicado en 1980[14]. Estos son solo dos de los numerosos ejemplos de aproximación a la prehistoria a través de un enfoque artístico, *epic*. No hay que subestimar el impacto y la importancia de este tipo de producción, pues es a través de la categoría *epic* que, en lo bueno y en lo malo, se producen muchos de los clichés sobre la prehistoria compartidos por el gran público y muchas de las imágenes que van a formar el "imaginario colectivo" de la sociedad (véase, por ejemplo, el célebre personaje de Indiana Jones). Además, es a través de la categoría *epic* que muchos jóvenes desarrollan la *pasión* por la arqueología, sentimiento que, en el mejor de los casos, puede llegar a transformarse en investigación científica y en su futuro trabajo.

La segunda categoría es la que he llamado *heretic* y tiene a que ver con una aproximación heterodoxa a la arqueología; se trata de una aproximación que no sigue el *mainstream* de la investigación científica de su época pero que comparte su estricta metodología. La aproximación *heretic* es ciencia, pero resulta ser un tipo de aproximación particular, diferente, una forma de hacer ciencia que se aleja de la norma, de las formas usuales de la investigación arqueológica, es un tipo de investigación *trasversal*.

Ejemplos de categoría *heretic* pueden ser el *Tucson Garbage Project* llevado a cabo por el arqueólogo William Rathje en la década de los

---

13 Moser 2009, 1050. Véase también Kristiansen 2008; Harrison 2010.
14 Véase, por ejemplo, Hackett y Dennell 2003.

70, un proyecto que implicaba la excavación y el estudio de la basura (*garbage*) acumulada en el basurero de la ciudad de Tucson (Arizona, EE.UU.) para comprender las formas y los patrones de consumición de los productos por parte de la sociedad contemporánea entre los residentes de aquella ciudad norteamericana, patrones que pueden ser utilizados como comparación con los patrones de utilización de los desechos conceptualizados por los arqueólogos tras la excavación de basureros prehistóricos; o el maravilloso libro del paleontólogo D. M. Raup, de la Universidad de Chicago, *Extincion. Bad genes o bad luck?* ("La extinción. ¿Malos genes o mala suerte?"). En la introducción al ensayo de Raup, Stephen Jay Gould, hablando del genial autor, afirma que "... fue el primero a comprender la grandiosidad de la teoría del impacto, cuando la mayoría de los paleontólogos o aullaban rabiosos o se doblaban de las risas, todos negándose a tomar en seria consideración su interpretación..." y define el libro como "... una magnífica exposición de su idea iconoclasta...". Otro ejemplo de aproximación *heretic* ha sido el estupendo libro de Colin Renfrew *Arqueología y Lenguaje: la cuestión de los orígenes indoeuropeos*[15], donde el arqueólogo inglés ofrecía una nueva interpretación del origen y difusión de los idiomas indoeuropeos, interpretación opuesta a la teoría entonces vigente sobre la formación y desarrollo del protoindoeuropeo. La teoría del mismo Renfrew ha sido criticada por muchos investigadores, entre otros el filólogo italiano Mario Alinei, quien propuso su *Paleolithic Continuity Paradigm*, todo un ejemplo de aproximación *heretic*[16].

Volviendo a uno de los temas de este breve ensayo, la relación entre arqueología, literatura, traducción e interpretación, la producción literaria es uno de los campos artísticos donde más se ha desarrollado una aproximación de tipo *epic* y *emic* al pasado. Por ejemplo, en el capítulo

---

15 Renfrew 1990.
16 www.continuitas.org - consultado el 27-10-2011.

"Yo sólo juego con mi vida, nunca con mi dinero" veremos como los protagonistas de algunas de las novelas con trasfondo arqueológico tienen una relación *emic* con el lejano pasado.

La relación entre literatura, traducción e interpretación por un lado y pasado prehistórico y arqueología por el otro, resulta ser muy fructífera. Uno de los textos básicos para la teoría de la investigación arqueológica se titula *Reading the past* ("leer el pasado", traducido en la versión española como "Interpretación en arqueología"), del célebre arqueólogo británico Ian Hodder[17], mientras que el filólogo García Yebra[18] titulaba, utilizando un término puramente arqueológico, "Protohistoria de la traducción", uno de sus ensayos sobre la historia de la traducción. Quiero concluir este párrafo con unas citas que bien explican el papel de fabuladores que tienen los arqueólogos (y el carácter de la disciplina misma) en la tarea de reconstrucción-interpretación del pasado prehistórico. "[...] Los arqueólogos no pueden hacer otra cosa que contar historias sobre el pasado. Algunas de ellas son historias de armonía, otras de discordia. Algunas pasan el test de la 'navaja de Occam', otras no. Algunas son plausibles pero no hay datos que las puedan respaldar"[19].

Según las palabras del arqueólogo Andrea Carandini "en el momento en que se pasa del reino de la secuencia estratigráfica de las unidades de acción al de la secuencia de las unidades de actividad, el excavador cruza el límite que separa la materialidad de la documentación de la narración de las vicisitudes humanas. Las unidades de actividad ya no son, de hecho, realidades estratigráficas, sino grumos de problemas y, por lo tanto, de narraciones: núcleos de existencia traducidos en artefactos. [...] Nada hay más fascinante que este proceso de destilación que traduce el desorden indefinible de los mundos pasados en estados de cosas organizadas y configuradas. Aquí reside la capacidad de revivificación de la arqueología"[20].

---
17 Hodder 1988.
18 García Yebra 1987.
19 Praetzellis 2011, 163.
20 Carandini 2007, 137.

Hay arqueólogos que hasta han llegado a conceptualizar una "gramática arqueológica". En su monumental *Arqueología analítica*, D. L. Clarke, en el capítulo final titulado "Discusión y especulación" explica que "la gramática es el compendio organizado y ordenado de las relaciones de las palabras extraídas de un elevado número de contextos literarios, la condensación de un gran número de contextos observados. Está claro que el resultado de los tipos de procedimientos que acabamos de describir [los procedimientos de la *arqueología analítica*] debería ser algún compendio de gramática arqueológica que condensase un gran número de regularidades observadas en los datos arqueológicos. Sin embargo, tal gramática no existe y lo que tenemos son varias 'arqueologías rivales' reposando en diversos enunciados básicos incompatibles. [...] La explicación de la paradoja de la arqueología moderna conviene buscarla en la estructura elemental de la propia disciplina, a la que podrá aplicarse el isomorfismo con el estudio de la información y de los sistemas de signos. Esto no debería sorprendernos si consideramos el lenguaje y los sistemas de signos como artefactos al igual que cualquier otra fabricación humana. [...] Es evidente, pues, que si el arqueólogo está construyendo un cuerpo organizado y ordenado de relaciones que podremos denominar gramática arqueológica, entonces este cuerpo no incluye una sino tres gramáticas separadas y relacionadas: sintáctica arqueológica, pragmática arqueológica y semántica arqueológica"[21], donde la sintáctica arqueológica "trata el ámbito de los artefactos en tanto que fenómenos utilizables en el estudio empírico" permitiendo "la manipulación y transformación de esas representaciones simbólicas por medio de una serie de reglas gramaticales"[22], la pragmática arqueológica "cubre el ámbito de los artefactos y sus relaciones con las gentes que los fabricaron y con aquellas que los están observando"[23], mientras que la semántica arqueológica "deslinda del ámbito de relaciones entre artefactos y sus funciones y actividades del

---
21 Clarke 1984, 430-432.
22 Clarke 1984, 433.
23 Clarke 1984, 434.

mundo físico"[24] y concluye: "... es posible que el 'lenguaje del observador', o metalenguaje de la sintáctica arqueológica, sea la primera gramática susceptible de descubrir la forma de cálculo de la expresión simbólica para las próximas décadas"[25]. El "lenguaje del observador", del *observador* de fenómenos sociales del pasado prehistórico, el lenguaje del arqueólogo, o metalenguaje, el lenguaje de investigadores que viven en nuestro tiempo y que hablan de fenómenos acontecidos hace miles de años, el lenguaje que traduce e interpreta las culturas prehistóricas, el lenguaje que forma la disciplina arqueológica contemporánea y la literatura a esta asociada... *Los intérpretes de Piteas*, esta obra que el lector tiene entre sus manos, quiere ser una aproximación a estos lenguajes.

Mente, palabra... arqueología.

Nosotros, como seres humanos ¿actuamos como pensamos o pensamos como actuamos? ¿Nuestra forma de pensar está estructurada por el lenguaje y por el idioma específico utilizado por el individuo, o el lenguaje y cada idioma específico deben su estructura a la forma de pensar de nuestra mente? Como humilde arqueólogo que soy, no es mi intención adentrarme en tamañas cuestiones filosóficas, pero sí quiero subrayar un punto delicado en lo que concierne a la relación entre interpretación del pasado prehistórico, *forma mentis* de los intérpretes de este pasado (los arqueólogos) y los idiomas utilizados por estos en el proceso de interpretación y explicación de los acontecimientos sociales que tuvieron lugar en el pasado sin escritura. Al fin y al cabo, la facultad del habla y el idioma específico hablado por cada uno de nosotros nos permite formar nuestras propias ideas y a través de estas explicar el pasado prehistórico aunque, al mismo tiempo, las palabras de un idioma entorpecen la explicación de los procesos mentales y sociales externos

---
24 Clarke 1984, 435.
25 Clarke 1984, 437.

al sistema lingüístico en uso, como es el caso del pasado prehistórico, donde las perspectivas ideológicas y las dinámicas sociales de los protagonistas estaban conceptualizadas y encontraban su explicación a la luz de una estructura conceptual (hoy perdida) moldeada por la estructura lingüística y por un conjunto terminológico (hoy perdido) para nosotros desconocido (véase el capítulo "Picos, ases de picas y comodines"). Como subraya Moro Abadía "[...] la clásica distinción entre la 'descripción' del pasado (como un procedimiento más o menos objetivo) y la 'interpretación' del pasado (como un acto puramente subjetivo) se revela ficticia: la descripción pone en juego una serie de conceptos (como la forma o el tamaño) que constituyen, *de facto*, una interpretación de la realidad. Como ha señalado David Hull[26], el problema se plantea por la relatividad de los códigos fundamentales de la cultura como el lenguaje, el razonamiento o la verdad: todos ellos han cambiado a lo largo del tiempo y el historiador no puede acceder a los criterios de otra época porque los desconoce y porque en muchos casos entran en contradicción con los suyos. En segundo lugar, el presente influye inevitablemente en la historia porque determina la motivación del historiador. Siendo complejos, los motivos que nos llevan a estudiar el pasado siempre encuentran una coartada en el presente"[27].

Las *ciencias duras* son acumulativas, las *ciencias blandas* lo son de una forma mucho menor; en el caso de la arqueología esto probablemente es debido también al hecho de que, influyendo el presente de los arqueólogos en sus motivaciones personales y sobre su interpretación del pasado, las interpretaciones arqueológicas de la prehistoria cambian al variar el marco conceptual contemporáneo a los arqueólogos y este hecho no permitiría una acumulación progresiva del conocimiento, como se verifica, por ejemplo, en matemática o en física (ciencias duras);

---

26 Hull 1979.
27 Moro Abadía 2007, 63-64.

no estoy hablando de errores en el procedimiento científico, sino de cambios en el paradigma[28]. Un claro ejemplo de disciplina de naturaleza no acumulativa es la filosofía donde, en el cambio de una sola generación, puede verse incluso una negación de la perspectiva filosófica anterior, un ejemplo clásico serían las filosofías de Aristóteles y Platón. En el caso de la arqueología una fractura profunda, o un cambio de paradigma, se han dado, por ejemplo, entre la arqueología histórico-cultural y la Nueva Arqueología, o entre esta última y la arqueología procesual[29].

Volvamos al rol del proceso de interpretación-traducción en la explicación del pasado prehistórico. Abadía Moro, en su magnífico estudio sobre la historiografía arqueológica, hace referencia a la tesis filosófica de W. V. O. Quine[30], la "indeterminación de la traducción". Siguiendo la aplicación que Hardcastle[31] hace de la *Indeterminacy of translation,* Abadía Moro deduce que la *indeterminación de la traducción* "se opone de este modo a una creencia muy extendida que supone que una frase en un contexto concreto tiene un único significado y que, por consiguiente, debe existir una única traducción correcta o otro lenguaje. Para Quine esta idea es falsa, ya que existen diferentes posibilidades de traducción válidas, lo que demuestra que el significado es esencialmente indeterminado"[32]. Siendo el proceso de traducción-interpretación, como hemos visto, una parte esencial del conocimiento (pre)histórico y, siendo la interpretación de los fenómenos sociales de la prehistoria y su traducción a un lenguaje comprensible para la audiencia contemporánea, una parte esencial del conocimiento arqueológico, la hipótesis de Quine es de capital importancia.

---

28 "La cristalización de un nuevo paradigma dominante suele conllevar el total abandono del paradigma anterior, con el efecto imprevisto de que determinado fenómenos permanecen inexplicados y escapan incluso al nuevo paradigma, lo que con el tiempo provoca crecientes desequilibrios" Kristiansen 2006, 17.
29 Véase, por ejemplo, Trigger 1992; Guidi 1988.
30 Quine 1960.
31 Hardcastle 1991, 321-345.
32 Moro Abadía 2007, 65.

A esta indeterminación de la traducción *de los fenómenos sociales* podría entonces corresponder una incompleta (parcial) determinación de la explicación histórica (o la posibilidad de diferentes traducciones-interpretaciones, todas válidas) propuesta por cada generación de arqueólogos para el pasado prehistórico. Esta indeterminación dejaría abierta entonces una especie de "diafragma interpretativo" que sería el espacio donde se construiría otro tipo de interpretación-traducción (también indeterminada) por parte de arqueólogos posteriores, creando una cadena de sucesivas interpretaciones-traducciones de los fenómenos sociales prehistóricos, que constituiría el *continuum* no acumulativo del conocimiento de la prehistoria por parte de la arqueología en su desarrollo cronológico. Moro Abadía es claro en este sentido: "si la traducción es indeterminada y el conocimiento histórico es una traducción, entonces el conocimiento histórico es indeterminado"[33].

Podríamos ampliar el concepto de traducción a todo acto de comunicación[34] y pensar en la arqueología como un proceso de comunicación entre un sistema cultural extinguido (prehistórico, en nuestro caso) y un sistema cultural vivo y contemporáneo (el nuestro) a través de un medio, es decir, el proceso cognitivo del arqueólogo: la arqueología como traducción-interpretación intercultural y el arqueólogo como mediador entre dos sistemas culturales. El punto fundamental es que "como los antropólogos 'los historiadores están comprometidos en un tipo de traducción' que consiste en hacer comprensible el punto de vista de los actores (*-emic*) a sus contemporáneos a través del registro lingüístico que ambos comparten (*-etic*)"[35].

Además "[...] el historiador *traduce* al presente documentos, ideas o acontecimientos ocurridos en el pasado. Este último no sólo constituye

---

33 Moro Abadía 2007, 65.
34 Hurtado Albir 2011, 27.
35 Moro Abadía 2007, 65.

su marco lingüístico de referencia, sino que, además, "[los historiadores] deben ser capaces de explicarse en el lenguaje de nuestro presente"[36]. En este sentido, la historia es necesariamente presentista ya que a) el historiador no puede escapar del carácter referencial de su lenguaje y b) su objetivo es dirigirse a una audiencia que vive en el presente y no en el pasado"[37]; además, esta audiencia, en caso de que el historiador esté escribiendo para el gran público, no está preparada, en la mayoría de los casos, para un lenguaje técnico, así que el lenguaje meta debe amoldarse no solo al marco de referencia lingüístico de la audiencia sino también a los diferentes registros socio-lingüísticos de la audiencia misma.

La idea de que la investigación arqueológica de la prehistoria es, en esencia, un proceso de interpretación-traducción de los fenómenos sociales del pasado a un lenguaje contemporáneo, puede parecer algo extraño para muchos lectores. Creo que esto es debido a la idea preconcebida que una gran parte del público tiene sobre el objetivo de la investigación arqueológica y sobre el mismo trabajo de los arqueólogos. La arqueología no trata de buscar tesoros o de desenterrar objetos que nos hablen directamente y *per se* del pasado, sino, para decirlo con las palabras de uno de los más grandes arqueólogos de todos los tiempos, Ian Hodder, "los arqueólogos tienen que hacer abstracciones a partir de las funciones simbólicas de los objetos que excavan, para poder identificar el contenido del significado subyacente, lo que supone analizar la forma en que las ideas, denotadas por los símbolos materiales mismos, desempeñan un rol en la configuración y estructuración de la sociedad"[38], además de analizar "el entorno humano y físico, los procesos de deposición, la organización del trabajo, el tamaño del asentamiento, y los intercambios de materia, energía e información"[39].

---

36 Pickstone 1995, 205.
37 Moro Abadía 2007, 64.
38 Hodder 1988, 148.
39 Hodder 1988, 147.

Siendo la tarea de los arqueólogos "analizar ideas" (a través de la interpretación del lenguaje- simbólico "adherido" a la materialidad de la evidencia arqueológica) y explicar dichas ideas al público contemporáneo, ya sean compañeros de trabajo la audiencia que asiste a una conferencia los visitantes de un museo o los lectores de un libro de arqueología, el proceso de conocimiento de los fenómenos sociales prehistóricos puede ser entendido como un proceso de interpretación-traducción desde un "lenguaje simbólico fuente" a un "lenguaje simbólico y verbal meta"; desde el "lenguaje simbólico fuente" de las comunidades prehistóricas al "lenguaje simbólico y verbal meta" de los diferentes públicos que constituyen la sociedad contemporánea. Hablo de "diferentes públicos" porque la sociedad contemporánea no está constituida por una masa homogénea, sino, más bien, por un conjunto heterogéneo, es decir, por diferentes grupos de audiencia, como lectores, visitantes, congresistas, estudiantes, profesores, cada uno definido por niveles diferentes de interés, atención, motivación, preparación y por niveles diferentes de aproximación lingüística e intelectual a la explicación del pasado prehistórico.

El proceso de traducción-interpretación se hace aún más explícito si pensamos en la cultura material como un texto y en la estratigrafía arqueológica como un libro.

En el capítulo titulado, ya de forma bastante explícita, como "Leer la cultura material", Hodder afirma rotundamente que "la idea de que la cultura material es un texto de lectura existe en arqueología desde hace tiempo"[40]; esta idea, de hecho, parece confirmada por muchos ejemplos paradigmáticos: Leroi-Gourhan afirmaba que "toda la historia no escrita de la humanidad se encuentra introducida en las hojas, una superpuesta a otra, del libro de la tierra, y la técnica de la excavación tiene como primera finalidad asegurar su correcta lectura", mientras

---
40 Hodder 1988, 149.

que las arqueólogas francesas Alimen y Steve aseguran que "deber del arqueólogo es abrir este libro, página tras página, haciendo atención que no se pierda ni una sola palabra, para evitar que el texto que tiene delante de sí resulte incomprensible"[41]. Barker confirma, escribiendo que "la excavación recupera desde la tierra la evidencia arqueológica que no se podría obtener de ninguna otra manera. El suelo es un documento histórico que, como un documento escrito, ha de ser descifrado, traducido e interpretado antes de poderlo utilizar. [...] El conjunto del paisaje, rural y urbano, es un amplio documento histórico"[42] y sigue sosteniendo que (y esto es un punto crucial) "cada yacimiento arqueológico es ya de por si un documento. Puede ser leído por un hábil excavador, pero es destruido por el procedimiento mismo de lectura. A diferencia de lo que pasa con un documento antiguo, el estudio de un yacimiento a través de la excavación es un experimento que no puede ser repetido. [...] Por eso es muy grande nuestra responsabilidad. Si leemos mal nuestros documentos mientras los destruimos, la evidencia primaria che ofrecemos a los que estudian el pasado será equivocada, y los que nos seguirán serán llevados a un camino equivocado y ni tendrán manera de darse cuenta".

El tipo de arqueología desarrollada por Ian Hodder es, obviamente, un intento de superación de los obstáculos que la evidencia material nos pone para la interpretación del pasado prehistórico. Si, como él afirma, los símbolos de la cultura material son ambiguos, si lo que se puede decir sobre ellos es simple, si tenemos en cuenta una cierta indeterminación de la traducción aplicada a la interpretación del pasado prehistórico y, si nos tomamos en serio la advertencia de Philip Barker antes citada... ¿estamos seguros de que estamos leyendo bien?

Es difícil entonces, con estas premisas, poder encontrar *una* explicación, poder ofrecer *una* interpretación exhaustiva y definitiva de un

---

41 Alimen y Steve 1967, 15.
42 Barker 1996, 27-28.

fenómeno social de la prehistoria. Volveríamos entonces a la naturaleza de las ciencias blandas, un conocimiento de tipo no acumulativo. Pero, en esto, después de todo, está el atractivo indiscreto de la arqueología. Si me permitís una cita muy poco académica pero algo sarcástica, como dijo Indiana Jones en una de sus clases "la arqueología busca el hecho, no la verdad. Si es la verdad lo que os interesa, el doctor Tairy da filosofía en la clase del fondo"[43].

Un millón de años de viaje en el tiempo.

La prehistoria es un tiempo (pre-historia, antes de la historia), es el tiempo antes de la existencia de las primeras fuentes escritas. También es un lugar, porque la arqueología (prehistórica) es el estudio del ser humano a través de la evidencia material y el ser humano (como individuo o en sociedad) vive en un tiempo y en un lugar. El ser humano modifica estos dos factores, espacio y tiempo, y a la vez es modificado por ellos. La arqueología nos permite investigar la prehistoria, ese tiempo no codificado por la escritura. Podemos, bajo esta perspectiva, entender entonces la arqueología como un "viaje" a un tiempo y a un lugar y, como todo viaje, también la arqueología implica contacto con los autóctonos (de la prehistoria, del pasado) y, además, implica una suerte de "dialogo" con los individuos ahí encontrados. Este "viaje" no es de los más simples, sobre todo si tenemos en cuenta el tipo de destino que nos espera. Como escribía hace unos años el paleoantropólogo italiano Alberto Salza: "la paleoantropología se mueve en lo que los corresponsales de guerra llaman *territorio comanche*, un lugar donde el desconocimiento de las reglas de comportamiento crea insidias humanas, donde la ignorancia climático-ambiental conlleva catástrofes y, sobre todo, donde los nativos hacen cosas incomprensibles: podrían esconderse detrás

---

[43] En "Indiana Jones y la última cruzada" 1989, citado también en Moro Abadía 2007.

de unos arbustos para un ataque mortal o montar una ceremonia en nuestro honor" y, citando al escritor británico L. P. Hartley "el pasado es una tierra extranjera: allá hacen las cosas de forma diferente"[44]. De la fundamental "naturaleza viajera" del investigador en ciencias humanas y del contacto con los "otros" nos habla también el filólogo Miguel Ángel Vega cuando afirma que "en esa naturaleza viajera estriba el carácter irremediablemente subjetivo de la traducción. Por parte del viajero, el esfuerzo de empatía con el país, la gente y la cultura visitados puede ser absolutamente comprometido y moralmente orientado a la objetividad. El resultado, sin embargo, siempre será la visión de lo otro desde lo propio, desde la propia idiosincrasia y desde el propio idioma"[45] (véase en este capítulo el epígrafe "Los interpretes de Piteas").

En nuestro caso, un viaje arqueológico al pasado, el diálogo con los nativos resulta ser un poco especial y relativamente problemático, pues los individuos encontrados en nuestro viaje al pasado no nos pueden hablar y, en el caso de la prehistoria, de ellos no tenemos referencias escritas, no tenemos sus voces materializadas en palabras grabadas en la roca o pintadas en papiros (aunque, en muchos casos, tenemos su arte pintado o grabado en la roca). Sólo tenemos la evidencia material creada por ellos y *para ellos* y será entonces, a través de la interpretación de esa evidencia material, que los arqueólogos (y el público en general a través de la interpretación hecha por los arqueólogos) podrán entender las formas de vida de las comunidades del pasado sin escritura. No se trata simplemente de desenterrar objetos y huesos, más bien los arqueólogos se hacen preguntas sobre el pasado e intentan sacar respuestas a través del estudio de la materialidad de la evidencia arqueológica: los objetos, los huesos humanos, la fauna, la estratificación arqueológica... La materialidad del pasado no comunica con nosotros contemporáneos en

---

44 Salza 2000, 2.
45 Vega 1994, 18.

una forma verbal, sin embargo puede comunicar de una forma simbólica. La tarea del arqueólogo es interpretar la evidencia material, es traducir a un idioma comprensible para él, para los demás arqueólogos y para la sociedad contemporánea en general, lo que la evidencia material le ha "dicho", o tal vez "susurrado"[46], a través de su presencia, de su realidad, de su forma, de sus símbolos y del contexto donde ha sido encontrada. Los arqueólogos tienen que formular un discurso, una explicación de los fenómenos culturales del pasado, y ese discurso a través de la escritura es publicado y resulta asequible a toda la humanidad. Una palabra, o una frase, aislada de su contexto puede ser muy equívoca y hasta puede llegar a perder casi todo su significado originario; de la misma manera un objeto o una serie de objetos fuera de su contexto arqueológico pueden perder mucho de su significado simbólico. La misma palabra *contexto* hace referencia a un texto: *con-texto*; una serie de referencias internas[47]. Podríamos afirmar que el contexto arqueológico de un objeto es entonces la suma de las referencias materiales, ambientales y simbólicas dentro de las cuales el objeto mismo se encuentra como ha sido hallado por el arqueólogo. El contexto arqueológico no tiene una dimensión preestablecida, es oficio del investigador definir el contexto arqueológico pertinente y significativo de un objeto, de una serie de objetos o de un conjunto de evidencia material.

Una palabra tiene sentido en sí misma. Por ejemplo, la palabra "ojo" hace referencia inmediata, por convención lingüística[48], a una cosa, pero el uso y el contexto pueden modificar el significado de la palabra aunque su significante sea el mismo.

El contexto de una palabra puede ser la frase donde la palabra se encuentra: "iluminado por un ojo de buey", "aquel hombre tiene un ojo

---

[46] Hodder 1988.
[47] Hodder 1988, 145.
[48] Eco 1999.

de cristal", "ojo por ojo, diente por diente", "¡Ojo! El suelo está mojado", "nos encontramos en el ojo del huracán"... El contexto puede ser aún más amplio, como, por ejemplo, todo el párrafo donde se encuentra la palabra. Cuanto más amplio es el contexto, más informaciones obtenemos. Una vez contextualizada en cada párrafo, una frase puede cambiar de significado, y la misma palabra puede tener un valor diferente. Podríamos ampliar aún más el contexto; podríamos tomar como referencia todo el capítulo, o todo el libro donde aparece nuestra palabra; hasta podríamos tomar como contexto del término "ojo", en nuestro ejemplo, toda la librería donde se encuentra el libro en el cual está el capítulo, dónde se halla el párrafo en el cual está la frase donde hemos encontrado la palabra "ojo". Entonces: "¿cuál es el contexto pertinente?" Esta no es una pregunta fácil de contestar, aunque una respuesta válida puede ser: "depende de la pregunta que nos hemos puesto al principio de nuestra investigación: "¿porqué nos interesa la palabra *ojo*?"".

El contexto nos da informaciones esenciales para determinar el significado o el uso de la palabra que queremos analizar; de la misma manera la definición del contexto arqueológico nos ofrece informaciones esenciales para la determinación del significado y del uso del objeto o del conjunto de objetos que estamos analizando.

Tomamos como ejemplo una hipotética vasija encontrada en una hipotética excavación arqueológica. Nuestro objetivo es definir el contexto pertinente a este objeto. El contexto puede ser el conjunto de vasijas en el cual hemos encontrado la nuestra; puede estar constituido por todos los objetos encontrados junto a las vasijas entre las cuales está la nuestra. Podemos tomar como contexto toda la sepultura que contenía, junto a nuestro objeto, también las otras cerámicas, los otros objetos del ajuar y el esqueleto del difunto. Si siguiésemos ampliando el contexto podríamos llegar a tomar en consideración todas las sepulturas de la necrópolis, o toda la excavación, o toda la región en la cual se encuentra nuestra excavación. Podríamos descubrir entonces que la vasija que hemos seleccionado, comparada con todas las demás de la tumba, resulta ser diferente, y que otras similares se encuentran en más tumbas, pero sólo en tumbas de mujeres y no exclusivamente en nuestra necrópolis, sino en todas las necrópolis de la región, pero nunca en las necrópolis de la región vecina, por ejemplo separada de la nuestra por un gran río.

El contexto nos ayudará a poder establecer una primera hipótesis de trabajo: el tipo de vasija que hemos tomado en consideración tiene como posible significado "soy un objeto que identifica las mujeres una vez muertas, pero sólo de esta región y no las mujeres de la región vecina que se encuentra más allá del río". Podríamos ampliar el "campo semántico simbólico" de nuestra vasija diciendo que "es un marcador de genero (sólo mujeres) y étnico (sólo de esta región=población)". Tendríamos que tomar en consideración la cronología de la tipología de nuestra vasija, para determinar también si se trata de un marcador cronológico, si aparece solo a lo largo de una generación o es una tipología que se repite de generación en generación, indicando siempre las mujeres difuntas de una etnia. Podríamos llegar aún más lejos y querer descubrir *por qué* ese tipo de vasija indicaba las mujeres una vez muertas, pero sólo de una determinada región, y *qué es* lo que los individuos de aquella región pensaban acerca del valor simbólico de este determinado tipo de vasijas[49].

Es evidente pues que, si tomáramos en consideración sólo la vasija, sólo el objeto en sí mismo, perderíamos una cantidad enorme de informaciones esenciales para entender el contexto cultural de la comunidad que hizo, utilizó y enterró aquel objeto.

---

49 Hodder 1988; Renfrew 2007.

Así como las palabras, también los objetos se mueven, se prestan, se aceptan, se renuevan, pueden cambiar de significado en el tiempo, pasan de moda, vuelven...[50] El ser humano hace uso de los objetos que él mismo crea, o de los que se sirve, para comunicar informaciones; como ejemplos contemporáneos tómese en consideración la alianza llevada en el dedo anular de la mano izquierda (símbolo de un hombre o una mujer casados) o el mismo anillo llevado como colgante (símbolo de un viudo o una viuda); o una correa llevada por un perro o llevada por un *punk*, o una cadena de metal en una bici o llevada como cinturón por un *heavy*. Constantemente estamos, también hoy en día, creando, utilizando y recontextualizando objetos para comunicar informaciones.

Deber del arqueólogo es descifrar, es interpretar este tipo de informaciones para entender lo que se quiso comunicar con los objetos en el pasado. El arqueólogo tiene que traducir a un idioma comprensible el contexto de significados de la evidencia material encontrada y tiene que explicar, cuando sea posible, los contenidos de las informaciones comunicadas entre individuos, géneros, clases y/o comunidades en el pasado prehistórico. Faltando por completo la información escrita, esta no es una tarea simple y tal vez resulta una tarea imposible dependiendo del éxito de la interpretación de muchos factores, como, por ejemplo, la calidad y la cantidad de la evidencia material disponible.

Imaginemos una gran biblioteca, repleta de libros. Imaginemos ahora un incendio que afecte a nuestra biblioteca: las llamas que devoran la mayoría de las páginas de los libros hasta el punto de que queden sólo pocas páginas, algunas intactas, algunas quemadas por la mitad, otras

---

50 Véase, por ejemplo, esta cita de Bordes (1968, 61): "Para las formas más antiguas con bifaces toscos se habían empleado en Europa los términos de prechelense y chelense, que después se abandonaron. Sin embargo, la palabra chelense subsistió en África para estos primeros estadios hasta que muy recientemente se ha adoptado la decisión de abandonarla y llamar a toda esta serie con bifaces, achelense, formando los primeros niveles el achelense antiguo. Es un error, ya que el término achelense antiguo tiene desde hace tiempo una significación diferente en Europa".

donde se pueden leer solo unas pocas palabras. Como es obvio, hay que tener en consideración que el fuego ha actuado según diferentes factores, externos al valor literario de los libros: según donde soplaba el viento, según la calidad de papel de las páginas de los libros, según la humedad de las estanterías... así que lo que nos queda, una vez que el fuego se ha apagado, probablemente es una cantidad mínima de partes de textos, un conjunto heterogéneo en calidad y en cantidad. Tal vez los libros del autor menos popular o menos prolífico entre los guardados originariamente en la biblioteca, por pura fortuna, se encontraban en una estantería no afectada por el fuego y se han salvado casi todos. Una vez analizadas las estadísticas de presencia de autores en los restos quemados de la biblioteca, aquel autor, a falta de otra información externa a la biblioteca, será sobrestimado como escritor.

Lo mismo pasa con la evidencia material. Han pasado muchos siglos desde que las comunidades de los tiempos prehistóricos han dejado de producir y utilizar los objetos que hoy en día encuentran los arqueólogos en el subsuelo. Por encima de estos objetos han actuado los agentes atmosféricos, como el viento, la lluvia, el sol, el calor, o el frío, han actuado factores naturales, como ríos, incendios, derrumbes... y han actuado factores humanos, (sobre todo en los últimos dos siglos), como la construcción de pisos, carreteras, vías de ferrocarriles. Muchos contextos han sido destruidos, mucha evidencia material se ha, a veces irremediablemente, perdido, muchos significados han sido olvidados.

Los intérpretes de Piteas

"Tal y como ha sucedido con la traducción y con los traductores, que han relatado sus vivencias viajeras, han reflexionado sobre ellas, han dado explicaciones de su proceder... desde siempre, la curiosidad científica se fijaba en unos testimonios viajeros —diarios de bitácora, relatos de viajes, etc.— que daban noticia, que explicaban y justificaban.

Y eso mismo ha hecho la traducción, que ha acompañado —en prólogos, tratados, recensiones, etc.— ese viaje lingüístico, literario que ella misma es, de la oportuna reflexión, de la no pedida justificación"[51].

Desde las épocas antiguas los intereses económicos y "científicos" han sido el motor para la exploración de nuevos territorios y el encuentro con otros pueblos y otras civilizaciones. El mismo Egipto ha sido el lugar, dos mil quinientos años antes de la expedición de Napoleón, de una de las primeras expediciones organizadas de la historia. La inscripciones del templo de la reina Hatshepsut (1479-57 a. C.) en Deir-el-Bahri, cerca de Luxor, nos hablan de una expedición egipcia a la tierra de Punt, un lugar todavía no localizado con precisión por los investigadores pero probablemente identificable con lo que hoy en día es Somalia, o un lugar entre la costa somalí y la cabecera del Nilo[52]. La expedición atravesó 150 millas de desierto, desde Luxor hasta el Mar Rojo, donde se embarcó y, tras 1.500 millas de navegación, alcanzó la meta de su viaje. En el barco los egipcios llevaban regalos y mercancías para el príncipe de Punt. En su viaje de vuelta, trajeron entre otras cosas esclavos, ébano, resinas aromáticas, anillos de oro, pieles de pantera, colmillos de elefante, monos y una jirafa[53].

Una de las primeras exploraciones científicas documentadas en las fuentes antiguas, y una entre las más emocionantes en la historia de la exploración y de la antropología, fue la del masaliota Piteas, en la segunda mitad del siglo IV a. C. El explorador griego viajó hasta el extremo Norte de Europa movido por intereses astronómicos (demostración de la inexistencia de una estrella en el Polo Norte astronómico y observaciones sobre el período de luz en las latitudes boreales y el comportamiento del sol en relación al horizonte) e intereses geográficos y antropológicos

---
51 Vega 2004, 18.
52 Shaw 2007, 150.
53 Shaw 2007, 420-422; Farrington 2007, 11.

(la no habitabilidad de las extremas regiones septentrionales, la habitabilidad de las regiones frías, la inexistencia del mundo hiperbóreo como realidad edénica). Descubrió la existencia de los *iceberg* y de la banquisa, reveló el fenómeno de las mareas oceánicas, describió nuevas tierras (las islas británicas, Islandia, Escandinavia y las costas de la Europa báltica), y reveló y difundió en la cultura griega los nombres de algunas tribus germánicas del Norte de Europa[54].

Piteas, según lo que se puede reconstruir a través del análisis filológico de las fuentes antiguas que hacen referencias a él y a su viaje, salió de la ciudad griega de Massalia (actualmente Marsella, Francia) y llegó a la actual Burdeos, utilizando vías terrestres y fluviales (como el río Garona). Probablemente patrocinado por la financiación pública de su ciudad[55], Piteas pudo montar una flota en la costa atlántica, embarcarse y hacer rumbo hacia el Norte, bordeando la costa gala. La expedición alcanzó la Bretaña, de ahí apuntó hacia Cornualles y bordeó la costa oriental de la isla, desembarcando de vez en cuando e investigando el territorio interior. Piteas, llegado al extremo Norte de la isla británica, apuntó aún más hacia septentrión y, atravesando el archipiélago de las Orcadas y de las Shetland, alcanzó la isla conocida, según sus informadores celtas, como Thule, es decir, Islandia. Ahí, unos "bárbaros", embarcados con los griegos, enseñaron al explorador masaliota "donde el sol se echa a dormir" (el solsticio de verano)[56]. Una vez alcanzado el extremo septentrional de Islandia/Thule, la expedición cambió de rumbo y se dirigió hacia el Sur, costeando la Britania occidental y llevando a cabo el periplo de la gran isla. Según la interpretación de las fuentes griegas posteriores se puede averiguar cómo el explorador de Massalia y su flota, una vez hubieron regresado a la costa continental atlántica, tomaron rumbo

---

54 Luiselli 1992, 95-130.
55 Luiselli 1992, 98.
56 Luiselli 1992, 105.

Noroeste, bordearon las que hoy en día son Bélgica y Holanda, cruzaron el Skagerrak y entraron en el Báltico, donde encontraron diferentes tribus germánicas, entre las cuales seguramente estaban los teutones y los inguones[57]. Llegada al extremo oriental del Mar Báltico, la expedición volvió hacia occidente, bordeando la costa meridional de Escandinavia, salió del Báltico, apuntó hacia el Sureste, costeó nuevamente la costa atlántica de Francia hasta Burdeos y volvió a Massalia vía tierra.

Bruno Luiselli nos da una interpretación muy interesante del término Thule y una elocuente explicación de la identificación de Thule con Islandia. Según la reconstrucción que hace este investigador del viaje oceánico del massaliota, Piteas tuvo que embarcar a unos galos para que le hiciesen de *guías* en la exploración de la costa atlántica de Galia (desde la actual Burdeos hasta Bretaña) y de *intérpretes* en los lugares explorados en el interior de Bretaña[58]. Gracias a la afinidad entre los idiomas célticos hablados en Bretaña y los idiomas célticos hablados en Galia, los intérpretes de Piteas no tuvieron que tener muchos problemas en traducir desde el céltico británico al griego de Massalia a través del propio idioma céltico de Galia; aunque no hay que excluir el hecho de que el mismo Piteas, oriundo de la ciudad de Massalia, que se encontraba en la costa mediterránea de la Galia, pudiera, si no hablar, por lo menos entender el céltico de la Galia meridional y de esta forma también el céltico de Bretaña. Durante las exploraciones tierra adentro en territorio de los britanos, Piteas tuvo que recoger personal indígena, guías e intérpretes, otra vez, para poder seguir en su viaje hacia el extremo norte. De las conversaciones con sus nuevas guías Piteas tuvo conocimiento de la existencia de una tierra en el extremo Norte, la tierra más septentrional de todas las tierras conocidas; los guías hablaban de una tierra llamada Thule. Según Luiselli el topónimo

---
57 Luiselli 1992, 118.
58 Luiselli 1992, 100.

Thule se basa en un malentendido fonético entre los guías célticos y el mismo Piteas; probablemente los intérpretes del massaliota hablaban de *Σούλη*, "Sulé", es decir "La isla del Sol", "la solar" (del antiguo céltico *Sul*, "sol", con sufijo en *-e* para los nombres). Piteas, que hablaba griego como idioma materno, probablemente entendía y traducía naturalmente en su esquema mental fonético el primer fonéma *Σού*- como *Θού*-, transformando de esta forma el nombre de esta nueva tierra en *Θούλη* ("Thoúle") a causa de la confusión fonética entre sigma (Σ) y zeta (Θ). Un fallo de recepción auditiva, una errónea interpretación de una palabra extranjera hizo de la "isla solar" la mítica Thule, meta de las más extravagantes interpretaciones y expediciones geográficas contemporáneas (hasta las aberraciones del nacionalsocialismo).

Los intérpretes de Piteas jugaron un papel fundamental durante la expedición del navegante masaliota: tuvieron la función de guías en las tierras desconocidas para el comandante de la misión, tuvieron la función de intérpretes entre los diferentes idiomas hablados en las tierras visitadas, y desarrollaron la tarea de explicar los fenómenos geográficos y culturales encontrados en los lugares ajenos al entorno cultural, social y geográfico de los participantes en la exploración[59]. Durante

---

59 En el barco del massaliota se podía escuchar el dialecto griego de Masalia, el céltico hablado en la zona costera atlántica de la Galia y el céltico hablado en Bretaña. La triangulación entre estos tres idiomas permitió la exploración y la comprensión geográfica y etnográfica de nuevas tierras y gentes. Hay más. El viaje de Piteas, acontecido en el siglo IV a. C., tuvo que ser uno entre los innumerables viajes de exploración y comercio intertribal durante la prehistoria reciente. Los intérpretes-guías célticos de Piteas indicaron al massaliota el rumbo hacia Thule porque ya conocían la ruta hacia la "Isla del sol", pues ya habían navegado en el atlántico noreste y en el mar del Norte. A este propósito no hay que olvidar que los idiomas célticos terminaban a la altura de la desembocadura del Rín. Al Este de este río empezaban los idiomas germánicos, germánicas eran las lenguas habladas en el Sur de Escandinavia. De esta manera, los viajes marítimos de la Edad del Hierro en el Atlántico Noreste y en el Mar del Norte tenían que haber implicado un intercambio lingüístico y el trabajo de guías-intérpretes, de, por lo menos, dos grupos lingüísticos diferentes, el céltico (en su versión continental y/o insular) y los idiomas germánicos hablados al este del río Rín (hasta el Mar Báltico, donde empezaban los idiomas bálticos y fino-ugrios) y en Escandinavia.

este proceso de interpretación-explicación pudieron haberse producido errores, como en el caso del término *Thule*, pero la exploración, según lo que podemos entender tras el estudio de las fuentes antiguas, tuvo un feliz éxito. Tampoco el proceso de interpretación-explicación del pasado prehistórico por parte de los arqueólogos es inmune a errores, malentendidos, fallos, pero creo que el proceso es necesario: ese proceso de interpretación del pasado sin escritura, de explicación de las formas sociales de los "otros" (las sociedades prehistóricas) a los "nuestros" (la sociedad contemporánea).

Los trabajos más antiguos del mundo.

Se suele decir que el de los intérpretes es el "segundo trabajo más antiguo del mundo". Desde que el ser humano tuvo las capacidades mentales y físicas para hablar, escuchar y entender, el intercambio de informaciones entre individuos, géneros, clanes y grupos tribales ha sido la esencia del desarrollo cultural humano. Se puede pensar que, como las costumbres, las formas de hacer las cosas, se han diferenciado con el tiempo según una "explosión cultural" que desde la prehistoria sigue desarrollándose hasta hoy en día, y también los idiomas se han diferenciado. Siendo el ser humano un animal social, compartir informaciones ha resultado fundamental a lo largo de la historia. Poder intercambiar informaciones, ideas, mitologías, símbolos, objetos y experiencias entre grupos culturales diferentes, a través de la interpretación de un idioma y la re-contextualización de los objetos y de los símbolos de una sociedad a otra ha sido una de las tareas fundamentales en las relaciones intertribales[60]. Si estamos de acuerdo

---

"Es usual dividir los idiomas célticos en dos grupos basados sobre una bifurcación tipológica entre los idiomas en los cuales el PIE *K^w se desarrolló como velar (los así denominados *q*-Celtic, o *Goidélico*) y aquellos en los cuales se desarrolló como una labial (*p*-Celtic o *Británico*)" Baldi 1983, 39. Véanse también Forston 2004; Ball 1993.
60 Kristiansen y Larsson 2006.

con el arqueólogo Emanuel Anati podemos afirmar que "el de los orígenes de la humanidad es uno entre los problemas fundamentales esenciales para el hombre[61]".

La explicación de cómo empezó todo, de cómo el ser humano ha llegado a ser cómo es, la explicación de la presencia y la definición del propio lugar en el mundo es y ha sido uno de los caracteres culturales que han diferenciado al ser humano de los demás animales desde la más profunda prehistoria. Podríamos afirmar que la búsqueda de los propios orígenes culturales es "el tercer trabajo más antiguo del mundo". A las mitologías de las sociedades tradicionales y a las mitologías de las comunidades prehistóricas, desde hace un par de siglos se ha sumado la investigación arqueológica; la ciencia que permite una aproximación a los orígenes culturales (y físicos) de las comunidades del pasado y de nuestra misma sociedad[62]. Situarse culturalmente en este mundo parece ser una necesidad fundamental para el ser humano. El individuo afirma "estoy aquí y soy así" y busca una explicación satisfactoria para su confrontación con el *otro* y el mundo. De la misma manera los grupos sociales, las tribus, las comunidades, las etnias, siempre se han hecho preguntas análogas: "¿Por qué estamos aquí? ¿Porque somos así?". El deber de la arqueología es encontrar una explicación a estas preguntas. ¿Porque las comunidades del pasado se han desarrollado de esta manera? ¿Cuáles son las causas que han empujado al cambio cultural?

---

61 Müller-Karpe 1984, 3.
62 Moro Abadía 2007.

Agradecimientos

Los arqueólogos pasamos gran parte de nuestra vida profesional escribiendo (diarios de excavaciones, informes, artículos científicos, artículos de divulgación, libros, páginas web y blogs de arqueología) y leyendo lo que han escrito otros arqueólogos. Según las palabras del gran arqueólogo Pitt River "las anotaciones de un excavador toman aproximadamente cinco veces el tiempo de la excavación"[63].

En nuestra profesión el tiempo dedicado a la excavación constituye sólo una parte del proceso de investigación y esto ha de ser necesariamente así: sin publicación no existe ciencia. Bajo el punto de vista del conocimiento científico global, un yacimiento arqueológico no publicado es como si no estuviera excavado[64] (en el capítulo "Mantras arqueológicos" dedicaré unas páginas a la forma de escribir arqueología, a la importancia de la publicación y divulgación de las interpretaciones arqueológicas del pasado y a la atención que los arqueólogos han prestado a este aspecto de su investigación).

Para acabar este capítulo quiero exponer un par de consideraciones personales, que espero sirvan para situar mejor el lector en el "contexto psicológico personal" del autor y para ubicar este ensayo en la vasta producción de libros sobre divulgación arqueológica. Los protagonistas de este breve ensayo serán las palabras, las voces, la literatura, la poesía, los traductores, los intérpretes y los arqueólogos. A causa del desarrollo de los acontecimientos de mi vida, gran parte de mis amigos y amigas son arqueólogos, traductores, intérpretes y filólogos. De las charlas con esta encomiable y numerosa legión de profesionales que ha dedicado su vida a la investigación del pasado de la humanidad, a la ardua y fascinante labor de la traducción-interpretación y al estudio de los idiomas (bajo el

---

63 En Wheeler 1961, 216.
64 Barker 1981.

punto de vista filológico y social) y que han dedicado parte de su tiempo en tejer una buena amistad con el autor de este ensayo, han surgido las ideas que han ido formando el contenido de estas páginas.

Un agradecimiento especial a: mi madre Maria Teresa Galli, mi editor Jaime Almansa, el corrector del borrador David Andrés Castillo, Priscila Dau de Mesquita, Mayra Gil Camarón, el Profesor Ángel Esparza, la Profesora Cristina Chiaramonte Trerè, el Profesor Giulio Calegari, el doctor Tommaso Quirino, Cristina Alonso, Cristina Argüelles, Michelangelo Algardi, Fabrizio Reginato, Mikel Neira y Qark arqueología, la doctora Cristina Novoa, Francesc García, Cristina Fierro, María Crespo, Francesco Barra, Rocío Del Amo, Cassandra Block, Manuel Madrigal, João Neves y Ángel Diaz.

2. La *poiêsis* del pasado.
La creación de un estilo, de palabras y del pasado.

> "Como a menudo repetía el profesor Johnston
> 'si no conoces la historia, eres un perfecto ignorante,
> eres una hoja que no sabe haber nacido del árbol".
> (*Timeline*, M. Crichton)

> "Oscuramente creyó intuir que el pasado
> es la sustancia de que el tiempo está hecho;
> por ello es que éste se vuelve pasado en seguida"
> (*La espera*, J. L. Borges)

La palabra "poesía" viene del latín *poēsis* y esta del griego *poiêsis*, donde *poiéo* significa "invento, compongo". "Poesía" es, entonces, un acto creativo, es la creación de palabras, de asociaciones de palabras, versos, secuencias de versos; significa crear un cuerpo narrativo, una idea, una imagen a través de las palabras. La historia de la literatura está constituida por grandes poetas que crearon nuevos versos, inventaron originales estilos y nuevas modas literarias. Los poetas inventaron neologismos que hoy resultan ser palabras o de uso común, o evocadoras de grandes acontecimientos, como, por ejemplo, *utopía*, término creado por Thomas More, o *pandemonio*, creado por John Milton.

También la investigación arqueológica ha sido fuente para la creación de neologismos; la mayoría de aquellos han sido poco utilizados en la vida cotidiana, algunos han "caído en desgracia" y han sido olvidados, mientras que otros han tenido mucha fortuna. Un claro ejemplo de este último caso es la palabra *prehistoria*.

No solo los arqueólogos, los paleontólogos y los prehistoriadores han sido los inventores de nuevas terminologías, sino que las mismas palabras han jugado un papel importante en la percepción de la prehistoria y del trabajo arqueológico por parte del público a lo largo de los últimos dos siglos.

La terminología, aunque puede parecer un asunto de poca importancia, es, sin embargo, un punto delicado en la investigación arqueológica. Las palabras, como las prendas, pueden estar de moda en un determinado periodo, parecer fuera de lugar en determinados contextos y pueden volver en auge en otra época. En las ciencias sociales, y específicamente en arqueología, la terminología, como hemos dicho, es una cuestión bastante delicada, pues una palabra puede cambiar la percepción del lector sobre la realidad reconstruida del pasado y su lectura en el presente. Veamos un ejemplo.

En 1909 el filólogo y arqueólogo alemán Gustaf Kossinna fundó, en Berlín, la "Sociedad Alemana para la Prehistoria" (*Deutsche Gesellschaft für vorgeschichte*). Posteriormente, tras el surgimiento del Nacionalsocialismo, aquella Institución fue re-bautizada cómo "Sociedad para la Prehistoria Alemana" (*Gesellschaft für Deutsche Vorgeschichte*)[65]. Aparentemente los dos nombres son prácticamente idénticos pero, una simple alteración del orden de dos palabras, además de cambiar el significado del nombre, cambia el objeto de la investigación, el significado de la Institución misma y hasta la esencia de la disciplina que la misma Sociedad tiene que desarrollar.

Una cosa es hablar de una Sociedad alemana que investiga la prehistoria, mientras otra cosa es decir que una Sociedad investiga la *prehistoria alemana*. En el primer caso tenemos una Sociedad de Alemania formada por investigadores que estudian la prehistoria sin especificación, es decir, un periodo del pasado del ser humano sin limitaciones espaciales y cronológicas internas (investigación de *toda* la prehistoria); en el segundo caso tenemos una Sociedad que enfoca sus investigaciones sobre la prehistoria alemana, es decir, sobre el pasado (prehistórico) de Alemania y de los alemanes. No se trata de un cambio formal, sino de un cambio ontológico, o sea, cambia la sustancia del

---
65 Fernández Götz 2009. Véase también: Wiwjorra, 1. 1996.

objeto de la investigación; ya no tenemos la prehistoria en general, sino la prehistoria de una entidad política, *Alemania*, y de una entidad "racial", étnica, o social (según las diferentes perspectivas de las Ciencias Humanas a lo largo del siglo XIX y del siglo XX), cómo es el *pueblo alemán*. El mismo adjetivo "alemana", en referencia al sustantivo "prehistoria", fija, en el lector, una idea nueva, no anteriormente expresada con el nombre original de la Sociedad, es decir, la *existencia* de una "prehistoria de los alemanes", o de Alemania. De esta denominación se podría deducir (y esta era justo la intención de las instituciones nacionalsocialistas) que los alemanes son un pueblo antiquísimo, dado que tienen una prehistoria propia y que son un pueblo que nunca tuvo una solución de continuidad en su desarrollo histórico, por el hecho de que sería posible trazar una linea ininterrumpida de vinculación entre los alemanes contemporáneos, históricos, y los alemanes prehistóricos.

En la historia del pensamiento arqueológico, la terminología, también la terminología básica, ha ido variando con el tiempo. *Arqueología* es un término muy antiguo, de origen griego, y significa, "ciencia de lo Antiguo" (*Archaios* - "viejo", "antiguo" y *Logia* - "discurso", "ciencia").

"El método tradicional fundado por Tucídides y teorizado por Polibio que se ocupaba del análisis de los acontecimientos más cercanos a quien escribía, representa la Historia por excelencia, mientras el término *archaiologia*, entendido como ciencia del pasado y equivalente al latino *antiquitates* designa las disciplinas que tienen como objeto el estudio erudito del pasado para explicar sistemáticamente todos los aspectos de la vida de una nación..."[66].

Hoy en día por arqueología entendemos la metodología de la investigación. La arqueología, o la "práctica arqueológica", es un medio para investigar el pasado, es el estudio de las sociedades del pasado a

---
66 Francovich y Manacorda 2001, 5.

través de sus restos materiales. De hecho, al sustantivo "arqueología" muy a menudo hay que añadirle un adjetivo que define que tipo de sociedad del pasado estamos investigando, como por ejemplo, arqueología "medieval", "clásica" , "prehistórica", "maya", etc. La arqueología medieval es entonces el estudio del periodo medieval a través de la metodología arqueológica, es decir, el estudio de los restos materiales de aquella época, mientras que, por ejemplo, la arqueología prehistórica, es el estudio del periodo prehistórico a través del método arqueológico.

Arqueología y prehistoria no son sinónimos, pues por *prehistoria* entendemos una época, mientras que por arqueología entendemos un método. El "prehistoriador" es el investigador que estudia la prehistoria a través del método arqueológico, es decir, con excavaciones y/o prospecciones arqueológicas. De hecho, de la misma forma de que hay muchas "arqueologías", también hay diferentes métodos (científicos) de aproximación a la prehistoria. El método arqueológico es, tal vez, el más conocido o el más utilizado, pero no es el único. Hay que tener en cuenta, por ejemplo, que, entre los primeros en intentar una aproximación científica a la prehistoria, estaban los filólogos[67]. El mismo Gustaf Kossinna, fue, antes que arqueólogo, un filólogo. La rama de la filología que se adentra en la prehistoria es la glottocronología o lingüística comparada[68], y sus orígenes se remontan ya a finales del siglo XVIII, con el interés de algunos filólogos en la determinación de los orígenes de los idiomas europeos y en la "re-creación" del Proto-Indoeuropeo.

También algunos psicólogos intentaron adentrarse en el mundo de la prehistoria; los arquetipos de Young han sido un intento, bajo el punto de vista del análisis de la psiquis, de investigar el pasado de la humanidad. Un

---
67 Hubo un estrecho vínculo también entre filología y arqueología en Oriente Medio. Véase por ejemplo: Gran-Aymerich 2001, 85.
68 Véase: Bentley, Maschner y Chippindale 2008, 225; Anthony 2007; Renfrew 1990.

ramo específico de la psicología, la "psicología del arte", puede encontrar aplicación en el estudio del arte prehistórico, un elemento fundamental para la comprensión del más lejano pasado de la humanidad.

De la misma forma, filósofos y antropólogos, intentaron explicar el desarrollo de las sociedades humanas a través del cambio de la organización social de los seres humanos al empezar por el periodo prehistórico. El mismo Friedrich Engels, escribió, en 1884, el libro "El origen de la familia, la propiedad privada y el estado", donde se trazaba una evolución social del ser humano desde el periodo de "salvajismo" y "barbarie", es decir, la prehistoria, hasta la creación del Estado en época histórica.

A diferencia de los planteamientos más prácticos de los arqueólogos de la época, aquellas obras filosóficas se fundamentaban más bien sobre un marco teórico de evolución social, de la prehistoria a la historia, que se puede remontar a la obra de J. J. Rousseau "Discurso sobre el origen y los fundamentos de la desigualdad entre los hombres", escrito en 1754.

La fuerza de la investigación arqueológica en el estudio de la prehistoria está en su carácter material, empírico. Las pruebas que la arqueología ofrece para la definición de teorías sobre el desarrollo de las sociedades en el pasado prehistórico son pruebas materiales, tangibles y que muy a menudo hasta se pueden datar con relativa precisión (por ejemplo, con métodos físico-químicos, como el radiocarbono o el potasio-argón). Esta fuerza, como tal vez ocurre en determinados casos, puede transformarse en debilidad, pues esta extrema materialidad de la pruebas arqueológicas resulta ser, frecuentemente, demasiado árida.

La arqueozoología[69] estudia los restos de fauna hallados en las excavaciones arqueológicas y, de hecho, contribuye a la comprensión, ya sea de la fauna de la prehistoria, como de los hombres y mujeres que comían y "utilizaban" aquellos animales. Hasta las "ciencias más duras",

---
69 Francovich y Manacorda 2001, 36.

como la química, pueden tener su peso en el estudio de la prehistoria. La arqueometalurgía estudia, bajo un punto de vista químico y físico, los restos metálicos y los objetos del pasado, y tiene mucha importancia a la hora de la investigación de los orígenes, los modos de producción y la exportación de los objetos metálicos en la prehistoria más reciente (las Edades de los metales: Cobre, Bronce y Hierro)[70].

Hasta las artes visuales (véase el epígrafe "Emic, etic... epic y heretic" en el primer capítulo), como la pintura o el Cine tienen un papel, aunque secundario bajo el punto de vista científico, en la representación de la prehistoria, véase por ejemplo el maravilloso filme de J. J. Annaud "En busca del Fuego" (1981) o las pinturas, con temas prehistóricos, de Xénophon Hellouin, "Funérailles au bord de la Seine (Gaule préhistorique), de 1870, y de León-Maxime Faivre, "L'envahisseur", de 1884.

Un arqueólogo, entonces, puede no ser un prehistoriador, como en el caso de un arqueólogo que estudia el periodo romano, y un investigador de la prehistoria puede no ser un arqueólogo, como en el caso, por ejemplo, de un biólogo especializado en arquezoología o arquebotánica[71]. Aún así, por antonomasia, un prehistoriador es un *arqueólogo* que se ocupa de prehistoria. De hecho, los primeros en utilizar este término, "prehistoria", fueron arqueólogos y desde entonces, mediados del siglo XIX, este término y la práctica arqueológica han estado profundamente vinculados.

El término *prehistoria* fue introducido en las investigaciones arqueológicas británicas por el escocés D. Wilson, ya en 1851, para indicar los restos materiales que se remontan a épocas anteriores a la escritura y fue popularizado, por lo menos entre el público anglo-sajón, por John Lubbock, que editó en 1865 y en 1869 las dos ediciones de

---

[70] Francovich y Manacorda 2001, 19.
[71] "El estudio de los restos vegetales procedentes de contextos arqueológicos como, carbones, semillas, pólenes, fitolitos..." Francovich y Manacorda 2001, 14

su libro "Pre-historic Times". Sin embargo, en Francia, en una fecha tan temprana como 1845, G. d'Eichthal utilizó el término *prehistórico* en su escrito titulado *Etude sur l'histoire pimitive des races océaniennes et américaines*[72]. El término tuvo una rápida difusión. Ya en 1863 lo utiliza Boucher de Perthes y en 1864 Lartet. Gabriel de Mortillet, en 1867, hace uso de la palabra francesa *prehistorique* en su guía a la Exposición Universal de Paris. Cocchi, en Italia, utiliza la palabra *preistorici* en 1865 en su artículo publicado en Milán por la Sociedad Italiana de Ciencias Naturales ("Di alcuni resti umani e degli oggetti di umana industria dei tempi preistorici raccolti in Toscana").

Desde el principio los investigadores se plantearon la utilización de otros términos para definir el periodo de la historia de la humanidad antes de la existencia de las fuentes escritas. Ya en los años 60 del siglo XIX, el mismo G. de Mortillet, uno de los principales arqueólogos de su época y uno de los fundadores del estudio del periodo Paleolítico en Francia, intentó resolver toda ambigüedad. Según su definición, el término *prehistoria* define: "el tiempo que precede los documentos históricos, es decir, la documentación escrita. Hemos también utilizado la palabra *Antehistoria*, pero, el prefijo *ante-* significa "antes" o "contra" y el término Antehistoria, podría ser interpretado ya sea como "anterior" o como "opuesto" a la Historia. El prefijo *pre-* tiene un sentido más determinado"[73]. El eminente arqueólogo francés ha sido uno de los más prolíficos creadores de neologismos arqueológicos y, si bien muchos de estos siguen utilizándose en la investigación científica, otros han sido abandonados porque definían conceptos que hoy en día han sido descartados por la ciencia arqueológica. Por ejemplo, en 1878, de Mortillet, propuso el término "Anthropopythèque", *Anthropopytecus*, para designar el precursor terciario del hombre. En 1883 añadió tres nombres específicos

---
72 Clermon y Smith 1990.
73 Clermon y Smith 1990, p. 98.

al nombre genérico, creando el *Anthropopytecus bourgeoisii* (en honor del autor del hallazgo de material lítico aparentemente perteneciente a esta especie, un tal Bourgeois, en Thenay), el *Anthropopytecus riberoi* (por Carlos Ribeiro) y el *Anthropopytecus ramesii* (por Jean-Baptiste Rames). Los nombres no tuvieron mucha fortuna, pues el nombre genérico había sido utilizado anteriormente para el orangután, así que Mortillet tuvo que apañarse con un más modesto *Homosimius*, versión latina de su creación terminológica[74] anterior.

Muchas veces el uso de un término en lugar de otro, su éxito o su abandono, depende de las tradiciones de estudio de los diferentes Países o de las diferentes escuelas de investigación.

El termino *Paletnología*, por ejemplo, aunque en uso en Italia hasta hace pocos años, (había cursos universitarios con este nombre y libros científicos con este título), ahora está casi abandonado en el ámbito académico y científico y se prefiere, en su lugar, la terminología "Preistoria e Protostoria". El término "paleo-etnología" o "paletnología" fue oficialmente adoptado en La Spezia en 1865, con ocasión de la fundación del Congreso Internacional de Antropología y Arqueología Prehistórica[75]. También en España, el término Paleoetnología tuvo su éxito, de hecho hasta una de las más completas, en su tiempo, síntesis sobre la etnogénesis de los pueblos prerromanos de la Península Ibérica se llamaba: "Paleoetnología de la Península Ibérica", se trataba de las actas de la Reunión celebrada en la facultad de Geografía e Historia de la Universidad Complutense de Madrid, en 1989. Aun así, la palabra *paletnología*, es un término con mucho atractivo, sobre todo por su matiz científico y por su historia. La paletnología es la etnología del periodo prehistórico. Si por etnología entendemos el estudio, la ciencia, de los "etnos", es decir, de los pueblos, de las sociedades humanas, entonces la paleo-etnología es "el estudio de los

---

74 Pelayo 2003, 19.
75 Cassano, Cazzella, Manfredini, Moscoloni, Mussi 1984, 13.

pueblos antiguos". El termino deriva de la escuela antropológica francesa, sobre todo de los estudios de C. Lévi-Strauss y su antropología estructural. A la etnología, que tiene un enfoque comparativo entre comunidades humanas, se asocia la etnografía, con un enfoque más descriptivo, nacida en los contextos coloniales del siglo XIX, sobre todo en el ámbito francés e inglés. Es el gran prehistoriador francès Leori-Gourhan quien, en 1961 define la prehistoria como una "etnología del pasado"[76] (= paleo-etnología). Las expresiones *prehistoriador, arqueólogo de la prehistoria* o *paletnólogo* (aunque esta última está cada vez más en desuso en la actualidad) son entonces sinónimos.

A mediados del siglo XIX, momento en que el debate sobre la existencia del hombre fósil estaba de moda, en los círculos académicos y científicos se introdujeron diferentes nombres y definiciones para indicar la disciplina que había de estudiar el pasado más antiguo de la humanidad y sus restos óseos.

La expresión "paleontología humana" fue utilizada por primera vez en Francia a mediados del siglo XIX. Las primeras menciones de esta expresión se encuentran en los trabajos de Alphonse Esquiros, en 1848, y de Etienne Serres, en 1853, "Note sur la paléontologie humaine", una comunicación presentada a la Academie de Sciencies de París. En 1870, Ernest-Théodore Hamy, publicó la obra *Précis de Paléontologie Humaine*, donde aplicaba el término al estudio del hombre fósil. En España, Juan Vilanova y Piera, catedrático universitario de Geología y Paleontología, en su curso sobre prehistoria impartido en el Ateneo Científico y Literario de Madrid en el año 1875 utilizó el término "Paleo-antropología", en lugar de "paleontología humana". Según Vilanova y Piera esta ciencia debía de estudiar tanto los restos humanos, modernos y fósiles, como las diferentes manifestaciones de actividad física, intelectual y afectiva[77].

---
76 *L'histoire et ses méthodes*, cit. en Alimen y Steve 1967.
77 Pelayo 2003, 1-2.

Podríamos decir que la arqueología es el medio, el instrumento, el conjunto de prácticas que permiten llegar a un fin: la comprensión, descripción y explicación de la prehistoria. La prehistoria es, entonces, un periodo de la historia del desarrollo de las sociedades humanas, o, más bien, una *idea*, un *concepto* que nos planteamos hoy en día (como se plantearon en su periodo otros investigadores), a través de una serie de investigaciones científicas (y no sólo), de las formas de vida de las comunidades humanas antes de la existencia de la escritura. La prehistoria es un periodo y un concepto, una idea, una imagen. Esta imagen que nos hacemos en nuestra mente puede cambiar en el tiempo, gracias, por ejemplo, a un más preciso entendimiento del sujeto investigado, o a causa del cambio de las actitudes personales y psicológicas del individuo que investiga o del entorno social donde el individuo mismo vive.

La arqueología es el medio, el conjunto de las prácticas que nos permiten investigar el pasado; es un instrumento, en teoría el instrumento más neutral posible, que nos permite, bien utilizado, formarnos una idea, la más precisa posible, de las sociedades humanas del pasado. Este conjunto de prácticas es aplicable a cualquier época. La práctica arqueológica en su esencia no cambia cuando lo hace el objeto de la investigación, es decir, el periodo histórico estudiado. De hecho, a través del método arqueológico podemos excavar tanto cualquier periodo, desde el más antiguo periodo del Paleolítico Inferior, hasta los conjuntos industriales de los siglos XIX o XX, como cualquier lugar del planeta (donde haya habido presencia humana), desde una necrópolis celtibérica en la Meseta española, hasta un asentamiento de los aborígenes en Australia o una colonia vikinga en Canadá.

Volvemos ahora a la pregunta fundamental: si el medio es la arqueología, ¿cuál es el fin? Según mi opinión el fin es el *ser humano*, no importa de qué época se trate. El fin es el estudio del ser humano y de esto se deduce que el fin más alto y último de la investigación arqueológica es el entendimiento de nosotros mismos, como seres humanos. Al fin y al cabo, somos nosotros, ahora, quienes aplicamos nuestros métodos para conocer el pasado. El instrumento es, ya de por sí, una evidencia de cómo trabaja nuestra mente aplicada, en este caso, al objeto que definimos como el pasado.

Palabra de Pitecántropo

Ernst Haeckel ha sido uno de los más grandes secuaces de Charles Darwin. Después de haber leído *El origen de las especies*, en sus escritos *imaginó* la posible existencia de una ancestral criatura humanoide, aún más antigua que los únicos restos de una especie anterior a *Homo sapiens* hasta entonces descubiertos, los huesos de Neanderthal. El naturalista alemán decidió dar un nombre a esta, todavía hipotética, forma humana ancestral y creó la palabra *Pithecanthropus*, uniendo los dos términos griegos para determinar el "mono" y el "hombre". Nacía, poco después de 1880, el neologismo "hombre-mono": el "pitecántropo". El nombre estaba ahí, en espera, aplicado, por el momento, sólo a una entidad teórica desencarnada[78]. La palabra se quedará en un "limbo" de significantes durante una década, hasta que el joven cirujano y visionario belga Eugène Debois descubrió en Trinil, cerca del río Solo, en Java, el primer fósil decididamente antiguo de un homínido y, siguiendo la visión de Haeckel, aplicó a su descubrimiento el término *Pithecanthropus*; finalmente la palabra se había encarnado. Con el tiempo completó el nombre *Pithecanthropus erectus* (hoy en día se define como *Homo erectus*) añadiendo el adjetivo para indicar la postura erecta del homínido y el bipedismo de la especie.

El día 7 de febrero de 1925 apareció en la revista *Nature* el artículo de un joven profesor de anatomía de la Universidad de Witwatersrand en Johannesburgo, Sudáfrica: Raymond Arthur Dart. En el artículo se

---
[78] Tobias, 1992, 11.

hacía mención de una nueva especie de primate fósil descubierta por el profesor Dart. Para esta especie el joven paleoantropólogo creó el nombre de *Australopithecus africanus*, es decir, "simio meridional (austral) de África". En poco tiempo el artículo y el profesor se hicieron famosos en todo el planeta, así como los restos fósiles ahí descritos, restos pertenecientes a un individuo de joven edad que por el nombre de la localidad del hallazgo fue llamado "el niño de Taung". La palabra *Australopithecus* se hizo de dominio público y entró en el imaginario colectivo.

En 1936, el paleontólogo Robert Broom anunció el descubrimiento, en una antigua gruta en Sterkfontein, al oeste de Johannesburgo, de una porción de cráneo que recordaba el del "niño de Taung", pero esta vez perteneciente a un adulto, que en principio llamó *Australopithecus* y más tarde *Plesianthropus crassidens*. El mismo Dart bautizó unos restos encontrados por él en Makapansgat, en 1947, con el nombre de *Australopithecus prometeus*, pues erróneamente le creyó asociado con restos de fuego[79], pues Prometeo, en la mitología griega, era el titán que robó el fuego a los dioses para regalarlo a los mortales. Sucesivamente, en marzo de 1961, el paleantropólogo M. Yves Coppens, en Chad, a 600 km al nordeste de Fort-Lamy, encontró una fragmento craneofacial que fue, provisionalmente, bautizado con el curioso nombre de *Tchadanthropus uxori* "el hombre de Chad de la esposa" siendo *uxor* la palabra latina por "esposa", pues fue la esposa de Coppens la que encontró el fósil[80].

Más reciente, bajo el punto de vista filogenético, pero mucho más antigua bajo el punto de vista terminológico es la palabra *Homo*. Este término es el nombre científico utilizado para indicar un género de la familia *Hominidae*. Se debe el uso científico de la palabra latina *homo* al naturalista sueco Linneo. En la décima edición de su obra *Systema Naturae*,

---

79 Bordes 1968, 33.
80 Bordes 1968, 47.

en 1758, resume las características del género con la simple y eficaz definición de "nosce te ipsum", "conócete a ti mismo", "posiblemente la más breve y la más espectacular diagnosis de un género"[81]. Linneo, a lado de *Homo sapiens* puso *Homo troglodytes*, una confusa descripción de los chimpancés y de los orangutanes confundidos con hombres cavernícolas salvajes (la palabra "troglodita" del griego τρωγλοδύτης, significa "el que vive en las cavernas").

Al género *Homo* pertenecen tres especies universalmente reconocidas: *H. habilis*, *H. erectus* y *H. sapiens*. Los tres nombres específicos, "erectus", "habilis" y "sapiens" hacen referencia a tres "capacidades" (y dos "facultades"): andar erecto (ser bípedo), ser hábil, y ser inteligente, tener conocimiento. Hay que tener presente, de todas formas, que aunque al principio los nombres específicos podían haber hecho referencia a una "calidad" ontológica de la especie que definían, hoy en día hay que "considerar estos nombres simplemente como una etiqueta y no como una definición"[82].

De la misma forma son etiquetas los nombres específicos de los australopitecos: *africanus*, de África, *afarensis*, de la "depresiòn de Afar" (un territorio de Eritrea), *robustus*, robusto (en contraposición a *A. Africanus* al que de forma coloquial se suele llamar "grácil", aunque "las diferencias en las masa corpórea y en otras características somáticas entre las dos especies sean mucho más exiguas de los que los nombres puedan sugerir"[83]), y *boisei*, del nombre del antropólogo Charles Boise. El mismo término *Homo*, utilizado en un contexto científico para indicar el género en su conjunto, sin distinción de sexo y edad, y la relativa aplicación coloquial del término "hombre" no deben de ser entendidos como discriminación sexista. Aunque pueda parecer un matiz poco

---

81 Tobias 1992, 104.
82 Klein 1995, 327.
83 Klein 1995, 82.

importante, quiero subrayar las atentas palabras del paleoantropólogo Francesco Fedele, quien, a la hora de traducir el libro de Richard Klein *The human carrer. Human biological and cultural origins*, no estaba de acuerdo con "la actual preocupación angloamericana (*political correctness*) sobre el pretendido efecto discriminador de la palabra 'hombre' en relación a las mujeres"[84].

Por el azaroso desarrollo de los descubrimientos arqueológicos, la especie fósil de homínido filogenéticamente más reciente ha sido la primera en ser descubierta y la primera en recibir un nombre. Hoy en día es seguramente el más celebre de todas las especies fósiles no modernas descubiertas: el *Homo neanderthalensis* (o *H. sapiens neanderthalensis*), el "Hombre de Neanderthal". Su nombre era ya famoso en la segunda mitad del siglo XIX, porque esta especie fósil ha sido extremadamente importante en la historia de la ciencia, pues suministró la primera prueba atendible de la evolución humana en un periodo en el cual la misma idea de evolución estaba siendo tenazmente contestada. En honor a esta especie ha sido levantada hasta una estatua, tal vez única en su género, encima de un peñón rocoso en el pequeño, pero celebre en la historia de la investigación prehistórica, pueblo de Les Eyzies, en la región francesa del Perigord.

La historia de los descubrimientos de los restos fósiles del Hombre de Neanderthal y de la aceptación de su antigüedad es emocionante y ha sido varias veces relatada por diferentes paleoantropólogos y prehistoriadores. La historia de su nombre resulta bastante curiosa.

Fue el anatomista irlandés William King quien, en 1864 propuso a la comunidad científica el nombre de *Homo neanderthalensis*. El nombre específico hacía referencia al lugar donde, en 1856, unos mineros habían descubierto unos restos fósiles, parte del cráneo y unos pocos huesos, en

---

[84] Creo reconocer la amplitud y neutralidad del término *Homo* aplicado a un contexto científico en su significado originario en latín, donde "homo" designa la persona, la criatura diferente a los animales, mientras que el término "vir" designa al varón, al individuo de sexo masculino.

la cueva de Feldhof, en un valle cerca de la ciudad alemana de Düsseldorf. Pero, la palabra Neanderthal es aún más curiosa. El "valle de Neander" (esto significa la palabra alemana *Neanderthal* o *Neandertal*, según se siga la grafía más antigua o la más moderna de la palabra "valle" en alemán) debe su nombre a un párroco de San Martin, en Düsseldorf, que había vivido casi doscientos años antes de que su nombre hubiese sido inmortalizado por la ciencia. El cura se llamaba Joachim Neumann y era también organista y compositor. Siguiendo la moda de la época, Joachim había traducido al griego su apellido, transformándolo en *Neander*, conservando su etimología (Neumann = Newman = Neander de *néos* "nuevo" y *anér* "hombre", es decir, "hombre nuevo"). Cuando hubo muerto, su ciudad llamó Neandertal a un pequeño valle que se hallaba cerca de Düsseldorf y el nombre de este valle, como hemos dicho, fue elegido como epónimo de la especie fósil. En el periodo transcurrido entre el hallazgo en el valle de Neander y el establecimiento por parte de King del nombre de la especie han sido utilizados otros nombres que no han sobrevivido. Si J. K. Fuhlrott, el hombre que reconoció la antigüedad de los restos fósiles de Neanderthal, escribió un tratado con el título genérico de "Restos humanos en una gruta del valle de Dussel", sin mojarse con la terminología, hubo quien habló de un *Homo primigenius*, mientras que los franceses hablaban, en referencias a los mismos restos, de una *race de Cannstatt*, según el nombre del pequeño pueblo de Canstatt donde se habían encontrado restos fósiles puestos en relación filogenética con los restos analizados por Fuhlrott[85].

Antes de que se hubiese inventado y difundido el término "prehistoria", los investigadores del más antiguo pasado del hombre ¿cómo definían este periodo?

Las referencias llegaban de la Biblia, el único texto utilizado en el mundo cristiano para la definición de la cosmogénesis, del nacimiento del hombre y de su "historia" más antigua.

---
85 Wendt 2009, 274-285.

La Biblia ofrecía entonces un marco temporal donde encuadrar los acontecimientos más antiguos, justo después de la creación, y ofrecía también una terminología.

Según las Sagradas Escrituras el primer hombre ha sido Adán. Pues el término "adamítico" correspondía a la identificación de la condición humana primordial. Por ejemplo, para Tomás de Aquino, "Adán (= el hombre) es un nombre colectivo para la humanidad en su estadio primitivo. Para el paraíso terrenal es una edad sin duda real, durada muchas generaciones"[86].

La referencia conceptual de base, como hemos dicho, era la Biblia y la referencia cronológica para el "estudio" del hombre era el Diluvio Universal, acontecimiento que marcaba un antes y un después en la historia de la humanidad tal como está contada en las Sagradas Escrituras. Todo lo que no era moderno, humano, era etiquetado como "antediluviano". En 1708, apareció un *Homo diluvii testis*, así definido por el médico suizo Johann Jacob Scheuchzer, en su obra *Piscium querelae et vindiciae*, donde se analizaban unos restos fósiles atribuidos a un hombre ahogado durante el diluvio. Hoy sabemos que se trata de vértebras de ictiosauro[87]. El mismo Scheuchzer, en 1726, publicó el dibujo de otros restos fósiles bajo la terminología *Homo diluvi testis et Theoskopos*, "el hombre testigo del diluvio y mensajero divino"[88]. Paul Tournal, autor del hallazgo de restos humanos en cavernas, en 1833 propuso una cronología "que permitía replantearse la antigüedad del género humano en la Tierra e intentaba resolver la cuestión de la existencia del hombre fósil"[89]: a un periodo geológico antiguo, que había precedido a la aparición del hombre en la Tierra, seguía el período geológico moderno, definido también, con un término muy poco acertado para

---

86 Müller-Karpe, 4.
87 Pelayo 2003, 4; y Wendt 1972, 11.
88 Pelayo 2003, 5.
89 Pelayo 2003, 12.

los oídos contemporáneos, "antropopagano". A mediados del siglo XIX, el Diluvio todavía era un marcador cronológico en el estudio del pasado más antiguo de la humanidad. La gran obra de uno de los pioneros de la investigación arqueológica prehistórica, Boucher de Perthes, publicada entre 1947 y 1964, se titulaba *Antiquités celtiques et antédiluviennes*. En esta obra se perfilaba otro esfuerzo terminológico para dar cuenta de la diversidad cronológica y tipológica de los diferentes restos óseos humanos, fosiles y modernos; el "tipo antediluviano", que coincidiría con el hombre fosil, y el "tipo Adán", testigo del Diluvio y al que pertenecía la humanidad actual[90].

Palabra de poeta.

Si los investigadores de la prehistoria han sido, y siguen siendo, unos creadores de palabras, de la misma forma también grandes poetas, escritores y filósofos han utilizado el material "literario" arqueológico para dar cuerpo a sus visiones, para añadir material a sus actos de creación intelectual[91].

Tal vez la referencia más famosa en la historia de la literatura del siglo XIX a un objeto arqueológico es la celebre poesía de John Keats "Oda sobre una urna griega" *(Ode on a Grecian Urn)*, escrita en 1819, al principio de la gran época de los románticos descubrimientos arqueológicos de las antiguas civilizaciones mediterráneas y asiáticas.

> *Thou still unravish'd bride of quietness*
> *thou foster-child of Silence and slow Time,*
> *Sylvan historian, who canst do express*
> *A flowery tale more sweetly than our rhyme...*

---
90 Pelayo 2003, 13.
91 Frigoli 2010; Finn 2004; Hines 2004; Girwood 1984.

El poeta está hablando con la urna "¡Tu! Inviolada novia del sosiego/ tu, hija adoptiva del Silencio y del espacioso Tiempo/ agreste historiadora que sabes expresar/ un florido cuento de un modo más dulce que esta rima..." El objeto arqueológico está como cristalizado en el tiempo y del paso del tiempo es testigo. El objeto está descontextualizado, está solo, aislado de su contexto originario; podemos hasta imaginar al joven Keats observando la urna griega apoyada a una mesa de madera o detrás de una vitrina en un gabinete de un anticuario inglés. De la urna habla su decoración, la belleza de las imágenes pintadas en sus finas paredes de arcilla depurada. Es el factor estético el punto central, el foco de la atención del poeta, la belleza que conlleva verdad, la belleza inmortal y sempiterna de la creación artística:

"*Beauty is truth, truth beauty*" - *that is all*
Ye know on earth, and all ye need to know.
"'La belleza es verdad, la verdad es belleza' – esto es todo lo que tú sabes y es todo lo que necesitas saber".

Una referencia poética, aunque no vacía de un contenido etnográfico basado en la lectura de los clásicos, al "pasado protohistórico", se encuentra en la obra de otro inmortal poeta del siglo XIX, Arthur Rimbaud. En *Mauvais sang* ("Mala sangre"), contenida en *Une saison en enfer* ("Una temporada en el Infierno), largo poema en prosa escrito alrededor de 1873, Rimbaud escribe:

"De mis antepasados Galos tengo el ojo blanco-azul, el cerebro estrecho, y la torpeza en la lucha. Opino que mi forma de vestir sea tan bárbara cuanto la de ellos. Pero no unto mi melena. Los Galos eran los desolladores de bestias, los quemadores de hierbas más ineptos de su tiempo. De ellos tengo: la idolatría y el amor para el sacrilegio..."

La narrativa fantástica tampoco es inmune de la fascinación por el pasado y la arqueología. Si un autor como H. P. Lovecraft[92] fundamenta gran parte de su producción literaria sobre el más antiguo pasado de nuestro planeta exhumado gracias a excavaciones (aunque la mayoría de las veces llevadas a cabo de forma poco ortodoxa para los estándares contemporáneos), también el inmortal J. L. Borges cita la disciplina arqueológica. En el cuento *Tlön, Uqbar, Orbis Tertius*, Borges[93] hablando del imaginario planeta de *Tlön* escribe que "... el director de una de las cárceles del Estado comunicó a los presos que en el antiguo lecho de un río había ciertos sepulcros y prometió la libertad a quienes trajeran un hallazgo importante..."; la arqueología como catarsis. "... Durante los meses que precedieron a la excavación les mostraron láminas fotográficas de lo que iban a hallar, [...] una semana de trabajo con la pala y el pico no logró exhumar otro *hrön* que una rueda herrumbrada de fecha posterior al experimento. Éste se mantuvo secreto y se repitió después en cuatro colegios. En tres fue casi total el fracaso; en el cuarto (cuyo directos murió casualmente durante las primeras excavaciones) los discípulos exhumaron – o produjeron – una máscara de oro, una espada arcaica, dos o tres ánforas de barro y el verdinoso y mutilado torso de un rey con una inscripción en el pecho que no se ha logrado aún descifrar. [...] La metódica elaboración de *hrönir* (dice en Onceno Tomo) ha prestado servicios prodigiosos a los arqueólogos. Ha permitido interrogar y hasta modificar el pasado, que ahora no es menos plástico y menos dócil que el provenir". En *Tlön*, nos explica Borges, no es infrecuente la duplicación de objetos perdidos. Los objetos secundarios, duplicados, no menos reales que los objetos primos, pero "más ajustados" a la expectativa de que los encuentre, son los *hrönir* y son "aunque de forma desairada, un poco más largos", y, hace poco tiempo, "hijos casuales de la distracción y del olvido".

---

92 Frigoli 2010.
93 Borges 2005, 23.

Nietzsche y los Iberbóreos.

"Examinémonos con minuciosidad. Somos hiperbóreos; vivimos eternamente separados, y tenemos conciencia de nuestra separación".

Con estas palabras empieza El Anticristo de F. Nietzsche (publicado en 1893)[94]. El filósofo (y filólogo) alemán se define como *Hiperbóreo*. Esta palabra tiene una larga historia; podríamos incluso afirmar que se trata de uno de los "etnónimos" más antiguos presentes en la historiografía occidental. Nietzsche vuelve a utilizar esta palabra al final del parrafo VII: "nada hay tan insano en nuestro insano modernismo, como la misericordia cristiana. Ser médicos en este caso, ser implacables en el manejo del bisturí forma parte de nosotros mismos: de esa manera amamos a los hombres; por eso somos filósofos nosotros los hiperbóreos...".

La interpretación de los Hiperbóreos "como transboreales [Erodoto IV 36,1, *iperbóreoi anthropoi* era interpretado como 'hombres más allá del viento de Bóreas'], la atribución de Helánico y de Damaste de la gente hiperbórea a las regiones transripaicas, y el mismo tema pindárico de la imposibilidad de alcanzar por mar o por tierra el mundo hiperbóreo, nos muestran muy bien, en su conjunto, la idea griego de una extrema lejanía hacia el Norte de los Hiperbóreos"[95]. La cultura griega de finales de la primera mitad del primer milenio antes de Jesucristo "pensaba que lo septentrionales Ripeos fuesen, precisamente, una cordillera montuosa situada en dirección Noroeste-Noreste y constituyente el límite meridional del mundo hiperbóreo, y que esto se extendiera de Noroeste hacia Noreste"[96]. Los montes Ripeos no debían de ser nada más que la sucesión de cumbres formada por los Alpes y los Cárpatos, así que los Hiperbóreos eran todas aquellas gentes que se encontraban al norte de aquella "línea", mientras que el límite septentrional debía

---
94 Sigo la traducción al castellano de Enrique Eidelstein (1997).
95 Luiselli 1992, 15.
96 Luiselli 1992, 18.

de ser el Mar del Norte y el Báltico, de los cuales lo griegos de la época debían de haber oído hablar a través de los cuentos de navegadores y mercaderes que alcanzaban aquellas latitudes siguiendo la vía del ámbar o con la navegación, como en el caso de Piteas (véase capítulo 1). Siguiendo el razonamiento del historiador Bruno Luiselli, podemos entonces interpretar a los Hiperbóreos como los pueblos germanos.

La filosofía del gran Friedrich Nietzsche ha sido profundamente influenciada por la teoría de la evolución de Charles Darwin y por el cambio de perspectiva sobre la prehistoria del ser humano, y sobre el lugar que este tiene en el mundo y en la historia, que aquella teoría planteó[97].

Contra la idea de *scala naturae*, una sucesión ascendente de los seres vivientes desde el escalón más bajo hasta el escalón más elevado donde se situaría el ser humano, el filósofo alemán escribe: "obsérvese que no planteo el segundo problema: ¿qué es lo que debe ocupar el sitio de la humanidad en la escalera de los seres?..." (El Anticristo, III) y sigue "es errónea la creencia de que la humanidad representa un desenvolvimiento hacia lo mejor, hacia algo fuerte, más elevado. El progreso es una idea moderna, lo cual equivale a decir que es una idea falsa. [...] Desarrollarse no significa, en modo alguno, elevarse, realzarse, fortalecerse" (El Anticristo, IV). De hecho, si existe alguna forma de desarrolló, no es hacia arriba, sino hacia abajo; en "El crepúsculo de los ídolos" (Incursiones de un intempestivo, 43) Nietzsche afirma que *"hay que* ir hacia adelante, esto es, *continuar paso a paso* en la décadence (esta es *mi* definición del "progreso" moderno)".

El desarrollo de la teoría de la evolución tuvo, bajo un punto de vista filosófico, un impacto tremendo sobre la cuestión de los orígenes del ser humano conceptualizados por la religión cristiana. Nietzsche hace suya la terminología darwiniana en su deconstrucción de los valores cristianos;

33 Birx 2001-2002.

el filósofo habla (en El Anticristo, V) de la oposición del cristianismo a los "instintos de conservación" de la vida fuerte y en VI pone en secuencia estos tres términos: "un animal, una especie o un individuo", afirmando que están "corrompidos cuando eligen y prefieren lo que es desfavorable para ellos". De la misma manera Nietzsche es muy claro en VII cuando escribe que "la misericordia estorba el cumplimento de una ley de la evolución, como es la de selección" y cita la palabra "leyes" también en XI: "las leyes más profundas de la conservación y del crecimiento...".

En XIV hay una referencia directa al la teoría de la evolución de Darwin: "No nos empeñamos en que el hombre descienda del espíritu ni de la Divinidad. Lo hemos vuelto a colocar entre los animales. [...] Por otra parte, nos resistimos a otra vanidad que también querría alzar la voz: la de considerar que el hombre es el gran designio secreto de la evolución animal. No es el coronamiento de la creación". Otra vez contra la *scala naturae*. Nietzsch cita al mismo Darwin en "El crepúsculo de los ídolos" ("Incursiones de un intempestivo", 14) en un párrafo que se titula "Anti-Darwin"; aquí el filósofo sostiene que la "lucha por la vida" se da, pero como excepción; "esa lucha transcurre, por desgracia, de modo inverso al deseado por la escuela de Darwin, [...] en contra de los fuertes, de los privilegiados, de las excepciones felices: los débiles se enseñorean siempre de los fuertes, y esto es porque son el mayor número, y son también *más listos*... Darwin se ha olvidado del espíritu (¡qué inglés es esto!), *los débiles tienen más espíritu...*".

La *demonización* de la prehistoria.

Nietzsche, en "El Anticristo", afirma que "el mismo instinto de que se valen los sometidos para rebajar su Dios al *bien en sì*, los hace despojar de sus buenas calidades al Dios de sus vencedores: se vengan de sus amos *diabolizando* al Dios de éstos". Este acto de *diabolización* de los dioses de los otros, este proceso de *demonización* de lo que no se conforma a la visión cristiana de la historia es un proceso bastante bien conocido en arqueología.

"En efecto no se puede ser filólogo y médico sin ser al mismo tiempo anticristiano. Como filólogo, se observa lo que hay detrás de las letras sagradas y como médico lo que hay detrás de la decrepitud fisiológica del tipo cristiano" (en "El Anticristo", XLVII). Siguiendo este razonamiento, si el prehistoriador, observando la estratigrafía arqueológica desde la más profunda prehistoria hasta la época contemporánea, viendo detrás, antes y abajo de la superposición de la cultura material cristiana, intenta explicar y fundamentar en la sucesión de cambios culturales y sociales acontecidos en la historia todo lo que es *pre-cristiano* (que en casi su totalidad coincide con la prehistoria), ¿se puede ser buen prehistoriador sin ser anticristiano?[98] Bajo el punto de vista científico, para un arqueólogo, la cristianización de Europa es un momento, una fase tan digna, significativa e importante como cualquier otra, prescindiendo de la transcendencia espiritual que el individuo y la sociedad contemporánea asignan al momento de la Revelación y de la difusión de la Palabra (seguida de un preciso y codificado modo de vida material, social y psicológico) en el continente europeo. Es más, la misma aceptación del paradigma prehistórico, aprobado ya desde la mitad del siglo XIX, prevé la cancelación de la cronología basada en la Biblia, su sustitución con la "cronología larga" de la evolución humana, biológica y cultural, y la remoción de las connotaciones teleológicas cristianas en el estudio del ser humano.

---

98 Véase esta curiosa nota de Bordes (1968, 7): "existe en el Perigord una curiosa expresión aldeana para designar a los arqueólogos: son los que buscan a los 'cristianos salvajes' o más ingenuamente todavía, a los 'cristianos antes de Jesús'. Cristianos se toma aquí en el sentido de hombres, y esta expresión siempre me ha parecido una tentativa de querer expresar la continuidad de la humanidad, de la que el paleolítico puede ser considerado la infancia".

El arqueólogo toma conciencia de la *demonización* de la prehistoria por parte de la Iglesia (sobre todo de época medieval) y de la sucesiva cristianización de los lugares paganos y de la sociedad europea como un hecho cultural y detectable en el registro arqueológico. Este cambio, a diferencia de otros cambios acontecidos en épocas prehistoricas, resulta ser más fácilmente explicable (pues existe documentación escrita, además de ser la sociedad actual fruto de aquel proceso de cristianización).

El proceso de *demonización* y cristianización de la prehistoria europea por parte de la Iglesia es visible en muchos lugares de nuestro continente, sobre todo en los yacimientos megalíticos, en los yacimientos de arte rupestre post-paleolíticos y en las estructuras arquitectónicas de la Edad del Hierro.

Echemos un ojo a parte de la evidencia arqueológica del sector Oeste de la Meseta Norte. Túmulo de El Guijo I, sesenta centímetros de altura, cuatro metros de diámetro, compuesto por piedras de granito y cuarzo, durante su excavación se hallaron microlitos geométricos, dos hachas pulimentadas, fragmentos de cerámica realizada a mano, cuentas de collar de esquisto sericítico de forma tubular, discoidal y anular. Túmulo de El Guijo II, sesenta y cinco centímetros de altura, ciento y veinticinco centímetros de diámetro, sin ajuar. Dolmen del Torrejón, sepulcro de corredor largo (doce metros y medio de longitud), construido a partir de lajas y bloques de pizarra y cuarzo y cubierto por un túmulo de grandes dimensiones compuesto por bloques y lajas de pizarra, en su interior se encontraron hachas pulimentadas, microlitos y cuentas. Túmulo de El Gejo de Diego Gómez, túmulo subcircular, quince metros de diámetro. Dolmen de El Mesón, sepulcro de corredor, túmulo de planta oval (veinte metros de longitud máxima), se conservan sólo cuatro losas de granito de la cámara, hay cazoletas grabadas en tres de los ortóstatos. Las cazoletas son unas concavidades excavadas en la superficie de la roca o en las losas de piedra de las construcciones megalíticas; son una especie de decoración; su significado es todavía oscuro.

Dolmen de Zafrón, se conserva sólo la cámara, de forma ovalada, actualmente delimitada por nueve ortóstatos de granito. Dolmen de La Navalitos de Lumbrales, una de las losas de la cámara presenta tres cazoletas. Dolmen de San Benito de la Valmuza, una de las losas de pizarra del corredor presenta un conjunto de veintidós cazoletas. Dolmen de El Teriñuelo; Dolmen de El Castillejo; Dolmen de La Rábida; Dolmen de Los Pedazos de la Mata; Dolmen del Valle de Las Cañas; Dolmen de la Casa del Moro I... de la Casa del Moro II... de Sahelicecos I... de Sahelicecos II... de Sahelicecos III... Entre todas estas estructuras prehistóricas, entre estos testigos megalíticos de la pasada existencia de sociedades humanas diferentes de la nuestra hay una estructura que nos interesa particularmenete: el menhir de Buenamadre.

Se trata de un menhir *fálico* en el término de Buenamadre, Salamanca, descubierto en la primavera de 1992. Los arqueólogos lo definen como 'menhir fálico', en esencia es un bloque de piedra en forma de pene; y no es el único. Hay otros, pero se encuentran en la provincia de Zamora, uno en Ufones y otros dos en Rabanales. Estos menhires son interpretados como símbolos de fertilidad, de procreación. Los menhires fálicos están relacionados con la tierra, fecundan simbólicamente el terreno; el culto fálico perduró hasta el período romano. Fue la Iglesia la que condenó ese tipo de prácticas rituales al considerarlas aberrantes, paganas o demoníacas, aunque muchas prácticas prehistóricas han perdurado por toda la Edad Media, ocultas bajo unas formas aparentemente cristianas. Muchos lugares, prácticas, cultos y objetos sagrados prehistóricos estaban tan arraigados en el *modus vivendi* de las comunidades, sobre todo paganas, del campo, que la Iglesia no pudo destruirlos o borrarlos de la memoria de las comunidades y no hubo otro remedio que cristianizarlos, tras un proceso de demonización. La práctica más común era la construcción de ermitas y la erección de cruces o estatuas de la Virgen encima de las estructuras prehistóricas o en los lugares sagrados paganos. Después del proceso de demonización del lugar, tras la acusación de ser un sitio de prácticas diabólicas, se empezaba el proceso de cristianización La Iglesia se aprovechó de lo que ya existía para conferirle un valor cristiano; hay muchos ejemplos en España, y en el resto de Europa. El mismo menhir fálico de Buenamadre presenta tres cruces grabadas en su superficie, en uno de sus extremos, como evidente signo de cristianización. También el menhir de Ufones presenta una cruz grabada en la parte superior. El menhir de Buenamadre fue encontrado a pocos metros de la ermita de Nuestra Señora de los Remedios del Desierto, construida en un lugar que probablemente gozaba de un valor sagrado desde las épocas anteriores a la romanización de la zona[99].

Los castros de la Edad del Hierro han sido algunos de los parajes más afectados por la obra de cristianización de los lugares prerromanos y esto, a causa de la importancia que tenían aquellas construcciones para la comunidades paganas, ya fuera como lugares de encuentro comunitario, ya fuera por su posición estratégica en el territorio o por el valor sagrado que tenían algunos edificios o estructuras en su interior. Fueron edificadas ermitas e iglesias en la cumbre de numerosos asentamientos prerromanos, como en el castro de Penalba, asentamiento del siglo IX a. C., cerca de Campolameiro, en Pontevedra. En el castro de Sta. Maria do Castro (Cervantes, Lugo), de finales del primer siglo a. C., se construyeron la Iglesia de Sta. María y el cementerio, afectando a parte del yacimiento; la ermita del Doce Nome de Xesús domina el castro de Troña, Pontevedra; mientras que la Ermita de la Virgen del Castillo fue construida en la tarda Edad Media en el medio del castro vetón de Yecla la Vieja, Salamanca. Aún más espectacular han sido las "reformas

---
[99] Benito del Rey y Grande del Rio 1994.

arquitectónicas cristianizadoras" de las estructuras megalíticas. La ermita de San Brissos, cerca de Valverde, en Portugal, o la Iglesia de San Michel, en Francia, fueron construidas aprovechando de los enormes ortóstatos que constituían la cámara de un dolmen.

Ya en el Concilio del año 452 en Arles se condenaban "los actos de los infieles que enciendan antorchas o rendan culto a los arboles, fuentes o piedras"; en Tours, en 567 se intervenía en contra de "los que rinden culto a piedras, fuentes o arboles, lugares elegidos por los paganos" y en el año 681, en Toledo, se intervenía en contra de quien rezaba "a las piedras". Hasta el siglo IX los cultos y las "supersticiones paganas" estaban todavía anclados en las profundidades de la psique de los individuos, sobre todo en las zonas rurales, alejadas de las capitales de las diócesis. A la acción represora de la Iglesia, todavía no muy efectiva, se añadía la acción, mucho más consistente de la superposición cristiana, como se lee en la epístola (XI, 56) de Gregorio Magno, de finales del siglo VI, donde se invita a rociar con agua bendita los lugares de culto de los paganos y a construir, en los mismos lugares, altares y colocar reliquias para que aquellos sitios dejen de ser lugares de culto de los demonios y sean parte del verdadero culto a Dios[100]. Se re-sacralizan, de esta forma, lugares, gestos y costumbres de antiguas tradiciones. La manera más simple y efectiva que tenía le Iglesia para que los "nuevos cristianos" aceptasen la conversión de los antiguos lugares de cultos en elementos sagrados del propio entorno físico y espiritual fue la demonización de aquellos lugares, prácticas y costumbres; junto a la demonización de los dioses célticos y romanos. La asimilación a la fe cristiana de piedras, fuentes, árboles, bosques, rocas grabadas, rituales, bailes y cantos, se difundió a través de su cristianización. "¿Cuántos entre vosotros, que habéis renunciado al diablo, a sus ángeles, a su culto y a sus malas costumbres, habéis regresado al culto del diablo? Pues quemar cirios a las piedras,

---
100 Sansoni 2001.

a los árboles, a las fuentes y a las encrucijadas de los caminos ¿no es eso adorar al demonio? Practicar la divinación y el arte de los augurios, honrar los días consagrados a los ídolos ¿es otra cosa que adorar al demonio? [...] Renegáis del signo de la cruz, que habéis recibido en el bautismo, y os mostráis atentos a otros signos, que son los signos del diablo..."[101].

Entonces, las cruces y otros símbolos cristianos se multiplicaron encima de las rocas decoradas con grabados prehistóricos en toda Europa. En el conjunto rupestre de Pedra de Bullosa, en Campolameiro, entre figuras de cérvidos, antropomorfos, combinaciones circulares, una serpiente y cazoletas, fueron grabadas cruces en toda la superficie de la roca. El majestuoso conjunto de arte rupestre de Valcamonica, en los Alpes italianos, fue invadido de cruces cristianas y muchos grabados prehistóricos fueron demonizados; famosa, en la aldea de Bedolina, es una figura mitológica de la Edad del Hierro con pico y cuernos que con una horca ataca a dos individuos, conocida como la "escena del Diablo"; una capilla fue edificada encima de una gran roca grabada en Grevo; en la roca 5 de Campanine se grabó una figura humana, conocida como "S. Pedro", que lleva tres llaves en las manos (¿Infierno, Purgatorio y Paraíso?); cinco cruces se superponen a las figuras de la Edad del Hierro en la roca 1 de Carpene; una cruz sobresale por su tamaño entre los grabados neolíticos y de la Edad del Hierro en la roca 1 de Foppe di Nadro...

Los dioses paganos no sólo han sido demonizados y cristianizados en el arte rupestre, sino también en los rituales y hasta en el idioma. En finés la palabra "perkele", demonizada por la cristianización tardía de Finlandia con el nuevo significado negativo de "diablo" o "demonios", en origen no era nada menos que la forma en finés para llamar al dios indoeuropeo Perkunas. El arte, el idioma, los gestos sufren el impacto

---

101 *De correctione rusticorum*, tratado sobre el paganismo rural y el modo de combatirlo, de Martín de Braga, en Bonassie, Guichard, y Gerbet 2008, 28.

de la oleada sacralizadora de la nueva religión monoteísta; "la danza es todavía más rebelde a la cristianización. Inasimilable, [...] aparece un resto irreductible del paganismo. Precisamente porque la danza es... la manifestación primordial de una alianza sagrada entre el hombre y la naturaleza"[102]. De este afán cristianizador no se libra ni siquiera el estornudo: visto como manifestación de los espíritus que moran en el cuerpo humano por los adivinos (por la naturaleza o intensidad del sonido producido era posible conocer los deseos de los espíritus), los sacerdotes cristianos, para luchar contra la práctica pagana de la adivinación, animaban a los fieles a clamar el nombre del Señor (¡Jesús!) cuando uno de sus interlocutores estornudaba.

Una ola cristianizadora se abatió encima de las comunidades rurales, es decir, la mayoría de la población, de la Europa tardo antigua, todavía fuertemente anclada a sus ancestrales rituales, prerromanos o romanos, a los antiguos lugares de culto, a las prácticas cotidianas que generación tras generación se remontaban a las edades anteriores al cambio de Era. El termino 'pagano' viene de la palabra latina 'paganus', es decir, 'el que vive en un pagus, una aldea'. Los paganos eran 'los que vivían en el campo'. Los ciudadanos, los urbanitas, la gente que vivía en la ciudades, que en la Peninsula Ibérica de la tarda antigüedad eran las ciudades de antigua fundación romana, eran los individuos más facilmente cristianizables: a las grandes ciudades correspondían las capitales de las diócesis, donde la voz de la Iglesia era más fuerte, había un porcentaje más alto de individuos que sabía leer y entender los preceptos cristianos y los sermones, y los mismos clérigos estaban más preparados en la doctrina cristiana. Sin embargo, en el campo, en las factorías perdidas entre pastos y cultivos, en las aldeas escondidas en los valles, en los 'pagi' del litoral oceánico, la gente era más refractaria a la nueva doctrina.

---

102 Bonassie, Guichard y Gerbet 2008, 30.

3. Picos, ases de picas... y comodines.

> "Siempre hay que buscar una posible alternativa
> y estar preparado para ella".
> (*La aventura de Peter "el Negro"*, A. Conan Doyle)

Honestamente, nunca he sido un gran jugador de póquer y aún menos de su modalidad más de moda hoy en día, el *Texas hold 'em*; aún así, mi carta preferida siempre ha sido el as de picas (¡sobre todo si acompañada de otro as, sea cual sea su palo!), tal vez porque me recuerda el maravilloso tema de los Motorhead *The Ace of Spade*. Sin embargo, me las apaño mucho mejor excavando yacimientos arqueológicos y mi instrumento de excavación preferido es el pico[103], herramienta también eufemísticamente conocida en el "mundillo" de la arqueología de campo como *bisturí*. Las dos palabras, *pica* y *pico*, derivan del mismo término: el latín *beccus* (de donde el italiano tiene "becco"), es decir, el pico de las aves. La forma de esta parte anatómica de las aves ha dado el nombre, ya sea al instrumento formado por la barra de hierro con dos puntas y enastada a un mango de madera, el pico de los arqueólogos (en italiano *piccone*, "gran pico"), ya sea al palo de las cartas, que deriva su nombre de su forma, que recuerda la forma de una pica, la lanza larga compuesta de una asta con una punta de hierro en su extremidad superior, forma que recuerda, una vez más, el pico de las aves; la similitud etimológica se conserva también en italiano donde una *picca* es una *pica*, y *picche* es el palo de las cartas; mientras que en inglés la palabra *spade* se refiere al palo de los naipes y a la pala para excavar, más que al pico; de ahí el título del célebre libro de divulgación arqueológica de G. Bibby, *The testimony of the Spade*.

---

[103] Como sostenía Mortimer Wheeler (1961, 182): "... el *pico* es el instrumento primordial de la excavación...".

A la hora de describir, interpretar y explicar la evidencia material sacada a la luz, los arqueólogos, sobre todo los prehistoriadores, en vez de utilizar picas y picos, en ocasiones utilizan otra "herramienta", menos material, pero tal vez mucho más "peligrosa": un comodín[104]... una palabra comodín. Un ejemplo es la palabra *ritual*.

"Las palabras ganan un terrible poder sobre los conceptos que describen (...). Lo que pasa a menudo es que estas palabras se desarrollan en una tendencia de investigación y siguen siendo las mismas aunque todo alrededor de ellas cambie. Son como las rocas que asoman a lo largo de un rápido río y, como estas rocas, son muy peligrosas (...). Una de estas palabras es *ritual*[105].

En la historia de la investigación arqueológica, en efecto, pueden encontrarse posiciones totalmente divergentes acerca del concepto de *ritual*, e incluso de su propia viabilidad[106]. Como recogen los arqueólogos Flannery y Marcus[107], por ejemplo, dentro del movimiento de la Nueva Arqueología algunos arqueólogos hasta llegaron a negar la posibilidad de alcanzar un "conocimiento científico" sobre los aspectos *rituales* de las comunidades prehistóricas, considerando que la *religión* y la *ideología* son epifenómenos, es decir, fenómenos secundarios, marginales, que acompañan al fenómeno principal y que no tienen influencia sobre él, son variables dependientes de una forma tan lejana respecto a las primeras variables, como la economía y las formas de subsistencia, y no merece la pena investigarlas (por lo menos arqueológicamente). Esta actitud escéptica, en parte, era una reacción contra ciertas formas tradicionales de manejar estos conceptos, de los que se había abusado

---

[104] Según la R.A.E. la palabra *comodín* deriva del término "cómodo" y significa: 1) carta que se puede aplicar a cualquier suerte favorable, 2) cosa que se hace servir para fines diversos, según conviene a quien la usa y 3) pretexto habitual y poco justificado.
[105] Bradley 2003, 5.
[106] Véase también Grant, Gorin y Fleming 2008, 133-196.
[107] Flannery y Marcus 1983, 260.

extraordinariamente para dar cuenta de matices pocos claros de la evidencia arqueológica, llegándose a interpretaciones forzadas y, a veces, completamente gratuitas. No es de extrañar, pues, que el arqueólogo Paul Bahn haya definido socarronamente el *ritual* como "una explicación 'multiuso' que se utiliza cuando no se nos ocurre nada mejor"[108].

Las corrientes postprocesualistas han sometido esta cuestión a fuerte crítica, sin dejar de aludir al peso de la ideología y los valores personales de los investigadores; por ejemplo, si la identificación de los arqueólogos victorianos con la clase de los terratenientes, y su identificación de su propio sistema social con el del periodo romano, llevó a la adopción de perspectivas específicas en la interpretación de las villas romanas[109], habrá que precaverse en tal sentido a la hora de estudiar los aspectos religiosos, ideológicos y rituales de las comunidades del pasado. En última instancia se ha llegado a sostener que solamente entendiendo nuestras percepciones del mundo y del conocimiento podremos reconocer las formas particulares con las que observamos el pasado y aceptar que la forma con la que "nosotros" (los arqueólogos) les escuchamos a "ellos" (las sociedades arqueológicamente investigadas) es subjetiva.

El arqueólogo inglés Ian Hodder, autor bien conocido entre los prehistoriadores por el énfasis que pone en el papel de lo simbólico en la vida de los individuos, se ha referido también al necesario replanteamiento de la relación entre la *mente* del arqueólogo y las *formas mentales* de las sociedades extinguidas: si los investigadores están de acuerdo en que la manera en que los individuos organizan el mundo es inseparable de como ellos lo interpretan, entonces esa posición deberían aplicársela también a ellos mismos. Pero (hasta ahora) vivimos en un *mundo occidental* donde la frase "es solo simbólico" viene a expresar claramente que los símbolos no son esenciales, funcionales, necesarios.

---
108 En Brück 1999, 313.
109 Dark 1995, 25.

Esta visión, implícita en la mentalidad de los arqueólogos (por lo menos de los arqueólogos occidentales), ha conllevado la consideración de que los símbolos y lo que los individuos pensaban son cosas irrelevantes en las estrategias de adaptación a largo plazo.

Siendo asumibles muchas de las reflexiones de Hodder sobre la dicotomía objeto-sujeto, sobre el carácter contextual de los símbolos o sobre el peso del propio contexto social de los arqueólogos, algunas de sus posiciones sobre la *subjetividad del pasado*, reconstruido por los mismos arqueólogos en relación a las estrategias de poder contemporáneas, han producido deslizamientos hacia el *relativismo* que no han dejado de ser criticados[110]. Con todo, resulta un innegable acierto de su enfoque post-procesual la frontal oposición al hecho de que la arqueología sea una disciplina que se dedica sólo a los restos observables (materiales) del pasado[111].

La arqueología se ocupa de la investigación del pasado a través de los restos materiales, pero estos restos no son aislados, sino están en relación entre ellos, crean un *contexto* y, siendo el conjunto (el contexto) mayor que la suma de sus partes, la arqueología puede vislumbrar algo más que las simples características descriptivas de los objetos individuales. Es en la interpretación de estas relaciones contextuales entre la evidencia material, cuando se reflejan las relaciones contextuales entre los individuos en el pasado, se insinúan las problemáticas interpretativas y epistemológicas, por lo que concierne la viabilidad del conocimiento científico dado por el estudio de los efectivos o posibles significados, actuaciones, y valores rituales en las comunidades prehistóricas.

---

110 Ruíz Rodríguez et alii 1988; Dark 1995, 42.
111 Hodder 1982, 196.

Algunas aportaciones procesualistas.

Lo certero de muchas observaciones críticas de Ian Hodder estimuló la reacción de algunos arqueólogos procesualistas, como Colin Renfrew, que inició una investigación que trataba de conciliar los objetivos de tipo ideológico, ritual, etc. y la metodología de corte científico, diríamos opuesta, bajo algún punto de vista, al relativismo más extremo. Así, más allá de la broma de considerar que *ritual* es lo que se dice de un artefacto cuando se desconoce la función del mismo, dentro de la arqueología procesual se empezó a considerar que, para avanzar en este escabroso terreno, es decir el terreno de los rituales, de las religiones, de las ideologías en la prehistoria, también se necesitaba de una Teoría de Alcance Medio[112], *ad hoc*, apta para la identificación de objetos, estructuras y acciones relacionados con la religión y a las prácticas rituales de las sociedades extintas.

Con tales objetivos se irá constituyendo la especialidad llamada "arqueología cognitiva" (*cognitive archaeology*), cuyos grandes temas son, según Flannery y Marcus[113], la cosmología, la religión, la ideología, la iconografía y toda otra forma de comportamiento intelectual y simbólico (*ritual*) de los seres humanos que haya quedado en la evidencia arqueológica. Renfrew, que define la arqueología cognitiva como "el estudio de la forma de pensamiento de las sociedades del pasado (y, a veces, de los individuos en estas sociedades) basado sobre los restos materiales" no dejará de advertir que el investigador no puede establecer *lo que* "ellos" pensaban, sino aproximarse a *como* pensaban[114].

---

112 Por "Teoría de Alcance Medio" (o Middle Range Theory, según L. Binford) en arqueología se entiende la teoría que describe como los individuos del pasado utilizaban los objetos y las estructuras (la nuestra "evidencia arqueológica" contemporánea) y el comportamiento asociado a estos usos.
113 Flannery y Marcus 1983, 261.
114 Renfrew 1993, 248-249.

La década de los '90 del siglo pasado vio un multiplicarse de aproximaciones a los aspectos rituales, ideológicos, religiosos de las sociedades prehistóricas, a través del análisis arqueológico y de los nuevos enfoques epistemológicos de la evidencia material. En este mismo periodo, la arqueóloga Ewa Wasilewska afrontaba también las acciones religiosas del hombre prehistórico[115]. Ella sostenía que, aunque fuera más cómodo estudiar la tecnología antigua que entrar en el peligroso campo de la arqueología de la mente, lo cierto es que el comportamiento religioso se rige por las mismas reglas que otras acciones humanas (el *Homo religiosus* es el mismo que el *Homo economicus*), por lo que el reconocimiento de este comportamiento *es posible* a través del análisis de la evidencia arqueológica, como lo es el de otras conductas. Pero, a la hora de concretar su metodología, no deja de haber problemas: por ejemplo, cuando la autora se enfrentaba a la interpretación de una necrópolis afirmaba, sin mayor justificación, que, si la mayoría de los cuerpos en un hipotético cementerio estaba sepultada en posición fetal mirando hacia el oeste, existe una fuerte posibilidad de que esta posición fuera importante desde un punto de vista religioso. Al mismo tiempo, la arqueóloga reconocía que la existencia de sepulturas en un sitio no atestiguaba necesariamente la creencia en un Más Allá, afirmando que la función principal de cualquier sepultura es la deposición de un cuerpo por fines higiénicos. Quiero subrayar cómo la propia utilización del concepto de "higiene" nos remite, una vez más, al menos en parte, al problema de la mentalidad del investigador, a sus propias convicciones y costumbres mentales (y físicas), sobre conceptos personales y/o sociales contextuales, como en nuestro ejemplo, el concepto de higiene "social", comunitaria.

Podríamos expresarnos de esta forma, aunque poco ortodoxa: ¿ha nacido antes la idea del Más Allá o la necesidad de la higiene de la comunidad? Es decir, ¿la motivación de enterrar un muerto

---
[115] Wasilewska 1994.

es consecuencia del sentido religiosos (creer en un Más Allá) de la comunidad donde el difunto vivía, o es la consecuencia (primaria) de una necesidad higiénica, ocultar la descomposición del cadáver bajo tierra, de la comunidad, mientras que el edificio espiritual de la creencia en un Más Allá es una consecuencia secundaria de la propia necesidad higiénica? La cuestión parece tomar las formas de un pez que se muerde la cola y parece tener un significado simplemente accidental, pero, sin embargo, frecuentemente la determinación de la causa de un comportamiento social en la prehistoria puede tener repercusiones importantes sobre toda la reconstrucción del pasado de una comunidad y también puede afectar a nuestras formas de pensamiento contemporáneo sobre nuestra misma sociedad como, por ejemplo, en el caso del canibalismo.

En definitiva, como los arqueólogos no tienen un acceso directo a las prácticas religiosas, funerarias y rituales del pasado (porque dejaron de ser practicadas hace ya muchos siglos), el conocimiento de las mismas tiene que conseguirse por un proceso de inferencia, de deducción, que sólo será posible si hay una teoría que permita trascender la evidencia material[116]. Para cometer su investigación acerca de la misma temática, la antropología dispone de testimonios verbales de los protagonistas y de la observación directa de las prácticas rituales, así como de la evidencia no-verbal (imágenes, símbolos) además del apoyo de la evidencia material. La arqueología prehistórica, en cambio, solamente podrá contar con información de las dos últimas clases, es decir, podrá contar solamente con la evidencia no-verbal de imágenes y símbolos (arte rupestre, por ejemplo) y evidencia material, los restos arqueológicos, por lo que deberá refinar al máximo la teoría que permita relacionar estas clases de información con las prácticas originarias.

Colin Renfrew, gracias a sus excavaciones en el santuario de Philakopi (en la isla griega de Melos) que se remonta al periodo Heladico Tardío,

---

[116] Renfrew 1985, 11.

1360-110 a. C., intenta sistematizar la investigación de la *Archaeology of Cult*, una "arqueología del culto"[117]. En su investigación el arqueólogo inglés considera que el comportamiento ritual se puede detectar (arqueológicamente) gracias a su carácter *formalizado, repetitivo* y evidentemente *intencionado* y gracias al hecho de que este tipo de comportamiento, las prácticas rituales, necesita de lugares *especiales* y/o de un equipamiento especial; en el caso concreto de la conducta respecto a los muertos, esas características permitirían establecer una metodología para encontrar patrones que relacionen los restos funerarios con la actividades rituales que los generaron. La idea de fondo de Renfrew es que la estructura del sistema de creencias tendría que generar patrones en la práctica del culto y son estos patrones los que el arqueólogo tiene que esperar encontrar. Hay, según el arqueólogo inglés, una diferencia *cualitativa* entre lo que es *sagrado* y lo que es *profano*, entre lo que es *simbólico* y lo que es *racional* y espera reconocer esta dualidad (existente, según él, también en la mente humana), reflejada en la evidencia arqueológica. Tendríamos entonces una serie de dicotomías de este tipo: sagrado/profano; simbólico/racional; rasgos rituales/rasgos seculares (= evidencia arqueológica)[118].

Renfrew considera que la experiencia religiosa, a menudo, acontece en lugares especiales y, sobre todo, en momentos especiales. Precisamente uno de esos momentos es el momento en que el ser humano llega al "contacto" con el mundo del Más Allá, con el Otro Mundo: el momento de la muerte. Tendríamos entonces: el mundo de la experiencia temporal (A), el "otro Mundo", el de la experiencia inversa (no-A), es decir, el mundo del Más Allá, y una "zona liminal", una "zona umbral" (A y no-A), una especie de "área sagrada", campo de la actividad ritual. Este

---

117 Renfrew 1985.
118 "One defining criterion of the 'sacred' is that is not 'profane' and as Goody points out it is the responsability of the observer – here the archaeologist – to make the distinction between symbolic and rational" (Renfrew 1985, 20).

mundo, el de la experiencia temporal, sensible (el mundo de los vivos) y el "Otro Mundo" están concebidos como dos espacios topográficamente separados por una "zona umbral" que comparte las cualidades de los dos y es justamente esta zona la que constituye el centro de la actividad ritual. La "zoma umbral" es una región especial y misteriosa que conlleva el riesgo de peligros ocultos; ahí hay que tener mucho cuidado porque existe el riesgo de contaminación y el riesgo de fallar en la actuación de los correctos procedimientos rituales[119].

Esta noción de "zoma umbral" será retomada años más tarde por el arqueólogo P. H. W. Bristow en un trabajo específicamente dedicado a la muerte (a las prácticas de deposición de los difuntos entre el año 3500 a. C. y el 43 d. C.) en la prehistoria de la Inglaterra meridional[120]. Según este arqueólogo la deposición de un muerto es una forma "de rito de paso", un proceso en el que hay diferentes estadios que deben ser conceptualizados; es en el "tránsito" de un estadio a otro cuando aparece el concepto de "zona umbral" o *liminality* (en la terminología anglosajona).

El rito de paso estaría entonces compuesto por tres partes: un estadio inicial (condición normal de inicio), un estadio terminal (condición normal de fin) y, en el medio, un periodo "marginal" o una zona "umbral" (condición anormal: el iniciado está sin estatus, fuera del tiempo, fuera de la sociedad); sería en el estado marginal donde actúan los rituales de marginalidad, de segregación y de agregación del individuo difunto desde la sociedad de los vivos a la comunidad de los muertos, el Más Allá. El concepto de "zona umbral" presupone los conceptos de *separación* y de *reintegración*: se deja un estado para alcanzar uno nuevo. El ritual funerario contiene, según esta perspectiva, rasgos de "marginalidad" para todos los participantes.

---

[119] Renfrew 1985, 16-18.
[120] Bristow 1998.

Bajo esta perspectiva hay que tener en cuenta que con la muerte los vínculos no pueden ser cortados en un solo día pues el alma se separa sólo de forma gradual del contacto con el mundo y durante este periodo de separación hay que restaurar el equilibrio. El antropólogo Van Gennep dividía los rituales de separación del mundo anterior, el de los vivos, en tres clases: rituales "pre-liminales", rituales "liminales" o "de marginalidad" (efectuados a lo largo del estado de transición) y rituales "post-liminales". Los primeros incluyen comportamientos simbólicos que se refieren a la separación del individuo o del grupo desde un punto determinado de la estructura o desde determinadas condiciones culturales. Los rituales "liminales" o "de marginalidad" denotan una posición ambigua, de transición; mientras que los últimos rituales, los "post-liminales", tienen que ver con la consumación del ritual de paso a través de la re-incorporación o agregación, es decir, la re-incorporación del difunto al Otro Mundo y la agregación de la comunidad al finalizar los rituales y después de la pérdida del fallecido. Van Gennep descubrió que en los funerales los rituales de paso tienen una duración y una complejidad tales que, a veces, gozan de una autonomía propia; además, el antropólogo notó cómo los rituales de incorporación del difunto en el mundo de los muertos son extremadamente elaborados y muy importantes[121].

Los intentos de superación de la dicotomía ritual/no ritual.

Renfrew, hace unos años, tras sus excavaciones en el santuario de Phylakopi[122], se hizo esta pregunta: "¿por qué un hoyo con huesos animales y unos artefactos a veces es visto como un basurero para desechos domésticos y a veces como un depósito ritual con evidencia de sacrificio?". Siguiendo su razonamiento, voy a proponer un par de preguntas más: ¿existía en el pensamiento y en la práctica de las

---
121 Véase, por ejemplo, el trabajo de Barley (2002) con los Dowayo.
122 Renfrew 1985, 2.

sociedades prehistóricas tal dicotomía entre *ritual* y *no ritual*? Y en tal caso: ¿tal dicotomía estará reflejada en la evidencia arqueológica? Ya estamos vislumbrando una posible respuesta: es posible que esta dicotomía esté en la mente del investigador, del arqueólogo. A los arqueólogos no nos queda más remedio que enfrentarnos con esta cuestión como hizo, hace una década, la arqueóloga noruega Johana Brück.

Se podría afirmar que la antropología y la arqueología han coincidido al considerar lo *ritual* como *no funcional*[123]. Dado que la actividad ritual no está comprendida en el concepto de "practicidad" del mundo occidental moderno, el ritual es visto como una actuación no funcional e, incluso, irracional. Ademas, dado que la acción ritual parece que no *hace nada*, muchos antropólogos la describen y entienden como una acción simbólica, de manera que los conceptos de *práctico* y *simbólico* parecen opuestos.

Sin embargo, según Brück la idea de *ritual* como categoría distinta de la *práctica* no es un elemento presente en todas las sociedades; antes bien, el aislamiento del hecho ritual está basado en patrones de comportamiento humano y formas de conocimiento que son peculiares de la sociedad contemporánea. Tal aislamiento es debido, en parte, a la separación entre Estado e Iglesia producida en los últimos siglos de la historia europea y, también, se relaciona con la concepción racionalista e ilustrada que considera la lógica científica como la única forma válida de conocer el mundo, concepción esta que descansa, en buena medida, en patrones cartesianos que describen el universo en términos dualistas como cultura-naturaleza, mente-cuerpo, sujeto-objeto, a los que se añaden otras dualidades o antítesis como: ritual-secular, moderno-tradicional, racional-irracional, nosotros-ellos...

Por el contrario, algunos antropólogos han descrito sociedades donde no existe un pensamiento dualista que, como el nuestro, opone sagrado

---
[123] Brück 1999, 317-318.

a profano, sino, más bien, donde existe un pensamiento monista, es decir, el mundo no está constituido por una serie de oposiciones, sino es un todo único; además, la visión animista del mundo, que se añade al pensamiento monista de aquellas sociedades, concibe el cosmos como penetrado por una "fuerza vital". Todo posee un "alma", un "espíritu".

Bajo esta perspectiva, dado que el mundo occidental contemporáneo favorece las relaciones mecánicas entre causa y efecto, inhibiendo otros puntos de vista, los arqueólogos podrían haber fallado al ignorar la naturaleza, en esencia práctica, de la acción ritual: muchos rituales existirían para lograr un cambio sustancial de las condiciones materiales, mientras que otros proporcionarían a los individuos diferentes significados para el conocimiento del mundo y de su propio estatus en el mundo. Los practicantes de los cultos curativos y de los rituales de fertilidad esperan la eficacia práctica de las acciones rituales.

Parece, pues, necesario concluir que la pretendida dicotomía entre *ritual* y *secular* puede ser resuelta al comprender que la acción humana es, a menudo, tanto práctica como simbólica. No se trata de que la acción humana presente un aspecto práctico y un aspecto simbólico, sino, más bien, que lo práctico y lo simbólico son la "misma cara de la moneda". La pregunta "¿como se pueden identificar arqueológicamente las acciones rituales?" sería entonces redundante y epistemológicamente errónea; lo que nosotros arqueólogos deberíamos preguntarnos es "¿qué acciones del pasado pueden 'hablarnos' sobre la *racionalidad prehistórica?*". Las sociedades prehistóricas aplicaban una "lógica" históricamente específica al mundo que les rodeaba y ésto incluye un conjunto de valores culturalmente específicos, unos conceptos que forman su interacción práctica con el mundo; este es el objeto del interés de la arqueología. Esto no significa que el ritual tome parte en cada hecho de la vida diaria, ya que, al rechazar la formulación analítica del concepto de ritual, Brück se mueve desde una visión de las sociedades prehistóricas en las que algunas acciones diarias presentan aspectos esotéricos y ritualizados hacia otra concepción según la cual "todas las actividades humana documentadas en la evidencia arqueológica representan un 'compromiso' práctico de los individuos con las condiciones materiales basado en un conjunto de ideas sobre cómo funciona el mundo diferentes de las ideas consagradas en el pensamiento occidental"[124].

Esta forma de *relativismo cultural* está basada en la evidencia arqueológica y, como Hodder, Brück opina que se puede llegar hasta una aproximación de la comprensión de los otros sistemas culturales a través del estudio de la evidencia arqueológica (es decir, a través de la arqueología) y tras una explicación de la misma, pero detectando los prejuicios que los arqueólogos llevan en la mente según su formación cultural de investigadores y eliminando los *a priori* conceptuales.

Así, si volvemos a la pregunta que se hizo Renfrew sobre los hoyos, los depósitos de huesos, con la que hemos abierto este párrafo, podríamos afirmar que si tales depósitos les parecen extraños a los arqueólogos es porque no satisfacen sus (=nuestros) criterios occidentales para la definición de la acción racional, dado que no pueden ser explicados en términos funcionales. Ante estos depósitos deberíamos preguntarnos: "¿porqué estos depósitos aparecen raros a los arqueólogos?" y "¿qué es lo que tal peculiaridad puede decirnos sobre la racionalidad, la forma de pensamiento, de las comunidades prehistóricas?".

También el arqueólogo Richard Bradley coincide en señalar que en la investigación arqueológica sobre la Europa prehistórica, los investigadores han marcado esta división entre vida cotidiana y rituales siguiendo unas bases esencialmente intuitivas e influenciados por su propia experiencia en un mundo cada vez más secularizado, un mundo donde el ritual y

---

124 Brück 1999, 327.

las creencias religiosas quedan bastante al margen y, por tanto, han desarrollado una visión de la acción ritual en la prehistoria como algo de separado de la vida diaria[125].

Bradley subraya la confusión existente entre los arqueólogos de campo sobre la forma más correcta para distinguir los restos de la vida diaria y los restos de las actividades rituales, ya que, sin una reflexión en profundidad acerca del concepto de *ritual*, será muy difícil interpretar las observaciones de campo. Por ejemplo, bajo esta perspectiva, Bradley critica la pretensión de la arqueóloga Natalia Venclova de distinguir entre lugares sagrados y lugares de asentamiento en Europa central en la prehistoria, como también la pretensión de distinguir entre objetos votivos y objetos comunes, ya que la esquematización de estos criterios es "totalmente un producto de las ideas modernas sobre el pasado en las que los rituales y las creencias religiosas están separados de la vida diaria"[126]. El núcleo del problema es que el ritual es contemplado por los arqueólogos como algo marginal, una especie de "anexo" de la vida diaria, algo "protegido" por procedimientos especiales y en relación con creencias religiosas. Esta "perfecta combinación" de *formalidad* y *separación* es lo que buscan los arqueólogos en sus investigaciones de campo (la excavación y la prospección) y esta perspectiva les ha llevado a una cierta confusión, dado que muy pocos (tal vez, ninguno) de estos elementos son rasgos invariables de la acción ritual. Deberíamos concentrarnos y contemplar más en profundidad lo que es la *actividad ritual*. Probablemente, lo que es importante en un ritual no es adherirse exactamente a una estrecha lista de procedimientos, sino que tales procedimientos *funcionen*. Esta perspectiva puede anular la necesidad de creer literalmente en el mensaje de cada ritual porque la *participación* y la *dedicación* son los elementos más importantes[127].

---
125 Bradley 2003.
126 Bradley 2003, 11.
127 Bradley 2003, 12.

Una vez que hemos aceptado que el ritual es un tipo de práctica, una "performance" definida por sus propias convenciones, se nos hace más sencillo entender que el ritual puede ser puesto en práctica en muchas situaciones y ser utilizado en diferentes asuntos. Una vez rechazada la idea de que el ritual tiene solamente la función de comunicar creencias religiosas, ya no es necesario separarlo de los comportamientos de la vida diaria; de hecho la acción ritual abarca tanto situaciones locales, informales y efímeras, como hechos públicos y altamente organizados y sus significaciones sociales cambian según estas situaciones.

Ritual y mito.

En la investigación antropológica la palabra *mito* y el concepto a ella asociado han causado los mismos problemas hermenéuticos que la palabra *ritual* en la investigación arqueológica. Según García Gual, la palabra *mito* "tiene un tufillo de cultismo y una amplia variedad de significado"[128]; el término tiene "connotaciones atractivas" y una "imprecisa denotación" hasta el punto de llegar a poder ser una "ambigua etiqueta"[129], una especie de palabra comodín que se puede echar en la mesa de juego de los análisis antropológicos para superar un *empasse* interpretativo. Tan amplio y ambiguo resulta ser el campo semántico de la palabra *mito* que también en el uso científico de la palabra "antropólogos, filólogos, psicólogos, sociólogos y teólogos manejan el término con tales divergencias que se ha dicho que la palabra puede recubrir 'connotaciones infinitas', aun cuando tuviera una denotación común a todos esos usos. [...] Se podría exagerar y decir que las definiciones del mito son casi tantas como las perspectivas metódicas sobre él"[130].

---

[128] García Gual 2007, 13.
[129] García Gual 2007, 14.
[130] García Gual 2007, 15.

El estudio de los mitos es fundamental para la comprensión de las sociedades antiguas y de las comunidades tribales contemporáneas; siguiendo la definición de García Gual el mito es "un relato tradicional que refiere la actuación memorable y ejemplar de unos personajes extraordinarios en un tiempo prestigioso y lejano". Entonces, el mito implica la palabra y la comunicación, pues es un relato, una narración, un cuento tradicional, que pasa de generación en generación, que refiere la actuación (la forma de hacer las cosas, de realizar algo, de obrar) memorable y ejemplar de unos personajes extraordinarios, no comunes, y que sirve de paradigma para la actuación a los individuos comunes, no extraordinarios, que viven en el tiempo cercano y del día a día. El mito trata de acciones de excepcional interés para la comunidad porque explican aspectos importantes de la vida social. Si el mito coloca la acción extraordinaria fuera del tiempo ordinario sus reflejos lindan con la cotidianidad porque la comunidad, al actuar, tiene como paradigma los hechos narrados por el mito, referencia, pues, de la conducta social. El mito, o la interpretación que de él hacen los individuos que forman la sociedad, obra en la realidad, en el "conjunto de las cosas" (*realidad*, de *real*, del latín *res*, "cosa"). El mito, podríamos decir, da sensatez y explica la forma del actuar social, llena de sentido las acciones de los individuos. "Los mitos explican también la causa de muchos usos y costumbres, de más o menos importancia, que son de interés colectivo"[131].

¿Donde se entrelazan mito y ritual? Es en los ritos, como en las ceremonias festivas, y en "la *mímesis* de los dramas sacros" donde el creyente en los mitos, que por extensión coincide con los individuos de las comunidades tribales, pre-filosóficas o no-filosóficas, "revive y rememora esa historia sagrada y así participa en la recreación de esos hechos"[132]. Por medio de la evocación ritual el tiempo narrado

---

131 García Gual 2007, 21.
132 García Gual 2007, 23.

en los mitos puede renacer en el tiempo cotidiano del creyente, de la comunidad que rememora el mito. "Los ritos unidos a la recordación de tales o cuales sucesos míticos tratan de establecer una comunicación con ese tiempo fundacional y sagrado"[133]. Los relatos míticos tienen una importante función social e influyen en la conducta de los individuos de la comunidad. Todo eso vale también para las comunidades prehistóricas, además de para las sociedades del mundo antiguo y las comunidades tribales contemporáneas.

Por lo que concierne a la investigación arqueológica de la prehistoria, si se me concede un juego de palabras, la posibilidad de detectar los mitos es un mito en sí mismo. Faltando por completo la documentación escrita (las fuentes que nos hablan de mitos en época prehistórica) y de fuentes orales (pues los creyentes prehistóricos en los mitos han muerto hace unos cuantos siglos) el prehistoriador comienza sus investigaciones con una desventaja casi insalvable respecto al historiador de mitos clásicos o al antropólogo. El arqueólogo sueco Kristian Kristiansen no puede explicarse de forma más clara cuando escribe que "los símbolos adquieren sentido a través del contexto. Los significados contextualizados son de muchas clases, algunos inaccesibles a los arqueólogos. El mito, la danza y otras representaciones son el contexto primario del significado simbólico, aunque raramente accesibles a la arqueología"; aún así no todo está perdido porque "...el mito y el relato también se materializan en la pinturas, en la decoración, en los bienes suntuosos, en las estructuras rituales, etc., habitualmente unidos entre sí por rituales comunes"[134].

El mito es un relato, una narración y desde la prehistoria no nos llegan voces, ni nos han llegado palabras escritas. Al arqueólogo no le queda más remedio que adentrarse en la *interpretación* de la evidencia material para poder alcanzar en un cierto grado la identificación de mitos, pues, como

---

133 García Gual 2007, 23.
134 Kristiansen y Larson 2006, 45.

hemos dicho, el mito influye en la realidad a través de la actuación de los creyentes, de quien interpreta y sigue el paradigma mítico. Ya hemos visto qué complicado es detectar bajo un punto de vista arqueológico la presencia de un ritual, o interpretar como ritual unas acciones que han dejado rastro en la evidencia material, y esto se debe, en parte, a la amplitud y heterogeneidad del campo semántico de la palabra *ritual* y de su uso indiscriminado. Los prehistoriadores tienen la sensación, muchas veces fundada, de que algo se les está escapando a la hora de explicar la conducta de los individuos que constituyen las sociedades de la prehistoria. Probablemente este "algo" es el sentido de las acciones detectadas a través del estudio de la evidencia material, y posiblemente este sentido, en muchos casos, ha sido dado por la interpretación de un mito por parte de los individuos en la prehistoria o, por lo menos, por la actuación social determinada por el paradigma mítico. Si pensamos en la importancia que ha tenido y sigue teniendo el relato, la narración de los acontecimientos de la vida de Jesucristo para las sociedades cristianas (desde los orígenes hasta hoy en día, aunque teniendo en cuenta los cambios interpretativos que cada época ha tenido del hecho cristiano) no pueden no sonar dramáticas y frustrantes las palabras del arqueólogo Philip Barker, aún más si tenemos en cuenta que las escribió en su manual de excavación arqueológica (*Technique of archaeological excavation*): "induce a la moderación el hecho de que nunca podríamos excavar el cuarto superior donde se consumió la Ultima Cena y que, aunque pudiéramos, no lo reconoceríamos; y que el lugar de la crucifixión nos mostraría sólo tres grandes agujeros de poste".

El mismo término *mitología* es "casi" prehistórico, pues el verbo correspondiente aparece ya en la Odisea (XII v. 450) con el sentido de "contar un relato". Platón lo enlaza (en la *República*, en el *Político*, en el Timeo, en el Critias y en Las Leyes) con otros términos significativos, como "genealogía" y *archaiologìa*[135].

---

135 García Gual 2007, 27.

Un ejemplo de aproximación al *mito* a través de la investigación arqueológica de la evidencia material del *ritual* es el estudio de Andrea Carandini sobre las primeras fases de fundación de Roma. El arqueólogo italiano excavó en el Palatino y en el Foro encontrando los niveles "romuleos" de la fundación de la ciudad, la evidencia arqueológica del mito capitolino. En la introducción de su libro *Remo e Romolo. Dai rioni dei Quiriti alla città dei Romani (775/750 – 700/675 a. C.)* Carandini es explícito acerca del argumento de sus investigaciones: "...prenunciamos que trataremos de excavaciones, monumentos y mitos". El mito tiene que ser descifrado y, aunque eso resulta difícil en el caso de las mitologías surgidas en épocas remotas y oscuras, como la griega arcaica, la tarea "parece más simple para las leyendas de los romanos, en alguna manera localizadas y datadas, ambientadas entre la última estación mítica y el exordio de una primera pálida forma de historia"[136]. Entonces, "para interpretar el mito de Rómulo deberíamos conocer la Roma del siglo VIII a. C., como conocemos el París de Barthes, y eso es imposible, aún así..." gracias a la evidencia arqueológica, aunque parcial y deformada por los procesos naturales y antrópicos posteriores a su formación, se puede sacar una imagen antropológica fiable y llega a ser posible "comparar el carácter material de esta primera Roma con el carácter imaginario de la leyenda y el carácter ceremonial del rito..."[137]. Es difícil la verificación del hecho mítico, así como de la definición del ritual antiguo, a través de la excavación, pero a veces y en determinadas circunstancias es posible, "...el tiempo ha sido parado por el mito, el cuerpo cívico y material de Roma ha sido embalsamado en la leyenda, pero nosotros queremos excavar, además de en la tierra, en el cielo de las representaciones; son las cosas, las acciones y los muertos que queremos librar de un absoluto que ya no sirve, para cogerlos en la manera más verosímil..."[138].

---

136 Carandini, 2006, 8.
137 Carandini 2006, 8-9.
138 Carandini 2006, 9-10.

Las cosas se complican cuando avanzamos hacia atrás en el tiempo, bajando al pasado más remoto de la humanidad, alejándonos de los niveles históricos y protohistóricos donde todavía hay ecos de las leyendas y los mitos más antiguos.

A través de la arqueología queremos tener, o acercarnos a tener, aquella "imagen antropológica" de la que habla Carandini, una imagen antropológica de las comunidades del pasado. ¿Queremos entonces hacer de la arqueología prehistórica una antropología del pasado? ¿Una paleo-etnología en el sentido ontológico del término: una etnología de las sociedades del pasado? El antropólogo está en una condición de ventaja respeto al prehistoriador: él puede hablar con, y observar en acción, a los individuos que forman las comunidades objeto de su estudio; sin embargo los interlocutores de los prehistoriadores han muerto ya hace muchos siglos y sus acciones, si hay suerte, sólo en parte se han "fosilizado" en lo que hoy es la evidencia arqueológica. El conocimiento de un antropólogo acerca de la comunidad estudiada tiene que ver con "hombres, mujeres, niños, recintos, vecinos, campos, trabajos agrícolas, técnicas artesanas, cocina, plantas, animales, mercados, fiestas, sacrificios, consultas de adivinos, crisis de posesiones, conflictos, asesinados, venganzas, funerales, asambleas, jefes, antepasados, cantos, sueños y de la razón del porque las serpientes no tienen patas[139]". Aún así hay mucha dispersión de conocimiento entre lo que los antropólogos han aprendido en el campo y lo que consiguen transmitir.

No nos engañemos, también la antropología es una ciencia interpretativa; como sostiene Clifford Geertz la única forma de describir los hechos culturales consiste en *interpretarlos*, "los fenómenos culturales son signos, mensajes, textos; una cultura es un conjunto de textos y la interpretación es la forma particular de descripción, la más adapta para

---

[139] Sperber 1984, 15.

esos hechos de significado"[140]. La deformación de la interpretación por parte del observador o la pérdida de informaciones en el estudio de los hechos culturales puede ser muy grande, también en antropología, donde el observador puede tomar un contacto directo con el objeto de su estudio. La descripción que el antropólogo hace del hecho cultural es entonces "lo que el etnógrafo ha recordado de lo que él ha entendido de lo que sus informadores le han transmitido de lo que ellos mismos han entendido"[141].

La interpretación etnográfica intenta hacer de una experiencia exótica algo que sea por lo menos intuitivamente comprensible a la sociedad contemporánea. En la reproducción hecha por el antropólogo de su conocimiento adquirido en el campo de los hechos culturales, en la difusión que él hace hacia el público de su conocimiento y en la producción de textos que puedan explicar lo que el antropólogo ha entendido del hecho cultural, la terminología puede crear equivocaciones o deformaciones del mismo hecho cultural observado y reproducido; por ejemplo, "cuando un término que se refiere a un hecho observado en una cultura aliena no tiene traducción quedan tres posibilidades: se puede acercarse a su sentido con el uso de un término que tiene implicaciones prácticas comparables, y esto conlleva el hecho de acometer una relativa falsificación del sentido (como por ejemplo cuando la palabra árabe *djihad* es traducida como "guerra santa"); o se puede evitar de traducir el término y tomar prestada una palabra (como "visir" y "gurú"), o también se puede substituir el término utilizando una palabra vaciada de su significado habitual y utilizada con un significado acordado. El vocabulario antropológico está lleno de terminologías que ha subido un deformación en su campo semántico o palabras etiquetas utilizadas para explicar conceptos más cercanos a nosotros que pero se alejan de la verdadera

---
[140] Sperber 1984, 20.
[141] Sperber 1984, 26.

representación originaria del concepto, como "sacrificio", "adivinación", "cura", "chamán", "tótem", "tabú", "símbolo", "matrimonio", "guerra", "rey"..."[142]. En antropología y en arqueología resulta complicado el proceso de *traducción* del hecho cultural observado en la comunidad originaria o reconstruido a partir de los restos materiales, como en el caso de la arqueología prehistórica, hacia un idioma nuestro, hacia unos patrones intelectuales comprensibles por la sociedad a la que se quiere dirigir la información científica... pero de esto trata la arqueología.

---

142 Sperber 1984, 39-40.

4. Mantras arqueológicos.

> "La investigación histórica puede definirse sobre la base de dos características esenciales: investigación científica del pasado del hombre con la ayuda de la evidencia que ha sobrevivido y la restitución de este pasado en patrones comprensibles".
> (*Prehistoria*, M. H. Alimen y M. J. Steve)

La restitución del pasado en patrones comprensibles. Esta es la tarea de los arqueólogos: contar cómo fue el pasado de la humanidad en un idioma y en una forma comprensible y asequible a la humanidad contemporánea. La sociedad es un conjunto heterogéneo de posibles lectores de libros y artículos de arqueología, un conjunto formado por diferentes grupos de individuos que, según sus expectativas, intereses y trabajo, se acercan de forma distinta a la arqueología. Ya Philip Barker "dividía" a los lectores de temáticas arqueológicas en tres clases:

"There are three chief categories of reader interested in the publication of excavation. First there are those who are not only concerned with the results, but who may (perhaps should) wish to test the validity of the results by assessing all, or any part, of the evidence. They will include other archaeologists, geographers, archaeology students and others. The second category will be members of general archaeological public... the third category is the general public (including, particularly, children)... this last group si by no means the least important since from them, the taxpayers, British archaology derives most of its founds, and from their children will derive the next generation of archeologists"[143].

---
143 Barker 1996, 227. "Hay tres grandes categorías de lectores interesados en las publicaciones de arqueología. Los que no sólo están interesados en los resultados, sino que deberían convalidar los resultados evaluando la evidencia material, o parte de ella.

El "genero literario" de la producción arqueológica sufre, como cualquier otro genero literario, los cambios formales que cada época impone. La misma jerga utilizada por los arqueólogos cambia con el alternarse de los paradigmas científicos en boga. Para darnos cuenta de esto, podríamos echar un vistazo a la forma de expresarse del gran arqueólogo francés L. Bordes. A finales de los años 60, los lectores que hubiesen querido acercarse al estudio del Paleolítico podían haberse topado con esto: "el achelense se prolonga en el principio de la glaciación würmiense bajo la forma de micoquiense y musteriense de tradición achelense que consideraremos más adelante"[144]. [...] Se encontró allí un 'abbeviliense evolucionado', con solifluxión, datado en 430.000 años por el potasio-argón, y un achelense medio con bifaces *chopping-tools*, raederas, etc., que sin duda sería rissiense. En Capri había un achelense probablemente más antiguo. Este achelense italiano está desprovisto de formas africanas"[145]; "[...] el micoquiense es un achelense final que ha alcanzado el estadio musteriense por su posición cronológica casi siempre würmiense, así como su desarrollo tipológico"[146]; "[...] paralelas al achelense, pero seguramente posteriores al clactoniense y quizá derivadas de éste o de ciertos achelenses, se desarrollan industrias sin bifaces que nos vemos obligados a llamar premusterienses, ya que tipológicamente tienen caracteres musterienses y la palabra 'tayaciense' jamás ha recibido una definición clara"[147].

Esta categoría incluye a arqueólogos, geógrafos, estudiantes de arqueología y otros. La segunda categoría son los miembros del público interesado en arqueología... la tercera categoría es el público en general (que incluye a los niños)... este último grupo no es, ni mucho menos, el menos importante pues de él, es decir, el grupo que paga los impuestos, la arqueología británica recibe la mayoría de las financiaciones, y de los niños surgirá la siguiente generación de arqueólogos".
144 Bordes 1968, 60.
145 Bordes 1968, 63.
146 Bordes 1968, 106.
147 Bordes 1968, 141.

Poco años antes de la publicación del manual de Bordes sobre el Paleolítico, el célebre arqueólogo británico Mortimer Wheeler hacía un llamamiento por un poco más de sensibilidad artística en nuestra disciplina, advirtiendo cómo "hace una generación G. M. Trevelyan lanzaba invectivas contra el aburrimiento de los historiadores; y hay que decir que nosotros, los arqueólogos, no nos encontramos en mejor situación. Decía Trevelyan: 'la idea de que las historias que son de lectura deliciosa son el trabajo de temperamentos superficiales y de que un estilo escabroso revela al pensador profundo o al historiador coscienzudo, es el reverso de la verdad. Lo que es fácil de leer ha sido difícil de escribir..." [*Clio a Muse and other essays*, Londres, 1913, 34]. Y no se puede superar a Trevelyan cuando hace hincapié en la función *literaria* del historiador. Y añade: "la exposición de los resultados de la ciencia y de la imaginación debe ser en una forma que atraiga y eduque a nuestros conterráneos. [...] La literatura no ayuda a ningún hombre en su tarea hasta que, para obtener sus servicios, se esté dispuesto a ser un fiel aprendiz. Escribir, por lo tanto, no es una tarea secundaria, sino una de las primeras del historiador"[148].

Los manuales de arqueología más recientes se han hecho más sensibles a la forma en la cual se publican los resultados de la investigación arqueológica dedicando hasta párrafos completos o capítulos a la mejor manera de escribir arqueología según los diferentes enfoques científicos y las cambiantes necesidades editoriales. M. Jaukowski hablaba de un "deber moral y profesional" por lo que concierne la publicación de los resultados de las investigaciones arqueológicas "para compensar la destrucción de los yacimientos"[149]. No hay que olvidar, de hecho, que el proceso de excavación es una actividad muy invasiva; necesariamente la excavación integral de un yacimiento arqueológico conlleva su total

---

148 Wheeler 1961, 220-221.
149 Joukowsky 1986, capítulo 19.

desaparición y la transformación de la existencia material de la evidencia arqueológica estructural en información científica sobre el yacimiento mismo (información constituida por textos, como informes, artículos y libros, además de fotografías, dibujos, representaciones gráficas por ordenador, diagramas, etc.). La evidencia material se transforma en conocimiento narrativo y textual.

Por ejemplo, el capítulo 10 del interesante manual de excavación arqueológica escrito por Domingo, Burke y Smith, "la presentación de los resultados: redacción, publicación e interpretación"[150], está íntegramente dedicado a la redacción y a la publicación de los resultados de la investigación. El capítulo se adapta perfectamente a los nuevos tiempos, sobre todo comparado con el manual de Barker, más de treinta años más antiguo. Los autores siguen paso a paso las fases de preparación de la publicación de los resultados, subrayando las diferencias en la forma y en el contenido de los diferentes tipos de publicación arqueológica, dependiendo de los diferentes públicos interesados en la lectura de los resultados; se nos ofrecen consejos sobre "cómo escribir bien", recomendaciones para que nuestros textos "resulten accesibles", recomendaciones "para empezar", "recomendaciones para escribir", cómo utilizar "ambos lados del cerebro" a la hora de escribir, recomendaciones para "escribir para el público en general", para escribir en "revistas de arqueología", para "escribir bien en páginas web", para escribir un "comunicado de prensa", para elaborar una "buena publicación", "para hablar bien en público", para "crear un texto adecuado", para dar "una buena estructura al trabajo", recomendaciones para citar, para "preparar un póster" y para preparar "un póster perfecto".

---

150 Domingo, Burke y Smith 2007, 395-427.

"Mantras arqueológicos"

Hay un aspecto en particular de la producción literaria arqueológica que me llama la atención: las listas. Ya el Profesor Umberto Eco[151] destacó en su ensayo *El vértigo de las listas* la presencia y la importancia a lo largo de la historia del arte y de la historia de la literatura de las listas de nombres, de objetos, de imágenes, de definiciones, etc. En arqueología hay una serie casi infinita de listas, de enumeraciones, de series, a empezar por la secuencia ordenada de las Unidades Estratigráficas (Ues), que constituye todos los registros arqueológicos de cualquier yacimiento excavado con metodología científica[152]. Compartiendo con el ilustre semiólogo italiano el interés en este tipo de enumeraciones, quiero destacar algunos ejemplos de listas presentes en la literatura arqueológica. Un buen ejemplo es la enumeración de objetos, específicamente la presentación de listas de herramientas utilizadas en las excavaciones arqueológicas. Hay muy pocos arqueólogos que, en sus manuales de técnicas de excavación arqueológica, no ofrezcan una enumeración de este tipo.

La lista propuesta por la arqueóloga M. Joukowsky[153] parece el armamento de un escuadrón de asalto del ejercito: "...root clippers, scythe, machete, ax, saw, sledgehammer, crowbar, weed killer, ladder, trowels, shovels, pickaxes, sifters, screen slieve, wheelbarrow, trashcans, planks, hoist, dustpan, hoes, brushes, basket, buckets, burlap bags, boxes, hammer, forks, bulb syringe...".

El gran Sir Mortimer Wheeler, en su *Archaeology from the Earth*, de 1954, (en castellano *Arqueología de campo*, publicado en 1961) divide las herramientas que hay que utilizar en una excavación en dos listas: una serie de herramientas para el grupo dirigente y otra serie para el equipo de trabajadores. La lámina XVI ilustra un conjunto de herramientas

---
151 Eco 2009.
152 Véase, entre otros, Roskams 2003.
153 Jaukowski 1986, 161-163.

utilizadas en una excavación en India. Esta es la lista del autor: "picos grandes y chicos, pico pequeño con extremo en pala, pala de mano, pala, cortador de césped, canasta para transportar la tierra, cuchillo de supervisor, escala de 2 pies, jalón de cuatro pies, escuadra graduada con niveles de brújula fijos, regla de 2 pies, cinta reforzada de 100 pies, libreta de campo con páginas cuadriculadas alternas, nivel de brújula, plomada, pinceles y brochas de varios tamaños y formas"[154].

El arqueólogo Steve Roskams[155] es bastante más parco en su listado de útiles: "cortadoras de hierba, picos, palas, horcas, piquetas, incluso palancas pueden ser necesarios para un trabajo duro, y paletas, cepillos de varios tipos, cucharas, e incluso útiles dentales para operaciones más delicadas. Sin embargo el "paletín" sigue siendo de importancia crucial...".

Sin embargo el ya citado manual de I. Domingo, H. Burke y C. Smith[156] nos ofrece una lista mucho más extensa: "rasquetas, paletas, picoletas, recogedores metálicos o de plástico, cubos de plástico, tijeras de potar, punzones, pinceles blandos, cepillos, nivel de carpintero, cedazos, rollo de plástico, almohadillas para las rodillas, kit para comprobar el pH del suelo, tabla de colore Munsell, fichas de registro, pizarra, etiquetas, clavos, goma, azadas, picos, palas, material de dibujo, equipo de fotografía, cintas metricas, bolsas de plástico, carretillas, escalera, pulverizador, máquina de flotación...".

Una de las enumeraciones arqueológicas más completa es la que propone el arqueólogo italiano Andrea Carandini[157] en su manual de excavación arqueológica *Historias en la tierra*. En el capítulo "la excavación como práctica" el párrafo "lista de herramientas", como declara el mismo título, es el ejemplo paradigmático de este tipo de listados. La

---
154 Wheeler 1961, 185.
155 Roskams 2003, 126.
156 Domingo, Burke y Smith 2007, 162-163.
157 Carandini 1997, 182-183.

lista es extremadamente larga y puntillosa, así que voy a proponer sólo una porción de ella: "... piquetas, macetas, punteros metálicos, cordel, clavos de albañil, hoces, rastrillos, tijeras de podar, medios mecánicos para excavar, mazas, picos, azadas, palas triangulares y/o rectangulares, rodilleras o alfombrillas, alcotanas, *trowels*, ganchos para limpiar muros, cucharas, recogedores, cubos, pinceles, cepillos y escobillas, [...] clavos, etiquetas, rotuladores indelebles, cribas de mano y/o en suspensión, bidones y cribas para la flotación, sierras, martillos, tenazas, pinzas, minio, [...] bandejas, cajas, bolsas y bolsitas para los materiales, cajas de cerillas para las monedas, [...] carruchas, tablones, carretillas, bomba de aire para la rueda de las carretillas, [...] tablas, puntales y cuñas, cascos, botas, [...] mesas y taburetes, barreños grandes, cepillos, tinta china, plumas con plumilla, bolsas, bolsitas y cajas, etiquetas adhesivas, rotuladores indelebles, tijeras para papel, cinta adhesiva para paquetes, cordeles, fichas, guantes de goma, grapadora, balanza, plantilla para círculos, pie de rey...".

Otro tipo de lista arqueológica es la enumeración de los nombres de yacimientos arqueológicos que han dado el mismo tipo de evidencia. En este tipo de listado, particularmente interesantes y al mismo tiempo problemáticas son las enumeraciones de yacimientos del Paleolítico inferior, pues incluyen una toponomástica tan amplia y complicada que su lectura secuencial resulta casi mística, sombre todo para un joven estudiante en sus primeros cursos de arqueología prehistórica. Los yacimientos con evidencia de actividad antrópica en el Paleolítico inferior están diseminados en África, Asia, Europa y Australia, así que los nombres de los lugares con evidencia arqueológica de este tipo reflejan los diferentes idiomas hablados en los cuatro continentes. Aconsejo la lectura de estas lista en voz alta, el resultado es casi el mismo del obtenido rezando un mantra.

Yacimientos con restos de *Australopitecus* y *H. habilis*. (África):

Taung, Sterkfontein, Swartkrans, Kromdaai, Makapansgat, Olduvai, Laetoli, Peninj, Chemeron, Chemoigut, Lothagam, Kanapoi, Koobi Fora (Mursi, Nkalabong, Usno, Shungura), Hadar, Awash, Maka, Belohdelie...

Sitios africanos y asiàticos con *H. erectus*:

Ternifine, Sidi Abderrahman, Gomboré, Nariokotome, Lainyamok, Wadi Dagadlé, Bodo, Garba, Kapthurin, Ndutu, Heladsfontein, Zhoukoudian, Hexian, Gongwangling, Chenjiawo, Yuanmou, Pucangan, Ban Mae Tha, Chon Gok Ni, Jisr Banat, Yacub, 'Ubeidiya, Aïn Hanech, Tihodaïne, Kapthurin, Nsongezi, Bilzingsleben, Vértesszöllös...

Hay una parte de los manuales, de los artículos científicos y de los ensayos que siempre me ha fascinado: la bibliografía. Esta lista casi infinita, redactada en riguroso orden alfabético, que consagra el texto que la precede como una obra científica, correcta, aceptada y profesional. En teoría una bibliografía es la "simple" recolección ordenada y exhaustiva de todas las referencias abreviadas utilizadas en el texto. Aun así la creación de una bibliografía bien hecha es una tarea bastante complicada, sobre todo si los textos consultados están redactados en diferentes idiomas, hecho que conlleva una particular atención a la grafía de las diferentes lenguas utilizadas y un multiplicarse y complicarse de apellidos de investigadores provenientes de todo el planeta. En una disciplina como la arqueología prehistórica, o la paleoantropologìa, donde el objeto de estudio, el hombre prehistórico, cubre una extensión planetaria, es bastante común la necesidad de consultar artículos provenientes de todos los rincones del planeta.

Hemos visto más arriba dos tipos de enumeraciones bastante comunes en la producción literaria arqueológica, pero es en las bibliografías cuando los arqueólogos dan lo mejor de ellos mismos. Personalmente este tipo de lista ha cautivado mi atención ya desde mis primeros años de carrera, cuando, en un descomunal afán de control sobre la mayor cantidad posible de referencias bibliográficas, solía leer la densas bibliografías de los libros de prehistoria como si constituyesen un capítulo en sí mismas. Como si estuviera leyendo una especie de salmo laico, con ritmo litúrgico pasaba a reseña todas las referencias bibliográficas, una tras otra, empezando categóricamente por el primer nombre del autor del primer artículo o libro citado y acabando con el último nombre de la última revista científica consultada contenida en la referencia del nombre del último autor del listado alfabético. Veía la bibliografía casi como si fuera un género en sí mismo, un compendio casi enciclopédico de infinito conocimiento. Me fascinaba leer aquellas secuencias de títulos en diferentes idiomas, escritos por autores para mí casi del todo desconocidos, aquella suma ordenada de textos heterogéneos que cobraba forma, sentido y razón una vez recolectados por un investigador. Podía casi escuchar a los autores citados conversar entre ellos a través de los títulos de sus artículos, porque, si es verdad, como escribió el mismo Umberto Eco en no recuerdo qué libro suyo, que los libros de una biblioteca hablan entre ellos, también es verdad, o a mí siempre así me ha parecido, que las referencias bibliográficas ordenadas en una bibliografía discuten entre ellas, dándose la razón, contestándose, contradiciéndose, ayudándose...

Hay partes de bibliografías que pueden resultar curiosas. Tomo como ejemplo una extensa y precisa bibliografía (debo de admitirlo, es una de mis preferidas), la recopilada por el gran paleoantropólogo Richard D. Klein, profesor de antropología en la Universidad de Chicago, en su libro *The Human career. Human biological and cultural Origins* (1989). Se trata de un listado de referencias bibliográficas muy completo, donde la mayor parte de los textos consultados son en inglés (*el* idioma de la paleoantropología), pero también aparecen artículos redactados en francés y alemán (dos idiomas históricamente fuertes en la investigación prehistórica), y también artículos en español e italiano (aunque pocos, debido al hecho de que los grandes investigadores italianos y españoles suelen publicar en revistas científicas inglesas, y, en menor parte, francesas).

Hay títulos de lo más variados y de lo menos comprensibles para los lectores no muy familiarizados con las temáticas tratadas, como, por ejemplo, el título del artículo de E. Delson (1984), "Cercopithecid biochronology of the African Plio-Pleistocene: correlation among eastern and southern hominid-bearing localities" (en la revista CourierForschungsinstitute Seckenberg), o "Phyletic perspectives on platyrrhine origins and anthropoid relationships", siempre del mismo autor, escrito junto a A. L. Rosenberg (1980).

Bastante herméticos, casi esotéricos, resultan los títulos de dos trabajos de D. Falk, de 1986: "Hadar AL-162-28 edocast as evidence that brain anlargement preceded cortical reorganization in hominid evolution" y "Evolution of cranial blood drainage in hominids: enlarged occipital/marginal sinuses and emissary foramina".

La tríada compuesta por los artículos consecutivos de P. D. Gingerich es impactante, desorientadora, casi mística: "First record of the Palaeocoene primate *Chiromyoides* from North America"; "Radiation of Eocene Adapidae in Europe" y "Eocene Adapidae, paleobiogeography, and the porigin of South American Platyrrhini".

Poco después les sigue el artículo de A. Goede y M. A. Hitchmann (1987): "Electron spin resonance analysis of marine gastropods from coastal archaeological sites in southern Africa" y el de R. L. Holloway (1981): "Volumetric and asymmetry determination on recent hominid endocast: Spy I and II, Djebel Irhoud 1, and the *Homo erectus* specimens, with some notes on Neanderthal brain size".

Hay títulos que preguntan, como el del artículo de F. E. Grine (1985): "Was interspecific competition a motive forcein early hominid evolution?" y títulos irónicos, como es el caso del artículo de R. L. Holloway (1983): "The poor brain of *Homo sapiens neanderthalensis*: see what you please...".

En una lista bibliográfica puede que se encuentren hasta divertidas combinaciones de artículos, como la formada por un antiguo estudio de unos de los padres de la investigación prehistórica, Edouard Lartet, que lleva como simple título: "Une sépulture des troglodytes du Périgord" (1868), seguido por: "Talocrural joint in African hominoids: implications for *Australopithecus afarensis*, de B. Latimer, J. C. Ohman y C. O. Lovejoy (1987).

Finalmente, hay artículos firmados por una complicada lista de apellidos de autores con sus iniciales de nombres, una verdadera comida de cabeza para quien ha de citarlos correctamente. En la de Klein he encontrado unos artículos firmados por una lista casi infinita de autores, como, por ejemplo: Harris, J. W. K, P. G. Williamson, J. Verniers, M. J. Tappen, K. Stewart, D. Helgren, J. de Heinzelin, N. T. Boaz y R. V. Bellomo; o Hill, A., R. Drake, L. Tauxe, M. Monaghan, J. C. Barry, A. K. Behrensmeyer, G. Curtis, B. F. Jacobs, L. Jacobs, N. Johnson y D. Pelbeam; o otro firmado por Kalb, J. E., C. Jolly, A. Mebrate, S. Tebedge, C. Smart, E. B. Oswald, D. Cramer, P. Whitehead, C. B. Wood, G. C. Conroy, T Adefris, L. Sperling y B. Kana; o, finalmente, el artículo "Oxygen isotope calibration of the onset of icerafting and history of glaciation in the North Atlantic region" firmado por Shackleton, N. J., J. Backman, H. Zimmerman, D. V. Kent, M. A. Hall, D. G. Roberts, D. Schnikter, J. G.. Baldauf, A. Desprairies, R. Homrighausen, P. Hudlestun, J. B. Keene, J. Kaltenback, K. A. O. Krumsiek, A. C. Morton, J. W. Murray y J. Westberg-Smith.

Palabras clave en arqueología.

Para terminar este capítulo quiero detener mi atención sobre el uso de las palabras clave en la disciplina arqueológica. El ejemplo de la palabra "alba, amanecer" (*dawn* en inglés) es paradigmático. Este término aparece en el título de uno de los más celebres e influyentes libros de prehistoria escritos en el siglo XX, su autor fue el arqueólogo australiano V. G. Childe y su obra se llama *The dawn of European civilization*[158], "el amanecer de la civilización Europea" (la primera edición vio la luz en 1925). Es interesante notar como la edición francesa conserva, en la traducción del título, el mismo matiz que el original, *L'aube de la civilisation européenne*[159]. La palabra "amanecer", y la imagen asociada, goza todavía de fortuna entre los títulos de libros de arqueología e historia, véase por ejemplo el irónico y sugestivo título de las actas del XV congreso mundial de la Unión Internacional de Ciencias Prehistóricas y Protohistóricas, *A new dawn for the Dark Age? Shifting paradigms in Mediterranean Iron Age chronology* (donde el título francés de las actas es, sin perder la ironía, *L'âge obscure se fait-il jour de nouveau?...*)[160]; o *The dawn of european art: an introduction to paleolithic cave painting*, la edición en inglés de un libro del célebre arqueólogo francés André Leori-Gourhan[161]; la edición original del libro es en italiano y, curiosamente, no hace referencia a ningún "amanecer", pues se titula *I piú antichi artisti d'Europa* ("Los más antiguos artistas de Europa"), así que podemos imaginar que la traducción al inglés ha sido inspirada por la obra de Childe; o el reciente *Tartessian: Celtic in the South-west at the dawn of history* de John T. Koch[162].

---

158 Childe 1950.
159 Childe 1949.
160 VV. AA. 2008.
161 Leroi-Gourhan 1982.
162 Koch 2009.

La referencia al "amanecer" es una metáfora que está en relación con un punto de partida, un comienzo, pero este punto de referencia temporal no está libre de matices emocionales. No sólo el "amanecer" marca el principio del día, sino que marca también el comienzo de la actividad, del trabajo, implica el despertar, el nacimiento, la vigilia, la atención, elementos opuestos al sueño, la inactividad, y sobre todo implica la luz, la iluminación que acaba con las tinieblas. La metáfora de la luz ha sido muy utilizada en la historiografía arqueológica desde la mitad del siglo XIX. Como subraya Moro Abadía "la definición de la moderna arqueología prehistórica como fuente de conocimiento verdadero encuentra su correlato en el uso de ciertas metáforas por parte de los historiadores de la época. La más habitual fue la que asociaba el conocimiento científico con la luz o con la claridad"[163]. El autor cita a Cartailhac (1889): "en primer lugar se hizo la luz sobre el camino seguido por el desarrollo industrial" y a Hamy (1870): "ese inmenso pasado que nos han desvelado los recientes trabajos de Boucher de Perthes, Lartet, Lyell [...] ellos iluminaron el primer período de la historia de las razas primitivas...". Moro abadía descubre otras imágenes y metáforas utilizadas por los prehistoriadores del siglo XIX, como, por ejemplo, la imagen de la "conquista o reconquista" del conocimiento del pasado a través de la arqueología, o la imagen de la ciencia arqueológica como "revelación"[164].

---

163 Moro Abadía 2007, 79.
164 Moro Abadía 2007, 80-81.

5. Too fast to live, too young to die!

Cuestiones de velocidad en arqueología

> "Noi siamo sul promontorio estremo dei secoli!...
> Perché dovremmo guardarci alle spalle,
> se volgiamo sfondare le misteriose porte dell'impossibile?
> Il Tempo e lo Spazio morirono ieri.
> Noi viviamo giá nell'assoluto,
> poiché abbiamo giá creata l'eterna velocitá onnipresente".[165]
> (*Manifesto del Futurismo*, F. T. Marinetti)

La interpretación del pasado a través de la investigación arqueológica es un proceso lento. Dependiendo del tipo de yacimiento, un proyecto de excavación puede durar años y si a esto le añadimos el sucesivo proceso de interpretación de la evidencia material y las fases de publicación de los resultados, la definitiva interpretación de los fenómenos sociales de la prehistoria y su difusión entre el público puede llegar a ser una empresa casi titánica. Siendo, por esto, la interpretación arqueológica del pasado un proceso *in fieri*, un proceso dinámico, la variable tiempo juega un papel muy importante a la hora de reconstruir el pasado prehistórico.

Quiero subrayar otro aspecto de la dimensión tiempo en relación a la interpretación arqueológica del pasado: la relación entre la percepción subjetiva del tiempo, y del tiempo en relación al espacio (= velocidad), del público contemporáneo y de los individuos objeto de la investigación arqueológica, es decir, aquellos hombres, mujeres y niños, protagonistas de los fenómenos sociales que la arqueología ha de interpretar.

El factor tiempo en arqueología es fundamental. El *tiempo* no es una variable independiente y, para empezar, hay que decir que está vinculada a la variable *dinero*, ¡guste o no guste la ecuación! La relación

---

[165] "¡Nosotros estamos sobre el extremo promontorio de los siglos...! ¿Por qué deberíamos mirar atrás, si queremos derribar las misteriosas puertas de lo imposible? El Tiempo y el Espacio murieron ayer. Nosotros vivimos ya en el absoluto, pues hemos creado la eterna velocidad omnipresente".

entre espacio y tiempo nos da la velocidad, que es un espacio dividido por un tiempo. La arqueología tiene mucho que ver con la velocidad bajo diferentes puntos de vista, primariamente porque se trata del estudio del pasado (tiempo) en un lugar (espacio) a través de los restos materiales (objetos que tienen una esencia espacial y que están en diferentes relaciones espaciales entre sí). La arqueología como práctica, es decir, la excavación arqueológica (así como la prospección), se desarrolla en un espacio (el lugar de la excavación, más o menos extenso) y en un tiempo dado (más o menos largo). De esta forma, una de las palabras clave en las excavaciones arqueológicas profesionales (la arqueología de gestión) es *prisa*, mientras que la *calma* es una actitud más idónea para las excavaciones universitarias o para las excavaciones con ingentes recursos económicos.

La palabra *prisa* no es sinónimo de "no eficiencia" o de "falta de atención", sino que es, siguiendo la definición dada por la Real Academia Española, la "prontitud y rapidez con que sucede o se ejecuta algo" y es la "necesidad o deseo de ejecutar algo con urgencia". En arqueología la *prisa* es la necesidad de acabar (o de avanzar lo más posible) la excavación antes de que se acaben los recursos económicos, sin olvidarse de la exactitud científica del proceso arqueológico.

La velocidad en la práctica arqueológica depende de muchos factores: el tipo de depósito arqueológico por excavar (en teoría, por ejemplo, se excava más rápido un asentamiento constituido por agujeros de postes neolítico que una necrópolis de inhumación romana), la localización del yacimiento (se excava más rápido en un lugar llano que en la cumbre de un monte), la condiciones ambientales y climáticas (el excesivo calor, generalmente, es un factor que ralentiza el trabajo, así como la persistente lluvia), la cantidad de los arqueólogos empleados, el tipo de tierra, etc... El tamaño de la inversión económica influye profundamente tanto en cualquier actividad profesional como en la actividad arqueológica. Una inversión ingente significa más arqueólogos excavando al mismo tiempo, más recursos tecnológicos, una mejor valorización del yacimiento y, en teoría, un mejor sueldo para los arqueólogos. De todo esto deriva en que, en la práctica, hay más arqueología en zonas ricas que en zonas pobres, hay más arqueología en centros urbanos (donde se invierte más en la construcción) que en zonas despobladas (muchas veces de difícil acceso), "hacen" más arqueología los Países ricos (a pesar de tener un mayor o un menor número de yacimientos o de evidencia arqueológica en el propio territorio) que los Países pobres.

La arqueología es un proceso largo, no sólo si hablamos de la práctica de la excavación *per se*, sino también si miramos a todo el proceso de la investigación arqueológica, desde los primeros planteamientos de la investigación de campo hasta los informes finales sobre el estudio de las piezas, la interpretación del yacimiento excavado, los análisis de laboratorio y hasta los posibles procesos de musealización del yacimiento o de la evidencia arqueológica. Los frutos (también económicos) de la investigación arqueológica no son entonces brotes primaverales, sino son la completa maduración de un largo y complicado proceso de desarrollo científico.

Hay excavaciones complicadas y muy prolongadas en el tiempo, así como hay excavaciones muy breves y relativamente sencillas; hay yacimientos que nunca llegarán a ser conocidos por el gran público (la mayoría), como hay yacimientos "míticos", muy famosos. Una de las más largas excavaciones de la historia de la arqueología es la excavación del yacimiento de Troya y la excavación de Atapuerca (Burgos) promete resultados análogos bajo el punto de vista de la excepcionalidad de la evidencia arqueológica y del impacto sobre el público mundial.

Si hoy visitáramos el yacimiento de Troya (cerca del pueblo de Chanakkale, en el extremo noroeste de Turquía) podríamos ver una enorme cobertura blanca que se extiende sobre una parte del yacimiento y hace sombra a los arqueólogos que están excavando. Este gigante "paraguas" o, en este caso, esta ciclópea "sombrilla", ha sido construido por los patrocinadores de las excavaciones del sito turco, unas empresas alemanas, pues las excavaciones están dirigidas por arqueólogos alemanes amparados por la Univeridad de Tubinga y arqueólogos estadounidenses (Universidad de Cincinnati).

Las excavaciones de la ciudad del rey Príamo empezaron en 1870, bajo la dirección del alemán H. Schliemann. En 1873 se descubrió, en el nivel II, el magnífico "tesoro de Príamo", constituido por cerca de 9000 objetos. Schliemann estaba convencido de que aquel tesoro se remontaba a la época homérica de la ciudad, sin embargo, hoy sabemos que el tesoro corresponde a una época mucho más antigua, la Edad del Bronce Antiguo (que se data, en el área del Mediterráneo oriental, cerca del 2500 a. C.). Hasta finales del siglo XIX las excavaciones fueron llevadas a cabo por Schliemann y por el arqueólogo alemán W. Dörpfeld, quien dividió la estratigrafía del yacimiento en nueve niveles (de I a IX). Entre 1893 y 1894, Dörpfeld confirmó la datación del nivel VI (Troya VI) a la Edad del Bronce Final (la "ciudad homérica").

Las investigaciones se reanudaron en los años 30 del siglo siguiente (1932-38) con Carl Blegen, de la Universidad de Cincinnati, como director. Blegen aclaró aún más la estratigrafía del complejo depósito, ampliando a 46 estratos los 9 niveles reconocidos por Dörpfeld. En 1988 empezaron nuevas excavaciones en Troya, ahora bajo la dirección de Manfred Korfmann, de la Universidad de Tubingen (la investigación de los niveles de la Edad del Bronce) y de C. Brian Rose, de la Universidad de Cincinnati (excavación de los restos de época clásica)[166]. Hoy en día, después de

---
166 Korfmann 2001; Fagan 1996, 724.

más de un siglo de excavaciones (aunque repetidamente interrumpidas) se sigue excavando en el yacimiento de Troya: Homero (con la Iliada y la Odisea), Heinrich Schliemann, con sus primeras excavaciones y el descubrimiento del "tesoro de Príamo", y los demás arqueólogos involucrados en el proyecto, han hecho, a su manera, aún más grande y famosa la ciudad que los aqueos intentaron y consiguieron saquear hace más de 3000 años.

Los últimos dos siglos de historia, tras la revolución Industrial, y, en particular, las últimas décadas, tras la Segunda Guerra Mundial, han cambiado el concepto de velocidad, tanto en la construcción, como en la destrucción, y en el desplazamiento de cosas y personas. La percepción de la dimensión temporal, espacial y de la velocidad es una condición subjetiva y puede alterar o distorsionar la imagen que el público contemporáneo tiene de los fenómenos sociales que acontecieron en los períodos prehistóricos.

En la primera mitad del siglo XIX, con el desarrollo de las primeras locomotoras a vapor, se llegaron a alcanzar velocidades extraordinarias, nunca antes experimentadas. "Cet empire du chemin de fer ne se borne pas à la possession des plus larges espaces: la conquête se ramifie dans les profondeurs des terres"[167]. Si los primeros raíles para una locomotora a vapor entraron en uso, en Inglaterra, en 1804, ya en 1829 la locomotora *The Rocket* (El Cohete) alcanzaba la velocidad punta de 47 km/h. El primer tren de carácter moderno fue el ferrocarril de Manchester a Liverpool, abierto a la explotación el 15 de septiembre de 1830. Ya a mediados del siglo XIX, en Inglaterra, la red de ferrocarriles era densa (alcanzaba los 9.600 km.) y la velocidad de los trenes rápida: por ejemplo, de Londres a Bristol se alcanzaban los 74 km/h, y la relación entre viaje y distancia se iba reduciendo cada vez más[168]. Casi cien años después, la

---

167 Jouffroy 1953, 93.
168 Gourvish 1999, 56.

velocidad máxima alcanzada en Inglaterra se había multiplicado por tres: la locomotora a vapor *Mallard*, alcanzó los 203 km/h (en 1938). El tren japonés eléctrico Shinkansen, conocido también como *The bullet train* ("el tren bala"), activo desde 1964 entre Osaka y Tokio, transportaba centenares de pasajeros con una velocidad media de 160 km/h y podía alcanzar la velocidad máxima de 210 km/h[169].

La velocidad en la construcción también ha aumentado de forma asombrosa. Por ejemplo, el museo Guggenheim de Bilbao fue levantado en 5 años, desde 1992, cuando se eligieron el arquitecto y el emplazamiento del edificio, hasta 1997, año de la inauguración del edificio. Aún más, en este último siglo, ha aumentado la velocidad en la destrucción, ya sea del entorno natural, el Medio ambiente, ya sea del entorno antrópico.

En la prehistoria las personas y las mercancías iban mucho más despacio. En Europa, hasta la utilización del caballo como cabalgadura, en el primer milenio a. C., la velocidad vía tierra más rápida que se podía alcanzar era la permitida por las piernas humanas. El caballo fue introducido en Europa, a través de la estepas asiáticas, ya en el III milenio a. C., pero fue utilizado, como los bueyes, como animal para la tracción de los carros de transporte de mercancía o alimentos hasta el I milenio a. C., de hecho hay muy pocas o ninguna (dependiendo de los puntos de vista de los arqueólogos) evidencia de que los caballos fueran utilizados para montar hasta la Edad del Hierro[170].

El problema de la velocidad, para el transporte de objetos y el desplazamiento de personas, en tiempos prehistóricos (como en la actualidad) dependía de varios factores: la tecnología asociada a los medios de transporte, como la rueda, que aparece en Europa por primera vez en la Edad del Cobre[171,] y los ejes de los carros, o los instrumentos para el

---

169 Véase también la apasionante novela de M. Crichton *El gran robo del tren*, 1975.
170 Harding 2003, 178.
171 Harding, 2003, 172.

control de los caballos, de las necesidades de cubrir amplias distancias en poco tiempo, los sistemas económicos y organizativos entre pueblos y las estructuras que podían permitir un cómodo y rápido desplazamiento (y las tecnologías asociadas), como caminos, vías, "carreteras". Hasta época romana, pocas son las vías de comunicación terrestres que permitían un rápido desplazamiento a través de la "Europa bárbara". Uno de los ejemplos más antiguos conocidos es el "Sweet Track", en la Inglaterra sur-occidental, un camino datado hace 3800 años a. C.[172]. Las "carreteras" más antiguas estaban constituidas por tablas de madera y eran lo suficientemente anchas para permitir el paso a vehículos con ruedas. Muchos de estos caminos o "carreteras" servían para atravesar las numerosas zonas pantanosas que salpicaban la geografía de la Europa prehistórica. Hay ejemplos de vías de comunicación prehistóricas en Holanda, Inglaterra y Alemania, que se remontan a la Edad del Bronce y del Hierro[173]. Los desplazamientos vía tierra debían de ser lentos y poco seguros. Los vehículos prehistóricos debían de ser muy pesados (cerca de 700 kg.). Actualmente, carros del mismo tipo, tirados por bueyes se mueven a una velocidad entre 1,8 y 2,5 km por hora[174]. Un incremento importante de la velocidad en época prehistórica se debió a la invención y al uso del carro ligero con ruedas de radios, vehículo asociado sobre todo a la guerra (ya desde el Bronce Antiguo).

Transporte y velocidad mejoraban vía agua, ya sea por mar o por ríos, lagos y canales. La navegación (sobre todo de cabotaje) era la forma más segura y rápida para el transporte de mercancías y el movimiento de personas en época prehistórica. La velocidad de los desplazamientos por agua no debía ser muy alta, dado que estaba limitada a la tracción por remos, faltando la documentación arqueológica de la presencia de mástiles (y de velas) en los barcos prehistóricos[175].

---

172 Fagan 1996, 381.
173 Harding 2003, 179.
174 Harding 2003, 174.
175 Harding 2003, 187.

Podríamos afirmar que hasta la organización política y la relativa creación a gran escala de estructuras para el transporte y el desplazamiento efectuadas por los romanos, en la Europa prehistórica la gente se movía bastante despacio. También la velocidad en las construcciones de edificios (en proporción al tamaño de la estructura y la cantidad de personas empleadas) ha cambiado mucho desde la prehistoria. Tomamos dos ejemplos clásicos: la construcción de las estructuras prehistóricas de Wessex (sur de Inglaterra) y la Gran Pirámide de Keops, en la meseta de Guiza

Seguimos, a este propósito, a todo un experto en estructuras tumulares y velocidades prehistóricas en la construcción: el arqueólogo inglés Colin Renfrew. La velocidad dependía mucho del nivel de organización de las comunidades involucradas en la construcción de las estructuras, el tamaño de las obras que se querían llevar a cabo y la cantidad de personas empleadas. Siguiendo las investigaciones de Renfrew, tomamos en consideración las estructuras presentes en la zona del Wessex. En la fase inicial de la construcción de los monumentos (el Neolítico Inicial, 4000-3000 a. C.) las estructuras más frecuentes son los grandes túmulos funerarios de tierra, denominados túmulos alargados, que alcanzan hasta los 70 metros de longitud. Según los estudios de varios arqueólogos, un grupo de 20 personas habría necesitado unos 50 días de trabajo para construir un túmulo alargado[176]. A cada grupo de túmulos se asocia un monumento circular de mayor tamaño formado a base de zanjas concéntricas, denominado *enclosure*. Se calcula que para la construcción de una *enclosure* se necesitaban 100.000 horas de trabajo, es decir, por ejemplo, 250 personas que trabajasen durante 40 días. En la fase final de construcción de los túmulos en el Wessex prehistórico (3000-2000 a. C.) aparecen recintos rituales que consisten en grandes monumentos circulares delimitados por una zanja y, por lo general, presentan un terraplén en su interior. Se calcula que la construcción de cada uno de aquellos

---
176 Renfrew 1993, 186.

monumentos habría requerido un tiempo del orden de un millón de horas de trabajo; haciendo cuentas, "serían necesarias unas trescientos personas trabajando con dedicación exclusiva durante, al menos, un año"[177]. En el mismo periodo se construyó un enorme túmulo de tierra en lo que hoy es Silbury Hill; según su excavador el monumento exigió 18 millones de horas de trabajo, cerca de 3000 personas, y se terminó en dos años[178].

El monumento de Stonehenge, la construcción más famosa de la zona, adquirió su forma definitiva a finales del III milenio a. C. Su erección habría necesitado una inversión de trabajo aún mayor que la del *henge* de Silbury Hill[179]. Fue durante la tercera fase de construcción cuando Stonehenge asumió su forma definitiva, cuando las grandes piedras *sarsen* fueron ensambladas en forma de trilitos. Aquellas piedras probablemente provenían de una cantera cerca de Avebury y fueron transportadas a Stonehenge a lo largo de una distancia de cerca de cuarenta kilómetros (aunque es posible que las piedras ya se encontrasen en la Llanura de Salisbury, transportadas por los glaciares durante la Edad de Hielo). Las piedras más grandes pesan cerca de cincuenta toneladas y el trabajo de transporte y erección tuvo que ser colosal. Ha sido calculado que la piedra más pesada tuvo que empeñar 1100 hombres en su transporte, utilizando correas de cuero y troncos para su deslizamiento. El viaje de una sola piedra desde Avebury hasta Stonehenge podría haber durado hasta siete semanas y la ubicación y arreglo de las piedras, utilizando sólo martillos de piedra y palancas, tiene que haber sido un trabajo muy lento. Se calcula que fueron necesarios cerca de 200 hombres para hincar en el terreno las piedras que componen los trilitos[180].

---

[177] Renfrew 1993, 186.
[178] Renfrew 1993, 188.
[179] Renfrew 1993, 186.
[180] Renfrew 1975, 219.

Stonehenge es el ejemplo más famoso de estructuras megalíticas, pero toda la Europa atlántica está salpicada de tales construcciones, aunque no tan colosales como el monumento de la llanura de Salisbury. Se calcula que fueron necesarios unos 600 o 700 hombres para posicionar una piedra de 35 toneladas durante la construcción de una estructura megalítica y "sólo" ocho hombres para el posicionamiento de una piedra de cinco toneladas. El posicionamiento de la gran piedra de cabecera de la cámara funeraria de Tinkinswood (Glamorgan, Irlanda), de 15 toneladas de peso, necesitó el trabajo de 200 personas[181].

Si tomamos en consideración otro tipo de monumento, como por ejemplo la pirámide de Keops, en Guiza, nos encontramos con una escala mucho mayor, aunque la época es la misma. La pirámide fue construida durante el reinado del faraón Keops (2598-2566). La erección del monumento supuso el transporte de unos 2,3 millones de bloques de caliza, de entre 2,5 y 15 toneladas de peso cada uno, durante 23 años[182].

Uno de los temas más peculiares en arqueología en relación al tiempo es la continuidad de asentamiento o la continuidad en el uso de estructuras y el sucesivo abandono de las mismas. Un asentamiento puede tener una vida muy breve, también de sólo algunos días, como es el caso de algunos campamentos mesolíticos en alta cota en los Alpes, o puede tener una vida extremadamente larga, como es el caso de la ciudad de Jericó. Muchos de los yacimientos de alta cota de los Alpes[183] centrales italianos, como los de "Piana dei Cavalli" no tienen más que 1-5 artefactos por metro cuadrado; esta baja intensidad implica ciertamente un tiempo de ocupación extremadamente bajo[184]. Yacimientos de este tipo debían de ser, en época mesolítica, lugares para la observación de las

---
181 Renfrew 1975, 131.
182 Renfrew 1993, 197.
183 Véase también: Pauli 1984.
184 Fedele 1999, 29.

presas, espera y arreglo de los útiles líticos para la caza. Esto explicaría la muy baja densidad de artefactos encontrados y la mínima profundidad del depósito arqueológico[185]: lugares utilizados de forma discontinua, tal vez cíclica, durante pocas horas y en determinados períodos del año.

Un asentamiento puede caer en desuso muy rápidamente, puede sobrevivir o ser utilizado a lo largo de un prolongado periodo "decayendo" con mucha lentitud. En Valcamónica, un valle de los Alpes centrales italianos, hay un gran castillo, construido encima de un espolón rocoso que domina el pueblo de Breno. El castillo fue levantado en época medieval, en el siglo XII, en la cumbre de un cerro que se eleva hasta la cota de 399 m. El área alrededor de la roca de Breno estuvo libre de los hielos desde el último periodo glacial, ya desde hace 14.000 años, hecho que permitió la frecuentación de la roca en periodo paleolítico[186]. Las investigaciones arqueológicas de la roca del castillo fueron llevadas a cabo a lo largo de 7 campañas de excavaciones, entre los años 1980 y 1987, y conllevaron, en total, 8 meses de trabajo de campo y 18.500 horas de excavaciones[187]. Durante una de las campañas de excavación en el patio del edificio se encontraron útiles líticos que se remontan al Paleolítico superior y restos de una habitación del Neolítico. La roca de Breno, hace 6000 años, debía de estar ocupada por una comunidad neolítica y su asentamiento debía de estar constituido por una serie de habitaciones, relativamente de grandes dimensiones, desperdigadas a lo largo de la cumbre de la roca[188]. En la ladera suroeste del cerro del castillo se encontraron también restos de cerámica y un asentamiento del Calcolítico con restos de estructuras de piedra y cerámicas[189]. Hoy en día el castillo se puede visitar y, por lo menos hasta hace unos años,

---
185 Fedele 1999, 33.
186 Fedele 2000 c, 32.
187 Fedele 2000 c, 32.
188 Fedele 2000 a, 35.
189 Fedele 2000 b, 63.

hospedaba un bar. Aquel espolón rocoso es testigo de más de 10.000 años de historia humana, probablemente debido a su posición en el valle. ¡Al lado de las sillas de plástico del bar contemporáneo hay restos paleolíticos y neolíticos![190]

---

190 Véase: Fedele 1988.

6. Contraespionaje en las Galias y otros problemas de interpretación.

> "A fuerza de buscar los comienzos uno se vuelve cangrejo.
> El historiador mira hacia atrás; al final cree también hacia atrás".
> (*El crepúsculo de los ídolos*, F. Nietzsche)

Gallia est omnis divisa in partes tres, quarum una incolunt Belgae, aliam Aquitani, tertiam qui ipsorum lingua Celtae, nostra Galli appellantur.

A mi entender, este es uno de los comienzos más famosos de la historia de la literatura occidental, tal vez el segundo frente al célebre "canta, oh diosa, la cólera del Pelida Aquiles; cólera funesta que causó infinitos males a los aqueos y precipitó al Hades muchas almas valerosas de héroes...". No solo la cólera de Aquiles causó infinitos males a los aqueos, sino también la traducción del *De bello gallico* de César ha causado penas y sufrimientos a muchos estudiantes que tuvieron que enfrentarse a la traducción a su propio idioma de la obra maestra del conquistador de las Galias[191].

A parte del estilo puro, delicado, perfecto, de la obra de César que tanto gustaba a Montaigne, o de la precisión de las tácticas bélicas descritas por el cónsul romano, que tanto gustan a los historiadores de la tácticas militares, o de los detalles etnográficos presentes en la obra, uno de los aspectos que más ha cautivado mi imaginación durante la lectura del *De bello gallico* es lo condensado en dos frases, aunque aparentemente no sean muy importantes.

En I,34 César afirma que, después de haber escuchado las quejas de las tribus celtas en relación a las incursiones de los germanos en territorio galo, decidió enviar unos embajadores (*legatos*) a Ariovisto, el caudillo de la confederación de tribus germánicas que cruzaban el río

---
191 Sigo la edición en latín e italiano de Carlo Carena (1987).

Rín, para pedirle que eligiera una localidad situada a mitad de camino entre los dos, para discutir sobre cuestiones políticas muy importantes. César afirma que Ariovisto contestó a los embajadores que si él mismo hubiese necesitado a César, hubiera ido donde el cónsul, mientras que si era César el que tenía necesidad de hablar, hubiese sido él quien tenía que ir donde Ariovisto.

En I, 19 César, hallándose todavía en una de las fases iniciales de su campaña militar en Galia llama a Doviciaco en su presencia, aleja a los intérpretes de los que se servía cada día (*cotidianis interpretibus remotis*) y empieza la charla a través de la interpretación de Gaio Valerio Troucillo.

De estas dos situaciones me llamó la atención la importancia de los encuentros (o la importancia del rechazo de acudir a un encuentro) entre personajes eje de los acontecimientos bélicos en Galia, en este caso el jefe al mando de las operaciones militares en territorio celta, César, y el "enemigo público numero uno", Ariovisto. Quiero subrayar la importancia de los diálogos entre diferentes culturas (la romana y la germánica, además de la celta), la naturalidad de las relaciones diplomáticas a finales del I siglo a. C. y la presencia de aquellos *intérpretes cotidianos* de los que se servía César para tejer alianzas con los galos, y los germanos establecer relaciones diplomáticas, proponer la paz o desatar la guerra.

Según mi perspectiva, estas dos citas abren una ventana interpretativa a través de la cual poder atisbar un mundo de relaciones interpersonales, intertribales, multiétnicas diríamos hoy en día, en el umbral de la historia. Una vez terminada la lectura de los siete libros que relatan las guerras en las Galias me di cuenta de cuán profunda, aunque casi *invisible*, era la presencia de determinados personajes en el desarrollo de los acontecimientos políticos relatados. Me di cuenta, al mismo tiempo, del uso que César hace del idioma como una variable importante en la definición etnográfica de las gentes encontradas durante su campaña en la Galias y en la Germania occidental, más allá del río Rin. El *De Bello Gallico* es todo un movimiento de gentes, un multiplicarse de encuentros, un sumarse de diálogos, un encontrarse de embajadores, de intérpretes, de mercaderes que cruzan fronteras étnicas, de definiciones etnolingüísticas.

Volvamos otra vez al *incipit* del libro I:

Gallia est omnis divisa in partes tres, quarum una incolunt Belgae, aliam Aquitani, tertiam qui ipsorum lingua Celtae, nostra Galli appellantur[192].

Ya desde el principio César nos da una información muy importante; afirma que una tercera parte de la Galia está habitada por un grupo de gentes que se define, en su propio idioma, celtas[193], pero que los romanos llaman (en latín) galos; y sigue:

Hi omnes lingua institutis legibus inter se differunt.

"Todos estos pueblos se diferencian entre sí por la lengua, las instituciones y las leyes": una segunda anotación entolingüística en las primeras seis líneas de texto. César en este pasaje afirma que el idioma (y tal vez no es un caso que sea nombrado en primer lugar), junto con las instituciones y las leyes, es una característica fundamental, por lo menos bajo su punto de vista, es decir, el punto de vista externo, para la diferenciación étnica de los tres pueblos principales que poblaban los territorios visitados y conquistados por las legiones romanas a mediados del siglo I a. C.

---

192 También Estrabón (en el libro IV de la Geografía) divide, como había hecho el cónsul romano setenta años antes, los pueblos que habitan en la Galia en tres grupos: los aquitanos, los belgas y los celtas y subraya el hecho, famoso en la historiografía contemporánea, de que "los aquitanos son un pueblo muy diferente de los otros dos, no sólo por su idioma, sino también por su aspecto exterior, y son mucho más parecidos a los íberos que a los celtas" (también en 2,1) y sigue afirmando que los otros dos pueblos, los celtas y los belgas se parecen a los galatas (es decir, los galos), aunque no todos hablan el mismo idioma, sino que adoptan ligeras variantes cuando hablan" (1,1).
193 Véase también Renfrew 1990; Díaz Santana 2003.

En 7,3 César escribe que los elvetios le envían una delegación, formada por todos lo ciudadanos nobles pidiéndole que les permita poder atravesar la provincia romana (la Narbonense). Los eduos, (I,1,11) incapaces de defenderse de la llegada de los elvetios, envían una delegación a César, pidiendo socorro. Poco después (I,13,2), la legiones romanas cruzan el río Arari en un solo día, y los Elvetios, asustados de tamaña demostración de fuerza y eficiencia militar (ellos habían tardado veinte días en cruzar el río) envían una delegación a César con Diviciaco como embajador jefe; más tarde será el mismo cónsul romano (I,16,5) el que recrimine su actuación (*graviter eso accusat*) a una delegación de jefes bárbaros, entre los cuales se encontraban Diviciaco y Lisico. César, a menudo más empeñado en recibir embajadores y en conversar con jefes bárbaros que en liderar sus legiones, recibe delegaciones provenientes de todos, o casi, los rincones de la Galia y de algunas partes de Germania. Hablan con él enviados de los eduos y de los tréviros (I,37,1), y los representantes de Ariovisto (I,42,1 y I,47,1). Los atuatuces envían una delegación a César asustados por la construcción por parte de las legiones de una máquina para el asalto de la muralla de su castro (II,31,1) y de la misma manera actúan los suesiones (II,12,5).

Una vez que las legiones entraron en Britania, César recibió a delegaciones también de las tribus de la isla de Albión, como en el caso de los trinovantes; en este caso otro idioma entra en juego, dado que el céltico de la Britania era algo diferente al céltico de la Galia. Este hecho lingüístico parece confirmado por Tácito cuando, hablando de los britanos, dice que su idioma "no es muy diferente" (entonces es algo diferente) de el de los galos (*Vida de Julio Agrícola* 11,4). También alguna tribu germana envía delegaciones a César, como los segnos y los condrusios (VI, 32, 1). Galia y Britania (como regiones más occidentales de Germania) son un hervidero de delegaciones de paz, declaraciones de guerra, coloquios entre representantes de diferentes etnias; en este contexto los jefes militares hablan entre sí, acompañados por intérpretes. Tarea muy delicada la de los embajadores, pues de una interpretación errónea puede depender el destino de una tribu. Los embajadores galos hablan latín, los intérpretes de César entienden los dialectos galos y de Britania, los embajadores de las tribus germanas hablan los dialectos galos y el latín.

César cita también, aunque de forma indirecta, el bilingüismo presente entre las tribus bárbaras de Galia y Germania. Ariovisto, deseoso de hablar con el cónsul romano, envía unos embajadores con la intención de fijar una cita con César. Este decide enviar al caudillo de los germanos un tal Gaio Valerio Procilo, pues este personaje tenía toda la confianza del cónsul romano y "conocía la lengua celta, [lengua] que también Ariovisto hablaba por haberla practicado por mucho tiempo"[194]. El mismo caudillo germano debía de hablar varios idiomas porque, además del propio y de la lengua celta, como relata César, en I,53,4 descubrimos que el jefe bárbaro tenía dos mujeres, una de nacionalidad sueba [...], la otra nórica, hermana del rey Vocción. Me gusta imaginar a Ariovisto hablar con su esposa en nórico; después de todo, una de las mejores formas de aprender un idioma es en la cama, o en un lecho de paja y pieles, como debía de ser el caso entre los germanos. Hasta desde Hispania llegan embajadores, con más precisión desde las regiones colindantes con Aquitania (II,23,3).

Hablando de temas multiétnicos-multinupciales, Ariovisto no representaba una excepción: Wacho, el rey de los Lombardos, tuvo como primera mujer a la hija del rey de los turingios, luego se casó con una de las hijas del rey de los gépidos y finalmente tuvo como tercera esposa a una de las hijas del rey de los Erulos; de su segunda mujer tuvo dos hijas, envió una, Wisigarda, como esposa al rey de los Francos

---

[194] En el libro V, conocemos el nombre de otro intérprete, Gneo Pompeyo, esta vez a servicio de Quinto Titurio, oficial romano de César.

Teodeberto I, mientras que la segunda, Walderada, la envió al futuro rey de los Francos, Teodebaldo[195].

Resulta curioso notar como, una vez pacificada toda la Galia, las únicas dos tribus que siguen empuñando las armas son las únicas dos que nunca han enviado delegaciones a César: los morinos y los menapios (II,28,1); y, a propósito de los menapios, César vuelve a subrayar la ausencia de delegaciones en el libro VI (5,4). Podríamos decir que quien no habla con César no obtiene la paz; o, dicho de otra forma, si quieres la guerra... no comuniques nada[196].

Además de los dialectos del céltico continental[197] hay otro idioma que circula por las Galias: el griego. César afirma, en un celebre pasaje del libro VI, que los druidas más famosos se encontraban en Galia y a ellos solían acudir los jóvenes que querían aprender las artes druídicas. Entre los druidas celtas, los novicios tenían que aprender de memoria un gran número de versos pues no era lícito escribir aquellos versos, mientras que para todo lo demás, ya sea materia pública o privada, se utilizaba el alfabeto griego (*grecis... litteris*) (14,3)[198]. En otro pasaje César afirma que, después de la batalla contra los elvetios, los legionarios romanos entran en un campamento de esta tribu y encuentran unas tablillas inscritas con caracteres griegos con el cómputo del número de individuos que habían dejado su patria (razón de la intervención de César en las Galias), de los que podían llevar armas, de los niños, de los viejos y de las mujeres. El griego es utilizado también en asuntos de espionaje y contraespionaje: durante los preparativos para la batalla contra los nervios, César,

---
195 Luiselli 1992, 719
196 Hay intercambio de embajadores también entre celtas y germanos (IV,6,3).
197 Gracias a la precisión descriptiva de César conocemos una palabra en céltico; el cónsul romano cita a los *solduros*, los "devotos", personajes que, después de haber estrechado fuertes vínculos de amistad y jerarquía con un jefe, siguen a este hasta la muerte, hasta el punto del extremo sacrificio personal (III,22,1).
198 Para la relación entre tradición oral y tradición literaria en el mundo antiguo véanse, por ejemplo, Brink 2005 y Carlier 2005.

prometiendo una gran recompensa, convence a un caballero celta para llevar una carta a Cicerón. El mensaje es redactado en griego para que, si hubiese caído en las manos del enemigo, no hubiese podido revelar su contenido (V, 48,3). De la presencia del griego en territorio bárbaro al Norte de los Alpes, nos habla también Tácito, en su *Germania*, cuando refiere la noticia de la existencia, en la zona fronteriza entre Germania y Retia de monumentos sepulcrales con inscripciones in griego (... *graecis litteris inscriptos...*) (3,3).

Pero, ¿quiénes eran los informadores utilizados por César? Además de los intérpretes de las tribus amigas de Roma, de los soldados que habían aprendido otro/otros idioma/s, además de los prisioneros, había una clase de personajes fundamentales para el intercambio de informaciones: los mercaderes. Los mercaderes, además del ejército, representaban el vehículo de la difusión de la forma de vida romana más allá de la frontera del Rin/Danubio y, de la misma forma, eran quienes llevaban informaciones etnográficas a César. Los mercaderes romanos debían de haber sido de los mejores conocedores de los diferentes idiomas hablados en las Galias, en Germania y en Britania. Es bastante simple darnos cuenta de la importancia bajo este punto de vista de los mercaderes si echamos un ojo a las citas y a las consideraciones que el cónsul romano hace en referencia a esta clase de "viajeros-intérpretes" de la antigüedad[199].

Los mercaderes son mencionados desde el primer párrafo del *De Bello Gallico*, y desde el principio conocemos su "fuerza cultural", la

---

199 En arqueología con el término "Roman Iron Age" ("la Edad del Hierro romana") se define el período comprendido entre el principio de nuestra era y finales del siglo IV d. C. para los territorios de Holanda, Escandinavia y Norte de Alemania. El término ha sido creado por el gran arqueólogo sueco Oscar Montelius y tipológicamente esta definido por las importaciones de bienes romanos en los territorios de Europa septentrional. Podríamos afirmar que, en este caso, pues, dada la importancia de los intercambios de mercancías, el período arqueológico es definido por los resultados materiales del trabajo de los mercaderes.

importancia de sus mercancías y los "valores" que estas mercancías conllevaban. Según César (I,1,3), de los tres grupos étnicos que habitan las Galias, los más fuertes son los belgas, pues son los que "más lejos se encuentran de la vida civilizada de nuestra provincia [= la Galia Narbonense], muy pocos mercaderes llegan hasta ellos, y muy pocas veces, ni importan productos que puedan hacer los ánimos afeminados (*effeminados animos*)". Los belgas son los más fuertes, los más "duros", diríamos hoy en día; ellos no comparten, a diferencia de aquitanos y galos, la forma de vida civilizada romana y muy pocos mercaderes llegan hasta sus tierras, con gran pérdida de informaciones por parte de la etnografía cesariana. César vuelve sobre este concepto en II,15,3, cuando afirma que los mercaderes no tenían acceso al territorio de los nervios, ni podían comerciar con vino, ni con otros objetos de lujo, pues según los nervios estos productos tenían la fuerza de debilitar su valor y su ánimo.

Los mercaderes son una fuente inagotable de conocimiento (a veces, también de cotilleos); son los responsables de la creación y la perpetuación de algunos de los clichés aplicados por parte de los romanos a los bárbaros. Por ejemplo son los mercaderes (junto a los ciudadanos galos de Vesontio) quienes atribuían a los germanos un cuerpo de enormes dimensiones, un increíble valor, un duro adiestramiento militar... una mirada y una expresión de la cara tan intensas que ni siquiera era posible aguantarlas (I,39,1).

Los mercaderes, en sus peripecias mercantiles, llegan a alcanzar la lejana tierra de los suebos (IV,2,1). Este pueblo (tal vez se trata de un conjunto de tribus), es el más fuerte de los pueblos germanos, de hecho César escribe que "los mercaderes están admitidos [entre los suebos] para que este pueblo tenga alguien a quien vender sus presas de guerra, más bien que por el hecho de que deseen importar algo"; además, no admiten en absoluto la importación de vino "pues creen que este producto debilite los hombres y los convierta en afeminados" (IV,2,5). Sin embargo, parece que a los mercaderes les estaba permitido merodear a su antojo en el territorio de los ubios, cerca del río Rin, "un poco más civilizados" respecto a los demás germanos (IV,3,3).

Para entender cómo funcionaba el *network*, la red de intercambios de informaciones, contactos humanos, contactos de idiomas, difusión de clichés y el "espionaje", en territorio bárbaro (aunque la imagen creo que se puede extender también al tiempo prehistórico, por lo menos a la Edad del Hiero y tal vez a la Edad del Bronce), podemos leer el pasaje 5,2 del libro IV. Aquí se nos desvelan los puntos neurálgicos de las conexiones de informaciones de la tarda Edad del Hierro: "los galos tienen la costumbre de obligar a los viajeros a pararse, también en contra de su voluntad, para hacerles preguntas sobre todo lo que saben o hayan oído hablar sobre cualquier argumento; en la ciudad la gente rodea a los mercaderes y los obliga a decirles de donde vienen y lo que han visto". La exactitud de las informaciones obtenidas es puesta en duda por el mismo César, cuando, en el mismo pasaje, habla de "cotilleos inciertos" e "invenciones creadas *ad hoc*" (*incertis rumoribus... ad voluntatem eorum ficta...*). Aún así, muchos de los autores antiguos confían en las informaciones transmitidas por los mercaderes.

Tras, y a veces, como hemos visto, por delante de las legiones romanas, los mercaderes trabajan también en Britania, aunque sólo en los emporios costeros y en las regiones cerca de la Galia. César convoca los mercaderes para conocer y organizar su campaña de Britania, pero recibe muy pocas informaciones: los mercaderes no conocen ni el tamaño de la isla, ni la naturaleza y la esencia de los pueblos que ahí viven, ni sus tácticas militares, ni sus instituciones (IV,20,4)... ni sus idiomas. Lo que César consigue saber de la geografía de las islas atlánticas se lo debe a la historiografía griega anterior[200] y a los contactos esporádicos que tiene con los pueblos más cercanos a la costa de la Galia y a la costa sur-oriental de Britania, lugar donde desembarca con las naves en las operaciones de ocupación del litoral.

A propósito de los pueblos de Britania, una referencia sociolingüística interesante aparece en *La vida de Agrícola*, de Cornelio Tácito[201]. El autor nos habla de las campañas bélicas de Julio Agrícola (su suegro) en la isla de Albión y aprovecha para darnos algunas descripciones de los pueblos que habitaban la isla. Han pasado poco más de cien años entre la "visita" del divo César a la isla de Albión y la estancia de Agrícola entre los britanos (tenía el cargo de gobernador). En un pasaje el autor romano nos dice que Agricola "empezó a instruir en las arte liberales los hijos de los jefes [de los britanos], mostrando preferir las dotes naturales de los britanos a la cultura de los galos, de manera que ellos, quienes antes desapreciaban la lengua de los romanos, aspirasen, luego, a poseer su arte oratoria..." y sigue confirmando que "... por eso los britanos tienen la costumbre de vestir como nosotros [los romanos] y de llevar muy a menudo la toga" (21,2-3). En poco más de cien años de presencia romana en la isla, los pueblos britanos, o por lo menos las élites, han cambiado su actitud hacia el idioma de los conquistadores, desde el desprecio a la imitación. La aceptación del nuevo idioma y su utilización en prácticas áulicas, como por ejemplo el arte oratorio, conlleva también el cambio de otras costumbres, como el uso de la toga.

Sobre la *Germania* de Tácito escribirá unos comentarios también Karl Marx, en su obra *Grundrisse der Kritik der politischen ökonomie* (1857-1858). Aquí, el filósofo alemán define los modos de producción del mundo antiguo. La comunidad germánica, una de las tres diferentes formaciones económicas que constituyen el segundo estadio de la

---
[200] Véase Luiselli 1992.
[201] Sigo la edición en latín y la traducción al italiano de Bianca Ceva (1990).

clasificación de los modos de producción en la Antigüedad, es definida según el testimonio del mismo Tácito.

También para el etnógrafo romano el idioma es una característica definitoria de la etnicidad de un pueblo. Tal vez "copiando" a César[202], Tácito, hablando del origen étnico de los pueblos de los araviscos y de los osios (*Germania*), afirma que no es cierto si los primeros descienden de los segundos o *vice versa* pues "tienen el mismo idioma, las mismas instituciones y las mismas costumbres" (...*sermone, institutis, moribus*...) (28,3)[203]. En otro pasaje (43,1) vuelve a dar importancia al idioma cuando afirma que marsinios y burios "en el idioma y en la forma de vida (*sermone cultuque*...) se parecen a los suebos", pero "el idioma celta de los cotinios y el idioma panónico de los osios nos hacen pensar que no sean germanos". Cuando habla de los estios, el pueblo que vive más allá de los suebos (probablemente en el país que hoy en día se llama Estonia), Tácito, tal vez a causa de la escasez de informaciones provenientes de territorios tan lejanos, afirma que este pueblo "por las costumbres y el aspecto exterior se parece a los suebos; por el idioma es más cercano a los britanos". Los críticos dudan de la exactitud de esta información, pues el idioma de los estios, una lengua báltica, tenía que haber sido más parecida bajo el punto de vista filológico y fonológico a los idiomas de los germanos que al idioma de los britanos; aún así, un aspecto relevante es la caracterización fundada sobre el idioma (además de sobre las costumbres y el aspecto exterior) que Tácito hace del pueblo de los estios. Las mismas dudas en la asignación étnica de un pueblo, aparecen más adelante, cuando el autor, a la hora de definir étnicamente a los pueblos de los Peucinios, no sabe si hacerlos formar parte de los germanos o de los sarmatas, pues "por el idioma y por la forma de vivir... viven como los

---
202 Véase Luiselli 1992.
203 Sobre la indefinición de la etnografía clásica y las problemáticas arqueológicas de etnogénesis, véase, por ejemplo Pereira Menaut 1992.

germanos" pero han cambiado su aspecto exterior a causa de la mezcla con otros pueblos y así se parecen más a los sarmatas (46,1)[204].

Informaciones interesantes sobre idiomas, escritura y consideraciones etnolingüísticas se hallan también en otra famosa obra de la antigüedad, la Geografía de Estrabón[205]. El libro III está dedicado a la descripción de la Península Ibérica. Los turdetanos, dice el geógrafo griego, que escribe en la segunda década del I siglo d. C., "son los más cultos entre los íberos, de hecho utilizan la escritura y guardan unas crónicas escritas de su historia antigua, poemas y leyes en versos que se remontan, según dicen, a hace seis mil años; también otros íberos utilizan la escritura, pero ni en una única forma, ni tanto menos en un único idioma" (1,6). También Estrabón nos ofrece citas que hacen referencia al cambio lingüístico, exactamente como había hecho César (véase más arriba). Siempre hablando de los turdetanos, afirma que este pueblo, sobre todo la parte que vive en las orillas del río Betis "ha completamente moldeado sus costumbres a las de los romanos, hasta el punto que ni siquiera recuerdan su idioma" (III,2,15). Un caso de sustitución lingüística lo hubo también entre los cavarios, un pueblo asentado cerca del alto curso del Ródano, en Galia. Este pueblo ya ni siquiera se puede definir bárbaro, escribe Estrabón, pues ha adoptado el sistema romano, así como ha adoptado el idioma latín y las costumbres de los conquistadores (IV,1,12).

Una notación curiosa, podríamos decir de etnocentrismo lingüístico, o de "sensibilidad fonológica", es la que aparece en III,3,7. En este largo pasaje, el geógrafo griego habla de los pueblos que viven en la parte más septentrional de la Península Ibérica, los callaicos, astures, cantabros, vacceos y los pueblos de los Pirineos. Los describe como gente simple y con largas melenas, nos dice que visten siempre de negro y duermen sobre un lecho de hojas. Estos pueblos tienen una forma de vida muy

---
[204] Sobre la relación entre arqueología y etnicidad, véase Jones 1997.
[205] Sigo el texto en latín y la traducción al italiano de Francesco Trotta (1996).

similar entre sí. El autor no quiere mencionar todos los etnónimos de las tribus que forman estos pueblos pues "a nadie les gustaría oír nombres como pleutarios, barduetos, alotrigios y otros aún menos agradables...". A los oídos griegos, o por lo menos a los oídos refinados de Estrabón, pues, los nombres de estas tribus debían de sonar fatal, una especie de tartamudeo sin sentido... nombres *bárbaros*.

Nombres bárbaros

El término *bárbaro*, de origen indoeuropeo, simplemente definía, en un primer momento (entre los griegos) a los extranjeros, sobre todo bajo el punto de vista lingüístico, como a quien hablaba de manera inarticulada (como, por ejemplo, en Homero) es decir, quien hablaba un idioma diferente del griego. Este significado probablemente reflejaba, en parte, el significado onomatopéyico del término ("bar-bar"). "Ya en este núcleo conceptual estaba un preciso conocimiento de una diversidad, por lo menos lingüística, que sugería un fácil desplazamiento semántico de 'bárbaro' cómo quien no posee un idioma comprensible (*lògos*) a quien no posee racionalidad (concepto expresado por el mismo término *lògos*, cómo elemento de distinción entre el ser humano hablante y pensante y los demás animales de especie inferior). Esta consciencia de diversidad debió desarrollarse, sobre todo, entre los griegos de Asia Menor, junto al sentimiento de su unidad cultural en oposición a los demás pueblos cercanos. Fue el choque emotivo e ideológico de las Guerras Persianas a concretizar el pan-helenismo en el sentido político y a trasformar la que hasta aquel momento (siglo V a. C.) había sido una curiosidad etnográfica, con hasta un matiz de simpatía, en un sentimiento de oposición cada vez más hostil"[206].

---

206 Cracco Ruggini 1984,3.

Este tipo de terminología y de concepciones helénicas pasaron a la cultura romano-itálica ya desde una época muy antigua: es Plauto el autor al cual podemos remontar los ejemplos más antiguos de utilización de este término en latín (*barbarus*). En la península itálica, la concepción de "barbarus" vinculada a una sensación de miedo y amenazas, concepción que confería al término una fuerza específica particular, nació a principios del siglo IV a. C. y en relación a los galos, como contragolpe psicológico a la expedición de los galos senones contra Roma en 387 a. C. No es una casualidad que la utilización del término *barbarus*, cargado de valores negativos, aparezca en las *Historias* de Tito Livio, en relación a los senones guiados por Breno, a la derrota romana en la batalla del Allia y al sitio del Capitolium[207].

Dos de los nombres bárbaros por excelencia, tanto en el sentido etimológico como en el sentido sociolingüístico del término, son propiamente los etnónimos *germanos* y *celtas* (o *galos*). Para explicar el primero de estos dos nombres, un término que César hizo famoso en todo el mediterráneo, Bruno Luiselli hace referencia a unas inscripciones (*legenda*) de monedas célticas y de la Bélgica (fechadas a la segunda mitad del primer siglo antes de Jesucristo, justo en coincidencia con la llegada de César en los nuevos territorios ocupados), donde aparecen las palabra GARMANOS y CARMANOS, y a una cita de Beda (*hist. Eccl.* V 9) que nos informa de que los *brettones*, es decir los celtas de Britania, llamaban *garmani* a los anglios y a los sajones, es decir los germanos que habían conquistado Britania. De estas informaciones Luiselli deduce que los pueblos más allá del río Rin eran llamados *garmanos* por los celtas. En el término celta *garmani*, según este autor, se puede definir un primer elemento *gar-* que se puede interpretar a través de la raíz indoeuropea **gar-* "llamar, gritar" y el sufijo *-mani*, presente en otros

---

207 Cracco Ruggini 1984, 4.Véase también: James 2008.

etnónimos célticos, como, por ejemplo, el etnónimo *cenomani*. Dado que las fuentes nombran muy a menudo la costumbre de los pueblos germanos de gritar en situaciones bélicas, se puede traducir el término "germanos" como "los que gritan" y que con esta denominación los celtas de las Galias nombrasen a los pueblos más allá del Rin. En fin, el término *garmani* podría haber sido inicialmente un epíteto de origen celta que se ha transformado con una dinámica natural en un etnónimo, después fijado en la tradición literaria por César[208]. El mismo Tácito, in Germania 3,1, parece validar la explicación del término *germanos*, aunque de forma indirecta:

> *Antes de entrar en la batalla [los germanos], para animarse, cantan ciertos versos, llamados barditos, por los cuales adivinan qué suceso han de tener: porque o se hacen temer o tienen miedo, según más o menos bien responda y resuena el canto del escuadrón, un canto que no parece estar constituido por voces, sino parece la expresión de una suprema armonía de coraje y valor.*

El etnónimo *germanos* podría entonces ser una palabra exógena (y exótica) más que endógena, una especie de etiqueta creada por los "otros", los vecinos celtas, y no por los mismos germanos. Durante la prehistoria este tipo de dinámica "etnonímica" ha sido, probablemente, la norma, más que la excepción[209]. También en la onomástica, así como en la sedimentación geológica y en la deposición antrópica, se pueden distinguir capas terminológicas. Unos rastros de esta superposición terminológica se pueden hallar ya en el texto de Tácito, donde, en *Germania* 2,5, se afirma que:

---

208 Véase Luiselli 1992, 172-173.
209 Véase Jones 1997.

> el termino ("vocabulum") Germania es nuevo y añadido hace poco tiempo; porque los primeros que pasaron el Rin y echaron a los Galos de sus tierras ahora se llaman Tungros, y entonces se llamaban Germanos; así pues el nombre de una tribu, y no de todo el pueblo, poco a poco fue prevaleciendo de manera que en un primer momento, a causa del miedo que provocaban, fueron llamados todos Germanos, desde el nombre de los vencedores...

Sería un caso de sinécdoque, donde una parte de algo (el nombre de una tribu, en este caso) es usada para representar el todo (todos los pueblos más allá del Rin).

Antes de que se difundiera el etnónimo colectivo de *germanos*, debían de existir otros etnónimos entre las tribus bárbaras asentadas al este del río Rin. Según Tácito (2,3) los germanos celebraban al dios Tuistón, nacido de la tierra, y su hijo Manno, el origen de la nación. Manno tuvo tres hijos, los fundadores, de los cuales cogieron su nombre los ingevones, los herminones y los istevones. Según otra versión, el dios Tuistón tuvo muchos hijos, de los cuales derivaron su nombre muchas tribus, los marsos, los gambrivios, los suebos, los vandalos.

La estratificación terminológica y etnonímica es muy profunda y su capa superior llega hasta hoy en día. En español llamamos Alemania al país y definimos como alemanes a sus habitantes y alemán al idioma allí hablado; así como los franceses llaman "Allemagne" al país y utilizan el término "allemand" para el idioma y el patronímico. En italiano las cosas se complican un poco, visto que se llama al país "Germania", pero a los habitantes se les define como "tedeschi". El primer término sigue la tradición latina, desde César y Tácito, sin embargo el término "tedesco" hace referencia al termino alemán "deutsch", relacionado probablemente con el nombre del mismo dios Tuistón, a su vez en relación con el término *þjóð* "gente". Los ingleses siguen la tradición latina con sus términos "Germany" y "german"; mientras los alemanes, como es lógico suponer, hablan de "Deutschland" y "deutsch". También los ingleses utilizan el término "dutch", que deriva claramente de "deutsch", pero con esta palabra designan a los holandeses. Las cosas cambian radicalmente si nos movemos a Europa del Este: los pueblos de lengua eslava y los magiares, para definir al país Alemania, utilizan palabras que derivan del término *nem-*: los checos hablan de "Německo", los eslovacos dicen "Nemecko", los polacos "Niemcy" y los magiaros "Németország". Los bálticos utilizan una raíz lingüística completamente diferente (*Vo-*, *Va-*), así para los letones Alemania es "Vācija" mientras que para los lituanos es "Vokietija". Personalmente la terminología que más me gusta es la utilizada por los idiomas fino-ugrios, donde se utiliza un hermoso "Saksa" en Finlandia y "Saksamaa" en Estonia, para definir la "tierra de los sajones" ("sachsen" en alemán y "saxones" en latín). "Desde luego, la utilización de nombres diferentes para naciones y pueblos no es un fenómeno nuevo o moderno, pues muchos de los nombres modernos tienen su raíz en la antigüedad y en la prehistoria[210]". Resulta bastante curioso el hecho de que Italia es llamada "Włochy" por por los Polacos, mientras que los magiares la llaman "Olaszország".

Ya desde la Antigüedad se ha intentado buscar una etimología para el término *celtas*, haciendo hincapié en la *barbaridad,* ya sea de la palabra misma, ya sea del pueblo designado con este término.

Platón, en el siglo IV a. C., mucho antes de las primeras informaciones sobre celtas y germanos referidas por César, define a los celtas como un pueblo guerrero y consumidor de grandes cantidades de vino (en los *Nomoi*), sin embargo Aristóteles elogia su valentía y su rígida disciplina, ya desde la niñez (en la *Política*) y los cita como ejemplo de extremo valor pero sin inteligencia[211], como una especie de fuerza bruta.

---

210 Brink 2008, 87
211 En Dobesch 1991, 31.

Éforo, el historiador griego de Cuma, contemporáneo a los dos filósofos, subraya el valor militar y el coraje de este pueblo. Ya a principios de la segunda mitad del primer milenio a. C. se estaba formando uno de los tópicos sobre los pueblos de Europa central, descritos según una perspectiva mediterránea. Es tan fuerte el cliché de la fuerza y valor de los pueblos bárbaros que el historiador Timeo (siglo IV a. C.) intenta explicar con una etimología su carácter *esencial*, considerando a los galatas, que es el término que utilizaban los griegos para definir a los celtas, descendientes de Galate, el hijo del salvaje y sanguinario cíclope Polifemo y de la ninfa Galatea[212].

El poeta Calímaco (primera mitad del siglo III a. C.) considera a los galatas un pueblo incapaz de pensar y reflexionar y los pone en relación con los titanos, los "gigantes y ancestrales rebeldes enemigos de los dioses olímpicos de la luz y del orden"[213]. Calímaco define a los galatas como "el temerario pueblo de los últimos nacidos entre los titanes" queriendo insistir, según Andreae, en la frecuente confusión entre titanes y gigantes, pues esta confusión le permitiría un juego de palabras con el término *titanos*, es decir "titánide", como se llamaba al yeso en la antigüedad clásica, material con el cual los celtas se empastaban el pelo creando una masa compacta, una rígida melena[214], una especie de gel de pelo de la antigüedad. De este tipo de moda para el cabello nos habla también Diodoro (5, 28, 2-3): "los galos se mojan siempre el pelo con agua y yeso y peinan su melena hacia atrás, desde la frente hacia la nuca [...]. Gracias a este tratamiento la melena se hace muy compacta, hasta el punto de parecerse a la crin de un caballo". Este empaste de yeso utilizado por los galos, además, debía de tener el efecto de teñir su pelo de un color muy claro, haciendo de los galos unos pueblos de

---

212 En Dobesch 1991, 32.
213 Dobesch 1991, 32.
214 Andreae 1991, 63.

guerreros rubios para los observadores griegos y romanos y creando, o amplificando, el cliché del guerrero bárbaro rubio[215].

Tras las palabras de los Antiguos

Los tres textos (el de César, el de Tácito y el de Estrabón) que hemos tomado en consideración, han sido, y en parte son todavía, fuente de consideraciones, además de filológicas e históricas, también arqueológicas y "políticas"; esto es cierto sobre todo para la *Germania* de Tácito, uno de los textos antiguos más utilizados para la definición romántica decimonónica del concepto de "pueblo" (germánico-alemán), de nación (Alemania), y utilizado como fuente para la difusión de los delirios racistas del régimen Nazi[216]. Todavía en 1975, Fischer-Fabian en su libro *Die ersten Deutschen* ("los primeros alemanes"), define la obra de Tácito como "esta joya de que ningún otro pueblo puede presumir".

El libro III de la Geografía de Estrabón, junto a otras fuentes clásicas, como la *Naturalis Historia* de Plínio, han sido utilizados en la investigación arqueológica en la Península Ibérica para definir conjuntos arqueológicos coincidentes con las formaciones étnicas reveladas por las fuentes antiguas. Desde hace unos años se ha desarrollado una seria crítica al uso "indiscriminado" de tales fuentes, por parte de la arqueología de matriz histórico-cultural en su afán de definir los procesos etnogenéticos de los pueblos prerromanos y, en una perspectiva aún más amplia, han sido puestas bajo análisis críticos conceptos muy arraigados en la historiografía arqueológica, como el mismo concepto de "celtismo", sobre todo si es aplicado a entidades políticas contemporáneas, en pos de un

---

215 Véase Day 1991.
216 Véase, por ejemplo, el célebre libro de G. L. Mosse (1968), *The crisis of German Ideology*. "En su intento de poner una sólida base a su ideología, los teóricos del Volk miraban a la historia, aplicando imágenes y datos del pasado a la situación moderna. Su fuente preferida, su autor favorito, por lo que concierne a la historia de los antiguos germanos, era Tácito".

determinismo institucional[217]. La manipulación de los textos clásicos y el uso de la arqueología y de la historia antigua con segundos fines no son "invenciones" de los regímenes totalitarios del siglo XX. Literatura, arqueología y política se entremezclan una y otra vez; palabras, tierra y armas parecen formar un conjunto peligroso en las manos equivocadas.

La obra de César ha sido "manejada" ya desde mediados del siglo XIX, y por manos ilustres, con un fin arqueológico y político a la vez. La lectura de los acontecimientos de las guerras en las Galias indicaba a los arqueólogos, siguiendo las indicaciones geográficas de César, dónde excavar para encontrar los antiguos asentamientos de los galos y, al mismo tiempo, esos vestigios servían como soporte material, evidente, tangible, a la formación y consolidación del orgullo nacional.

El mismo Napoleón III, sobrino del emperador Napoleón, estudiaba la obra del cónsul romano para la redacción de su biografía del conquistador de las Galias, la *Histoire de Jules César*. Napoleón III toma activamente parte en el descubrimiento del pasado de Francia, financiando excavaciones y organizando instituciones estatales.

En 1858 nace la Comisión de Topografía de las Galias, por voluntad del mismo Napoleón III, cuya vocación es estudiar la geografía, la historia y la arqueología nacional hasta la llegada de Carlomagno[218]. Dos años antes, en 1856, habían empezado las excavaciones en el asentamiento galo de Alesia, el famoso último baluarte de la resistencia de las tribus galas contra el invasor romano. De su existencia, ubicación e importancia se podía leer en la obra de César. La excavación del yacimiento de Alesia levantaba pasiones entre los arqueólogos, mientras que Vercingetórix se imponía como héroe nacional[219].

---

217 Véase, por ejemplo, Pereira Menaut 1992; López Jiménez, 2001; Díaz Santana 2003
218 Gran-Aymerich 2001, 191.
219 Gran-Aymerich 2001, 290.

El asentamiento de Alesia se levantaba en la cumbre de un cerro, en una posición elevada, tal que, para ser tomado, era necesario un asedio. A la base del cerro fluían dos ríos. En frente del asentamiento se extendía una llanura larga tres millas, y en los demás lados, a parte en pocos puntos, cerros de altura uniforme cerraban la ciudad. En el lado del cerro que miraba hacia oriente las tropas galas habían ocupado el terreno que estaba por debajo de la muralla y habían excavado un foso y levantado un muro alto seis pies.

Esta es la descripción de la topografía del lugar relatada por César (VII, 69). Nosotros, hoy en día, conocemos mucho del asentamiento de Alesia, pero, antes de las excavaciones de la "ciudad", se podían recoger informaciones solo a través de las palabras del cónsul romano. El lector podía imaginarse entonces un alto cerro, dominado por la fortaleza de Alesia, encerrada en su muralla y defendida por la naturaleza del terreno y los dos ríos que fluían a lado de la colina.

Otro gran asentamiento galo, el de Bibracte, capital de la tribu de los *eduos*, fue explorado en la segunda mitad del siglo XIX, por cuenta de Jacques-Gabriel Buillot, en el marco de las actividades de la Sociedad Eduense, una vez más con el apoyo de Napoleón III. Las excavaciones continuarán hasta 1904[220] y serán llevadas a cabo por el sobrino de Buillot, Joseph Déchelette, quien llegó a ser uno de los más grandes arqueólogos franceses de principios del siglo XX, autor de la monumental y fundamental obra *Manuel d'Archéologie préhistorique, celtique et gallo-romaine*, de dos tomos y seis volúmenes, publicada entre 1908 y 1914 en París.

La Comisión de Topografía de las Galias llevó a cabo también la exploración de Gergovia, el sentamiento galo que se elevaba sobre "un

---

220 Gran-Aymerich 2001, 290.

altísimo monte, que presentaba difíciles accesos en todos sus lados" (*De Bello Gallico* VII, 36). La capital de los arvernios fue descubierta cerca de la actual ciudad de Clermont-Ferrand.

Las exploraciones y excavaciones arqueológicas de muchos de los asentamientos nombrados por César, como hemos dicho, se enmarcaban en el despertar del interés por el propio pasado nacional por parte de cultos burgueses, eruditos, nacionalistas e instituciones políticas francesas en un período, el siglo XIX, marcado por el intento de recuperación del patrimonio monumental, considerado como una de las manifestaciones de la idea de nación. En Francia esta "actividad patriótica" se remonta a la última década del siglo de la Ilustración; "la Revolución Francesa, al dar a la luz a la nación, provoca la 'irrupción' de una noción nueva, la de patrimonio, que encarna la de identidad nacional, y cuya semilla encontrábamos ya en la obra de Caylus. Los 'edificios que encierran el carácter de cada siglo', según la fórmula de Quatremère de Quincy, encierran también el carácter de cada pueblo y, en este sentido, despiertan el interés de los políticos... El Instituto Nacional de Ciencias y Artes, creado por la Convención para reemplazar las academias reales que se suprimieron en agosto de 1793, muestra asimismo esta preocupación por el patrimonio monumental y desempeña un papel determinante en la formación de la identidad nacional...[221]".

Es Aubin-Louis Millin (1759-1818) quien crea la expresión "antigüedades nacionales" (*Antiquités nationales* en su *Recueil des monuments qui peuvent servir à l'historie de France*) y "consagra definitivamente el valor histórico y nacional de los objetos y monumentos legados por el pasado"[222].

La historia antigua y la "nueva" ciencia de la arqueología prehistórica se entrelazan con la filología. Las revoluciones de 1848, las "primaveras

---
221 Gran-Aymerich 2001, 47
222 Gran-Aymerich 2001, 49

de los pueblos", activan el interés por el pasado nacional de los estados europeos. La investigación arqueológica y el estudio filológico han de soportar el ímpetu nacionalista en el descubrimiento de las raíces de los pueblos. "Ernest Renan [...] durante la exaltación que siente en 1848 redacta *L'Avenir de la science*, auténtica 'defensa e ilustración' de la filología, definida como la 'ciencia exacta de las cosas y del espíritu' que aporta 'el instrumento primero e indispensable del método histórico'"[223].

Hay otro texto que ha sido manejado insistentemente y con mucha pericia por un importante hombre de negocios alemán del siglo XIX, un hombre que amaba aquel texto con todas sus fuerzas y que, siguiendo las palabras de un (¿o varios?) rapsoda ciego, autor de aquella obra, muerto dos mil quinientos años antes, se puso en busca de una ciudad, una espléndida ciudad amurallada que los antiguos llamaban *Ilión*... pero esta es otra historia.

---

[223] Gran-Aymerich 2001, 181-182.

7. "Yo sólo juego con mi vida, nunca con mi dinero"[224].

> "Quiero poner en movimiento la letras
> y, a través de la luminosidad de las palabras, decir,
> no lo que fui, sino lo que estoy a punto de ser, lo que seré.
> Quien sepa leerme, descifrará el futuro por medio del pasado,
> la síntesis por medio del análisis, el boceto por medio del exégesis.
> Pues yo me invento a mí mismo con mis interpretaciones,
> y me comprendo a través de mi texto.
> Cada letra es un mundo, cada palabra un universo.
> Cada uno es responsable de las palabras que escribe y de las que lee,
> siendo libre frente a su lectura.
> (*Qumran*, E. Abécassis)

¿Cómo es un arqueólogo? Esta puede parecer una pregunta bastante simple o que merece una respuesta sencilla, del tipo: "¡un arqueólogo es como es!". Sin embargo, la respuesta a esta simple pregunta resulta ser un poco más compleja[225]. Esta complejidad es debida a la imagen del arqueólogo construida por el cine y la literatura. El ejemplo más conocido, y hasta paradójico, es obviamente Indiana Jones. Es tan fuerte en el imaginario colectivo la caracterización del personaje creado por George Lucas, que a la pregunta "¿cómo es un arqueólogo?" la primera imagen que una persona se forma en la cabeza es la del protagonista de las películas dirigidas por Steven Spielberg. De hecho, el tópico es tan extendido que todos nosotros arqueólogos, por lo menos una vez en nuestra vida, hemos oído definirnos como "Indiana Jones" (por familiares, por amigos, por periodistas...). La imagen creada por la ficción

---

224 Frase pronunciada por Rick O'Connel (Brendan Fraser) en la película "La Momia" (*The mummy*), 1999, dirigida por Stephen Sommers.
225 "Who is a professional archaeologist, and how can you tell? [...] Archaeology is a profession, and the privilege of profesisonal practice requires professional morality and professional responsibility, as well as professional competence, on the part of each practicioner" Fowler, Jolie y Salter 2008, 411.

es, como decía, paradójica, porque, en la práctica, Indiana Jones no es un arqueólogo, o por lo menos no se comporta como tal en su "trabajo de campo". La imaginación artística puede llegar a ser tan fuerte que puede deformar la realidad, a veces con resultados positivos, a veces negativos y a veces solamente ridículos. Puedo presentar un ejemplo personal, no se si positivo o negativo, pero sospecho... bastante ridículo. Hace años trabajé como guía en una exposición sobre arte del Antiguo Egipto. Una noche, con ocasión de una serie de eventos dedicados a la aproximación de los más jóvenes a los museos, tenía que hacer de guía a un grupo de niños y niñas, con edades comprendidas entre los 6 y los 10 años. El responsable de la exposición alquiló para mí un disfraz de Indiana Jones, con sombrero y pistola (no recuerdo si tenía también el látigo), arreglado a medida para mí por una de las sastras del teatro de la "Scala" de Milán. Justo al empezar la visita guiada un niño levantó la mano, le di la palabra pensando haber despertado interés ya sólo con la presentación de la exposición, pero el pequeño me preguntó... ¡si la pistola iba cargada! Yo me eché a reír y le contesté que sí, que la pistola iba cargada y llevé a cabo una de las visitas guiadas para niños más tranquila de la historia.

Una imagen tan estereotipada de nuestra profesión por un lado puede resultar inofensiva, pero por el otro puede distraer al público del efectivo valor de la investigación arqueológica y la seriedad del asunto.

Personalmente tuve el placer de conocer a muchos arqueólogos y arqueólogas. He trabajado y hablado de arqueología con individuos de lo más diferentes entre sí: altos, bajos, flacos, gordos, simpáticos, antipáticos, ricos (pocos), pobres (la mayoría), jóvenes, menos jóvenes, mujeriegos, casados, guapos, feos pero ninguno de ellos, excepto tal vez el director del Centro de Estudios de Arqueología Africana (véase más abajo), ha hecho, en su vida profesional, algo parecido a lo que hace, en la ficción, Indiana Jones.

7. "Yo sólo juego con mi vida, nunca con mi dinero" - 139

En este último capítulo quiero pasar en reseña a un puñado de arqueólogos de la ficción literaria, presentados por novelistas, para ver cómo el imaginario de los escritores presenta al público, deformando tal vez su percepción de la realidad, la figura del arqueólogo. Acabaré el capítulo ofreciendo a los lectores la imagen de algunos arqueólogos reales a través de sus propias palabras, en la forma literaria de la entrevista periodística de divulgación[226]. Esta forma literaria, de origen periodístico, al contrario de la entrevista televisiva, no ha sido muy explotada en el ámbito arqueológico. Personalmente encuentro esta técnica un instrumento valioso para la divulgación de temas arqueológicos. El diálogo confiere un ritmo rápido, pero no superficial, a la lectura, cautivando la atención del lector y ofrece un interesante *escamotage* para acercar de forma simpática (entendiendo el término simpatía en su acepción etimológica de "comunidad de sentimientos") al público, sobre todo a quien no está especializado con los temas tratados, a los especialistas, y *vice versa*.

Creo que entre literatura y arqueología existe una importante relación: la investigación arqueológica, con sus métodos y sus resultados, influye en la producción literaria mundial, mientras que la literatura influye en la redacción, la publicación y la forma de relatar las interpretaciones del pasado hechas por los arqueólogos y en la imagen pública de los arqueólogos mismos[227]. Una de las citas más famosas sobre esta relación es la del célebre arqueólogo Philip Barker que, en su manual de técnicas de excavación arqueológica escribía: "The English used should be as clear and free of jargon as possible. It should also be unanboguous. As Geogre Orwell said in another context, 'write so as to make your

---

[226] En el Anexo 2 el lector puede encontrar la explicación de una serie de términos arqueológicos y la referencia a lugares y personas de los cuales se ha hablado durante las entrevistas. Este anexo quiere facilitar al lector la comprensión de la terminología usada; el asterisco indica que el término o el nombre ha sido explicado en el anexo.
[227] Véase Frigoli 2010.

meaning inescapable'. The writers of excavation reports should be brought up not on other excavation reports but on the short stories of Graham Greene and the novels of Georges Simenon"[228]. Hay más; como subrayan Abigail Hackett y Robin Dennell, "las novelas son una forma de arte que une el público al pasado arqueológico. Aunque las novelas no tengan la inmediatez de la imagen visual, tienen otras ventajas, sobre todo porque presentan personajes, secuencias de acción y un desenlace. Además permiten una mayor exploración del ámbito moral y ético, y enfocan la importancia de aquellos acontecimientos y procesos para nuestra condición y nuestro estado presente"[229]. Como ya otros autores han subrayado, existe un vínculo entre literatura y arqueología también bajo un punto de vista formal, pues muchas de las interpretaciones arqueológicas están escritas como una narración, en el sentido de que implican personajes, acción y una trama, siendo esta última el marco interpretativo que da "sentido" a una serie de observaciones previamente desconectadas entre sí[230].

En el ámbito arqueológico las referencias literarias externas a la disciplina pueden llegar muy lejos, tal vez demasiado lejos... El 5 de febrero de 2007, a las afueras del pueblo de Valdaro, cerca de Mantua (Lombardía), durante la excavación de una *domus* romana se encontró una sepultura neolítica. Dos esqueletos yacían en el mismo enterramiento. La peculiaridad de esta doble sepultura consiste en el hecho de que los dos individuos fueron enterrados abrazados. El análisis antropológico de los esqueletos reveló que se trataba de un hombre y una mujer y los datos arqueológicos ponían la fecha del

---

[228] Barker 1996, 248. "El inglés utilizado debería ser lo más claro y lo más libre de jerga posible. Además debería ser lo menos ambiguo posible. Como escribió George Orwel en otro contexto 'escribe de manera que el significado sea ineludible'. Quien redacta los resultados de una excavación no deberían formarse sobre otros informes de excavación sino sobre los relatos cortos de Grahame Greene y las novelas de Georges Simenon".
[229] Hackett y Dennell 2003, 817.
[230] Hackett y Dennel 2003, 824. Véase González-Rubial 2006; Pluciennik 1999.

enterramiento en la profunda prehistoria, en el período neolítico, hace unos 6000 años. La esquelética pareja fue enseguida apodada "los amantes de Valdaro" y, encontrándose este pueblo cerca de la ciudad de Mantua, localidad donde fue desterrado Romeo en la celebre obra de Shakespeare, la tentación literaria fue demasiado fuerte y los medios de comunicación bautizaron el descubrimiento como los "Romeo y Julieta de la prehistoria". La fantasía literaria actúa sobre la realidad arqueológica, moldeando, por lo menos a nivel popular, la percepción de los acontecimientos prehistóricos enmarcándolos en un contemporáneo contexto de referencias. En este caso, a la definición arqueológica neutra de "enterramiento doble neolítico" se han añadido matices no científicos "los amantes de Valdarno" y se ha popularizado el descubrimiento con la denominación "Romeo y Julieta de la prehistoria"[231].

Arqueólogos de papel y tinta

Eliette Abécassis, en su primera novela, *Qumran* publicada en 1996[232], crea el personaje de un joven judío de Jerusalén, Ary Cohen que, junto a su padre David, se encarga de investigar sobre la desaparición de uno de los preciosos manuscritos encontrados unos cincuenta años antes en el lugar que da el nombre a la novela, cerca del Mar Muerto. Es Ary quien presenta a su padre, en una de las primeras páginas del libro:

---

231 Entre las numerosas referencias periodísticas a la sepultura neolítica doble de Valdaro, cito uno de los periódicos italianos más vendidos, el "Corriere della Sera", donde en el artículo "Amanti di Valdaro: toccata e fuga nel museo che non c'é", 19 abril de 2009, se hace referencia al hallazgo arqueológico como "los amantes de Valdaro" (en el mismo título) y "Romeo y Julieta de la prehistoria" ("Mantova. Solo una fugace apparizione. Come se Romeo e Giulietta s'affacciassero un attimo al balcone, prima di ripiombare nel sarcofago. Che nel caso loro, quello degli amanti di Valdaro, i Romeo e Giulietta del Neolitico, é un cassone di legno, con un metro cubo di terra a sigillare il loro preistorico abbraccio").
232 He leído la novela de E. Abécassis en italiano, en la traducción de Massimo Caviglione, edición Tropea, 1997.

"Ahora en Israel hay un hombre, un judío de nombre David Cohen [...]. Aquel hombre era mi padre y era un estudioso de gran fama en toda la región, pues conocía toda la historia de Israel desde los orígenes. Y aún más en particular conocía los orígenes: dirigía en Israel trabajos y excavaciones que tenían el fin de hacer revivir el antiguo pasado. Su pasión, su empeño y su ocupación de todos los días era la arqueología".

Tenemos un arqueólogo famoso, ya afirmado en el panorama de la investigación arqueológica, por lo menos a nivel regional. Es un arqueólogo activo, que excava y dirige trabajos de investigación. La arqueología, para David Cohen, es su *pasión*, además de ser un empeño y una ocupación cotidiana. De las tres características que definen el trabajo de David, la primera de la lista es la *pasión*, elemento puesto al principio, y por encima, de una serie descendente, bajo el punto de vista de la intensidad emotiva, de definiciones de su trabajo: pasión, empeño y ocupación.

"Él [David] tenía un gran conocimiento de los tiempos antiguos, de los cuales quería hallar todos los vestigios. Había escrito numerosos libros sobre sus descubrimientos que, como sus conferencias, eran apreciados por parte de todos, pues estaban vivos; dado que él contaba la historia como si la hubiera vivido. Y, cuando mi padre hablaba del pasado, quien lo escuchaba tenía la impresión de revivirlo. Aquel hombre no evocaba la historia como una época ya pasada, y nunca se enterraba en la añoranza de los tiempos que fueron. Fecundaba el presente a través del pasado y vivificaba el pasado con el presente".

En estas palabras podemos apreciar, por así decirlo, el poder *mimético* de nuestro arqueólogo, que sabe ensimismarse en los acontecimientos del pasado gracias a su gran conocimiento de las fuentes históricas y de la evidencia arqueológica. Esto no siempre resulta posible, sobre todo en el ámbito prehistórico, pero, evidentemente, David consigue lograr su objetivo, pues, no solo él revive la historia, sino también quien le escucha. Él tiene otra dote imprescindible para el buen arqueólogo, sabe "fecundar el presente a través del pasado y vivificar el pasado a través del presente".... una correspondencia directa entre pasado y presente.

Eliette Abécassis también nos da una imagen del aspecto físico del personaje; su aspecto podría provocar la envidia de muchos arqueólogos de la misma edad:

> "Tenía cincuenta y cinco años. Su melena era abundante como la de Absalón; sobre su cuerpo estaban dibujados músculos de guerrero, pues era fuerte y combativo como el rey David. Sus ojos negros, en su cara luminosa como el sol, eran vivos y móviles".

Unas líneas después descubrimos que David es especialista en paleografía, que ha consagrado su vida al estudio de los documentos antiguos y que tiene "interés sólo por la arqueología". Estamos delante de un hombre que hizo de la arqueología su vida.

Un excelente equipo multidisciplinar de investigadores aparece en el libro *Timeline* de M. Crichton, publicado en 1999[233]. Edward Johnston, "Regius Professor" de Historia en la Universidad de Yale está al mando del equipo que está excavando en Castelgard, un asentamiento de época medieval en Dordoña, Francia. El "Profesor" como todos llaman a Johnston, es un hombre fascinante; tiene algo más de sesenta años pero tiene "hombros anchos y una forma física extraordinaria", se mueve con agilidad por la excavación y da la impresión de tener mucho vigor. Tiene

---

[233] He leído *Timeline* de M. Crichton en italiano, en la traducción de Paola Bertante y Gianni Pannofino, edición Garzanti, 2000.

ojos negros, su piel es bronceada y tiene unos modales irónicos, hechos que le hacen parecerse "más a Mefistófeles que a un profesor de historia". Aunque empeñado en las tareas de excavación, Johnston conserva, en parte, su aspecto exterior de profesor, pues lleva siempre una camisa con cuello de puntas y corbata, pero, al mismo tiempo, lleva vaqueros y botas de montaña. Es un hombre simpático con sus estudiantes, pero bastante austero en su vida privada; su mujer ha muerto muchos años antes y nunca nadie lo ha visto en compañía de otra mujer. El Profesor tiene la suerte de poder disponer de una financiación privada muy conspicua; la ITC, una empresa americana de tecnologías, invierte en las excavaciones en Castelgard un montón de dinero, ¡cerca de un millón de dólares! La mitad de este dinero va directamente al equipo de Johnston: doscientos cincuenta mil dólares como gastos directos; ciento veinte cinco mil dólares como gastos indirectos vertidos a la Universidad; otros ochenta mil dólares para becas, sueldos, viajes y otros gastos; cincuenta mil dólares para gastos de laboratorio y de archivo. Además el equipo dispone de un helicóptero, un magnetómetro de protones, aparatos de rayos infrarrojos para la creación de mapas estereométricos del terreno... ¡Todo un sueño de excavación!

Dos son los ayudantes más cercanos al Profesor Johnston: André Marek, experto en historia medieval y un chico que se llama Chris Hughes.

Marek es presentado como un chico de veintinueve años "alto y fortísimo", con músculos que resaltaban por debajo de la camiseta; "nadie hubiese imaginado que trabajaba como asistente de historia en Yale y fuera el subdirector del proyecto Dordoña...". André es un verdadero fanático de la historia medieval y es un arqueólogo experimental, pues él es:

"partidario de la reconstrucción minuciosa de ambientes y situaciones del pasado, para poderlos observar directamente y, así, comprenderlos mejor... Había estudiado a fondo las costumbres y los idiomas medievales; tal vez hasta sabía cómo comportarse en un torneo...".

Los comportamientos del joven investigador resultan extraños y extravagantes para los demás y su entusiasmo por la época medieval "pasaba los límites del fanatismo, pero para él, era algo natural; desde que era un niño vivía cautivado por la época medieval y ahora le parecía, en muchos sentidos, estar ahí y poder vivir aquella época".

Su pasión por el pasado es un sentimiento que surgió en su infancia y que marcó el resto de su vida. Aparece también en Marek, como en David Cohen, el más anciano protagonista de la novela de E. Abecassis, la capacidad mimética del arqueólogo de sentirse psicológicamente en una época pasada y, en el caso del joven André, también físicamente: él nunca se deja crecer la barba porque, como suele afirmar ¡no estaba de moda en los siglos XIII y XIV! Él no solo sabe leer muchos de los idiomas medievales, sino hasta sabe hablarlos, como el inglés medio, el francés antiguo, el occitano, el latín... pero, como advierte Crichton, todo este conocimiento del pasado hace que Marek esté "un poco desorientado en el presente". Este es un aspecto importante que define mejor la actitud de los arqueólogos hacia el presente, porque es ahora, en el "hoy en día", cuando trabajan. Esa desorientación es solo aparente porque para el joven investigador la gente que desconoce la historia, el pasado, son "los provincianos del tiempo", gente que está "totalmente en ayuno de historia" y además presumen de su ignorancia. Él menosprecia a la gente que:

> "... cree que solo el presente es importante y que lo que ha pasado a lo largo de la historia pueda ser tranquilamente ignorado; que el mundo moderno es nuevo y entusiasta y que el pasado no tiene ninguna influencia sobre el presente. Que el

estudio de la historia es inútil como es inútil aprender a utilizar el alfabeto Morse o conducir carrozas".

Marek tiene una actitud activa y positiva hacia el pasado, para él las épocas antiguas, en su caso el medievo, no son un tiempo, o un lugar, hacia donde escapar, para huir de la vida cotidiana, sin embargo, son la razón de la existencia y de la forma de ser del mundo contemporáneo, y es por esta razón que el pasado merece ser investigado, *ha* de ser investigado, comprendido y explicado.

Al presentar el siguiente personaje quiero tomarme una especie de "libertad literaria" porque no se trata de un arqueólogo *stricto sensu*, sino de un paleontólogo. Aún así, dadas la circunstancias parecidas entre trabajo de campo arqueológico y trabajo de campo paleontológico, es decir, la excavación, dado el relativo parecido teórico de las dos disciplinas, o sea la investigación del pasado (la paleontología, a través del estudio de los animales extintos, y la arqueología prehistórica, a través del estudio de las sociedades humanas extintas antes del uso de la escritura) y, finalmente, dado el carisma del personaje, no puedo no tomar en consideración el aporte al imaginario colectivo de este investigador del pasado: Alan Grant, el paleontólogo protagonista, junto a la paleobotánica Ellie Sattler, de uno de los más importantes libros de aventura contemporáneos: *Jurassic Park*, la obra maestra del genial Michael Crichton[234].

El profesor Grant es un "duro", es el más "duro" de los investigadores del pasado; él afronta dinosaurios carnívoros como si fueran perros caniches amaestrados. Su forma de hacer frente al peligro es digna del mismo Sir William Brinton, el arqueólogo creado por H. P. Lovecraft en el cuento *The Moon bog* ("El pantano de la luna", de 1921)[235].

---

234 La novela fue publicada en 1990, yo he leído la traducción italiana de Maria Teresa Marenco y Andrea Pagnes, edición Garzanti, 1995.
235 Frigoli 2010.

Grant es un hombre de cuarenta años "barbudo, con el pecho poderoso"; es el director de una excavación cerca de Snakewaters, en la ladera de un cerro en las *Badlands*, Montana. Alan y Ellie han creado un campamento un poco particular, perfectamente adaptado al clima y a la situación etnográfica de las *Badlands*:

> "...en 1987, cuando empezaron las excavaciones, [Alan y Ellie] habían instalado tiendas North Slope en octaedro, las mejores entre las tiendas de acampada, pero tenían el defecto de que no aguantaban el viento. Habían intentado con más modelos, pero con los mismos resultados. Finalmente, habían utilizado los tipis, más amplios y más resistentes al viento. 'Estos son tipis de los Pies Negros, con cuatro postes' explicó Grant. 'Los de los Soiux tienen tres postes. Pero esto era territorio de los Pies Negros, así que hemos pensado que...'".

Grant y Ellie tienen una forma original de medir el tiempo; calculan el tiempo de la estratigrafía geológica en millones de años, cuando excavan restos de dinosaurios, pero, cuando se trata de calcular el tiempo transcurrido en la excavación...

> "Medimos el tiempo en términos de consumo de cerveza. Hemos empezado en junio con cien cajas. Hasta hoy hemos consumido sesenta cajas".

Duro es Grant, hermosa es Ellie: veinticuatro años, bronceada y con pelo rubio recogido en una coleta; espartanas son las condiciones de vida en la excavación. Crichton da en la diana creando un estilo de vida informal en la excavación y dibuja dos espléndidos personajes amantes del trabajo de campo y del estilo de vida que esto conlleva. Ellie engulle una lata de cerveza casi toda de un trago, Grant se "deja caer" en un viejo sofá en su "despacho" en la caravana que cruje bajo el peso del cuerpo del paleontólogo y exhala una blanca nube de polvo, se apoya al respaldo del sofá y apoya los pies, calzados con botas, encima de una pequeña mesa.

¿Son las condiciones agrestes, "salvajes", del trabajo de campo en paleontología y arqueología lo que condiciona la forma de vida de los investigadores o es el innato sentido de libertad, anticonformismo, informalidad, de algunas personas que marcan su destino y lo que les lleva a realizarse en situaciones de vida, o de trabajo, extremas? Grant lo tiene bastante claro, él hace todo lo que puede para distinguirse, "tanto en la forma de vestir, como en el comportamiento", de los académicos, de los responsables de museos y de los que trabajan en los despachos. Hasta llega a dar clase en la Universidad "en vaqueros y zapatillas deportivas"; aunque es titular de una cátedra de paleontología en la Universidad de Denver y es "una de las más importantes autoridades en el sector", Grant nunca se ha sentido a gusto en las relaciones sociales que necesitan etiqueta. A una imagen "extrema", casi "rockera", está asociada una forma de vida informal junto a una seria e importante carrera laboral. También con el paleontólogo creado por el genio de M. Crichton volvemos a encontrar el poder imaginativo de los investigadores del pasado, una imaginación viva pero siempre controlada por los datos científicos:

> "A ojos de los visitantes las *badlands* eran tétricas y deprimentes, pero cuando Grant miraba aquel paisaje veía algo completamente diferente. Aquella árida tierra era lo que quedaba de un mundo muy distinto, un mundo desaparecido hace ochenta millones de años. *Con los ojos de la mente*, Grant se veía a sí mismo en la cálida zona pantanosa que formaba la costa de un gran mar interior. Aquel mar, de más

de mil quinientos kilómetros, se extendía desde las recientes formaciones de las Montañas Rocosas hasta...".

Una de las obras literarias más celebres en el panorama de la narrativa con trasfondo arqueológico es sin duda el libro *Almost Adam*, de Petru Popescu, publicado en 1996[236]. Un descubrimiento paleoantropológico excepcional puede cambiar la visión de la historia de la vida humana en la tierra. El protagonista del descubrimiento, y también protagonista de la novela, es un joven paleoantropólogo estadounidense, Ken Lauder, coadyuvado por su amigo Ngili Ngiamena, un geólogo keniata.

Ngili "...hablaba inglés con fluidez, con la típica entonación de las tribus masai, aunque él nunca había vivido en una tribu. Había nacido y había transcurrido su infancia en Nairobi y se había licenciado en la Universidad de Kenia" donde había conocido a Ken. "Ngili era muy delgado y cada parte de su cuerpo tenía un aspecto alargado, como también lo tenía su cara de masai". "Aquel hubiera sido su último año como geólogo porque su padre ya tenía pensado para su hijo un trabajo gubernamental, tal vez como embajador".

Ken Lauder era "... delgado, pero musculoso, aparentaba menos años de los veintiocho que tenía y en su cara bronceada por el sol sobresalían unos vivaces ojos color avellana. Tenía una nariz pronunciada y bien esculpida, y un mechón desordenado de pelo castaño aclarado por el sol le caía sobre la frente. Sus labios eran más bien sutiles, pero la mandíbula era fuerte, con un pequeño hoyuelo en la barbilla que completaba una expresión vivaz y enérgica".

Al principio del libro el autor presenta a los dos investigadores sobrevolando una zona desértica de Kenia a bordo de una avioneta pilotada por el *afrikaner* Hendrijks, un viejo piloto que todavía no se ha acostumbrado al proceso de descolonización de África. Lauder quiere

---

[236] He leído el texto en la traducción italiana de Donatella Cerutti Pini, edición Teadue, 1999.

sacar unas fotos aéreas de la zona, donde hay evidencia de posibles huellas de homínidos parecidas a las halladas en Laetoli, una localidad que se encuentra a unos cuarenta y cinco kilómetros al sur de la garganta de Olduvai, en el norte de Tanzania, descubiertas por Mary Laekey en 1976. Ken Lauder está dispuesto a jugarse la vida para poder sacar una buenas fotos de aquellas huellas y quiere que el piloto, el viejo Hendrijks, conduzca la avioneta lo más cerca posible del suelo y lo más despacio posible.

"¡Estás loco!" grita Ngili al compañero agarrándose al estrecho e incómodo asiento de la avioneta.

"¡No estoy loco! Hendrijks puede conseguirlo si no se le va la olla" contesta el paleoantropólogo concentrado mirando a través del objetivo de su cámara en busca de las huellas en el terreno, que se encontraba a pocos metros de la barriga de la avioneta.

"Tal vez a él no se le va la olla" replica Ngili "pero esto no quita el hecho de que tu estés loco".

"Vale, estoy loco" reconoce finalmente Ken "... y como estoy loco puede que hoy muera, aquí en África".

Al final ni Ken, ni Ngili ni menos el viejo Hendrijks se dejarán el pellejo aquel día, en una zona desierta de Kenia, pero el joven paleoantropólogo, como nos lo presenta Popescu, está dispuesto a jugarse la vida para la ciencia, para la paleoantropología, para la prehistoria:

"... en paleoantropología y en las ciencias afines cada prueba era controvertida. No había casi ninguna certeza, faltaban los consensos unánimes. Estaba sólo... la ciencia. Y ahora, por el bien de la ciencia, ellos habrían podido chocarse contra las rocas y morir. Ken habría podido tener miedo, pero no tenía tiempo".

Ken es un hombre "práctico y con mucha energía", pero cuando se encuentra, tras el aterrizaje afortunado con la avioneta, en el medio de "doce mil kilómetro cuadrados de territorio todavía no explorado" se queda callado e "asombrado por la atmósfera del lugar". Se trata de la atracción de lo ignoto, la atracción, o ilusión, del posible inminente descubrimiento arqueológico o paleoantropológico que espera al investigador osado detrás de una piedra, bajo un sutil estrato de tierra, encima de una roca, en un territorio que nadie ha explorado o excavado antes. En estas situaciones "los ojos de la mente" del investigador del pasado, como hemos visto más arriba, empiezan a funcionar, a imaginar, a crear un mundo que ya ha existido y que de alguna forma todavía existe, siempre y cuando se sepa observar con conocimiento. La imaginación del pasado puede, a veces, ser una forma de escape de las realidades más trágicas de la actualidad, pero esta especie de huida no debe ser vista como algo negativo, como una especie de desprecio o negación de la realidad presente, del *status quo*, porque los arqueólogos, está bien repetirlo, viven en el "aquí y ahora"; más bien tiene que ser vista como una capacidad para poder asomarse a otro mundo posible y poder, a través de la visión de una alternativa, analizar, de forma constructiva, la situación presente.

En aquel lugar Ken "...intentó imaginar que detrás de sus espaldas no existiera nada, que la humanidad no hubiese nacido todavía. Que más allá de las estribaciones orientales del Rift, constituidas por los montes Aberdare, no existiera Nairobi, no hubiera ningún gigantesco asentamiento urbano donde viviesen amontonados tres millones de seres humanos. Que en la otra orilla del lago Victoria, en Ruanda, no existiera la guerra civil. Que no existieran filas de prófugos hambrientos que arrastraban los pies en carreteras de fango hacia países fronterizos hostiles. Que no existiera nada aparte de aquel lugar, de Ngili y de él mismo".

Con Ken Lauder se perfila el personaje heroico, el investigador del pasado dispuesto a cualquier cosa por el bien de la ciencia. Se perfila una imagen fuerte, impactante, absorbente. Personajes como Ken cautivan de inmediato el interés del lector en busca de emociones y aventura. Ken está dispuesto a jugarse la vida en un solo momento de gloria (científica); está dispuesto porque ha dedicado su vida a la paleoantropología. Él, como André Marek, el joven arqueólogo medievalista de la novela de Crichton, ha cultivado su pasión por el pasado (en este caso el pasado más antiguo del ser humano) desde la infancia y ha desarrollado su vida amoldándola a su necesidad vital de perseguir su sueño. Ken es paleoantropólogo porque tuvo necesariamente que serlo; si así no hubiese sido, su vida no habría tenido sentido alguno. Tal vez para los demás Ken "está loco", pero, según su propia perspectiva, él está simplemente siguiendo su forma de concebir su propia existencia en este planeta.

Ken, nacido en Oakland, California, llegó por primera vez a África con el Cuerpo de Paz, estudió paleoantropología en la Universidad de Kenya y, para mantenerse tomó parte en batidas de caza en la sabana, trabajó como guía en los safaris, e hizo el autista de camiones en las expediciones.

> "... Siguiendo excavaciones inhumanas en las cuales otros estudiantes fueron destrozados por los golpes de sol y la disentería... [Ken] participó en algunas excavaciones fuera del país [Kenya], como las excavaciones de Tilemsi, en el Sáhara, donde el terreno tenía un aspecto lunar... Se trasladó a Olduvai... trabajó duramente, sufriendo el calor y el frío, la deshidratación y la diarrea, aguantando chinches y ladillas. Viajó al lago Turkana, a Koobi Fora, a Kromdaai; a todos los legendarios yacimientos".

7. "Yo sólo juego con mi vida, nunca con mi dinero" - 153

Ya desde niño Ken tenía la pasión por el pasado más antiguo del ser humano. A la edad de catorce años, como paleontólogo aficionado, buscaba en las playas de California del Norte huellas fósiles dejadas por el plancton en las rocas calcáreas; a los diecisiete años ya había atravesado los Estados Unidos, de costa a costa, para asistir a una conferencia de paleoantropología en el Museo de Historia Natural de Nueva York, pagándose el billete de avión con el sueldo ganado durante el verano. Fue en Nueva York, después de haber asistido al congreso, donde Ken planeó su viaje a África.

Ken, como muchos de los jóvenes investigadores del pasado, paleoantropólogos y arqueólogos, ha encontrado el estímulo, la fuerza, la energía para seguir adelante gracias a la emoción provocada por el descubrimiento, gracias a la pasión que, como una llamarada, todavía enciende su imaginación. Sin embargo, en un momento de su vida "perdió la visión romántica" de su trabajo, pero este hecho le pareció algo positivo y sintió la "dureza refrescante" de aquella pérdida, que fue como sentir "el sabor de la verdad en la punta de la lengua". Como suele pasar, alguien había contribuido a "matar sus ilusiones".

La emoción provocada por el hallazgo arqueológico, la sensación de dependencia emocional que el individuo experimenta al contacto con la evidencia arqueológica o, en caso de la arqueología de épocas históricas, con el "objeto artístico", es un tópico de la ficción literaria que en parte encuentra su razón de ser en la efectiva emocionalidad de la investigación arqueológica real, y en parte, creo, que es utilizado por los autores para anclar sus personajes al desenlace fantástico de la historia. La pasión, si por una parte puede llegar a obstaculizar al protagonista en el desarrollo de una vida "normal", por otra parte enfoca toda la atención del personaje en la búsqueda no condicionada permitiendo el desarrollo de acontecimientos muy a menudo al límite de lo humanamente aguantable.

Fabrizio Castellani, el protagonista de la novela *Chimaira*, del escritor italiano Valerio Massimo Manfredi, publicado en 2001:

> "... tenía treinta y cinco años y todavía no podía confiar en un puesto de trabajo estable como muchos de sus amigos y compañeros que habían dedicado su propia vida a la ciencia del pasado por pura pasión, sin darse cuenta de lo difícil que era vivir de la arqueología en un país [Italia] que tiene tres mil años de historia. Aún así no se encontraba ni desmotivado ni humillado: no podía pensar a otra cosa que no fuera el momento en el cual se hubiese encontrado, cara a cara, sin nadie que pudiera distraerlo, con el objeto de su más reciente interés y de sus investigaciones más apasionadas...".

Las palabras de Manfredi, casi un epitafio del arqueólogo, cobran aún más fuerza porque son escritas por un autor que ha tenido una formación arqueológica académica; Manfredi es topógrafo del mundo antiguo, ha enseñado en diferentes Universidades italianas y extranjeras y ha sido director de muchas expediciones científicas y de numerosas excavaciones. La descripción de la situación de precariedad laboral del protagonista y la defensa de su orgullo y tenacidad se enmarca en la toma de conciencia directa del mundo de la arqueología, en Italia, a principios del siglo XXI. También en este caso es *pasión* una de las palabras claves. No importan las condiciones laborales, la falta de seguridad económica, porque el sentimiento gana contra las condiciones materiales de la vida del día a día. Es más: también en el caso del personaje de Fabrizio Castellani, la austeridad y la simplicidad del estilo de vida llevado "lo hacían sentir en paz consigo mismo y fuerte como un atleta...".

La investigación del pasado, además de una pasión, es una emoción adrenalínica; es una investigación casi policíaca para encontrar la solución, que en el caso de la arqueología no siempre coincide con la verdad, sino que es la solución más plausible entre un abanico de posibilidades y es la que mejor se ajusta a la evidencia material disponible hasta el momento: "nosotros arqueólogos somos como los detectives, teniente, exactamente como vosotros, pero con una diferencia. Vosotros llegáis al lugar del crimen pocos minutos o como mucho algunas horas después del hecho. Nosotros llegamos después de muchos siglos". Estas son las palabras que Castellani dice al detective Reggiani, el policía que lleva la investigación en la novela de Manfredi.

El celebre paleoantropólogo P. V. Tobias opinaba de la misma manera cuando escribía que "la aproximación [del paleoantropólogo] es muy similar al método seguido por un médico forense cuando examina los huesos de una víctima de un posible asesinado. Razonablemente se ha dicho muy a menudo que un buen paleoantropólogo debería de ser ¡uno de los mejores detectives del mundo!"[237].

Investigación policíaca e investigación arqueológica[238] se entrelazan en la novela *La première empreinte* ("La primera huella") del autor francés Xavier-Marie Bonnot, publicada en 2002[239]. El inspector De Palma investiga la muerte de una joven prehistoriadora de Marsella, Christine Autran, especializada en Paleolítico superior, en el período Magdaleniense de Provenza. Las investigaciones llevan a De Palma a conocer al tutor de Christine, el profesor Palestro, catedrático de prehistoria en la Universidad de Marsella y experto submarinista, condición fundamental para el estudio del arte paleolítico de la cueva Le Guen, objeto de las investigaciones científicas de Palestro, cueva que se

---

237 Tobias, 1992, 21-22.
238 Véase también Tana French, *El silencio del bosque*, RBA, 2010, Arnaldur Indridason, *La mujer de verde*, RBA, 2009, Elizabeth George, *In pursuit of the proper sinner*, Bantam Book, 1999, y el clásico de Agatha Christie, *Asesinato en Mesopotamia*, RBA, 2007.
239 He leído la traducción al español de Carles Urritz Gell, *La primera huella*, Random House Mondadori, 2010.

encuentra en la actualidad sumergida en el mar, en la costa mediterránea francesa. Muchos de los yacimientos paleolíticos, ya sean en cueva o al aire libre, hoy en día se encuentran debajo del mar, hecho que es debido al aumento del nivel de los océanos al derretirse los glaciares que durante el Paleolítico superior habían cubierto parte de la Europa septentrional y central, América del Norte y Asia.

El profesor Palestro parece "... muy joven a pesar de sus sesenta y tres años. El submarinismo le había ayudado a mantenerse en forma, hasta tal punto que podía pasar tranquilamente por un hombre de cuarenta y tantos: un físico de deportista, una expresión sonriente y una cultura abrumadora. Aquel hombre tenía que resultar muy atractivo a las mujeres".

Me pregunto: ¿quién no querría ser como el profesor Palestro alcanzados los sesenta años?

Cuerpos esculpidos, pieles bronceadas, pelos aclarados por los rayos del sol, pasión, tenacidad, cultura abrumadora, espíritu de adaptación a las condiciones más extremas, éxito con las mujeres, austeridad, informalidad en la forma de vida, seriedad en el trabajo, aspecto atlético a pesar de la edad avanzada o capacidad de disimular la propia juventud con una seria preparación científica... parece ser que la imagen de los arqueólogos en la literatura contemporánea es de las más cautivadoras que la pluma (o el teclado) de un escritor hayan creado desde que se leyeron por primera vez las hazañas de Aquiles y Ulises.

A todo esto hay que añadir el halo de romanticismo decimonónico que domina la idea que el público tiene todavía del trabajo de los arqueólogos. Si hasta ahora hemos presentado unas cuantos personajes de ficción contemporánea ahora vamos a ver quiénes eran los arqueólogos del período romántico de la arqueología (el siglo XIX y los principios del siglo XX). Más adelante conoceremos a algunos arqueólogos en carne y hueso. El lector sacará sus conclusiones.

Soñando con Babilonia, con las pirámides y... con Rachel Weisz.

Un día, hace un par de años, una amiga abogada me preguntó a qué huele la arqueología. Me hubiera gustado responderle con algo exótico, recordando las fragancias de los dátiles saboreados en alguna excavación a lo largo de la orilla del Nilo, o el olor intenso de alguna fragancia oriental que inundaba el aire alrededor de un zigurat sumerio, o tal vez el dulce aroma de una arepa de harina de maíz, preparada por una mujer con rasgos indios en algún pueblo de la selva de Honduras... pero no supe responder nada más que con esta frase, o algo parecido: "la arqueología huele a sudor, a piel quemada, a arcilla húmeda, a la sangre de las ampollas y tal vez, a lágrimas saladas". Podéis imaginar la desilusión de mi interlocutora, pues ella también se estaba imaginando algo exótico. Soñar es gratis, como se suele decir, y a mi también me hubiera gustado ligarme a la egiptóloga Evelyn Carnahan (Rachel Weisz), hija de un multimillonario inglés y descubrir la ciudad perdida de Hamunaptra, que es lo que hace Richard O'Connel (Brendan Fraser) en la película *The Mummy* (por cierto, una de mis películas de aventuras preferidas), pero... la realidad, muchas veces, no coincide con la ficción.

Muy a menudo, cuando el público piensa en la arqueología se imagina aventuras, países exóticos (sobre todo Egipto y Oriente Medio), antiguos misterios aún por desvelar, maldiciones grabadas en antiguas tumbas, famosos investigadores con sombreros color crema y chalecos con cien bolsillos, idealistas y románticos personajes en busca del pasado y que "viven" todavía en el pasado, que encuentran misteriosas y antiguas civilizaciones... Esta, diríamos, es una imagen romántica de la arqueología; hoy en día la realidad es muy diferente[240]. Aparte de casos

---
240 Como afirma el arqueólogo italiano B. D'Agostino en la "Introducción" a la edición italiana del manual de técnicas de excavación arqueológicas de Philip Barker (1996, 12):"La figura romántica del arqueólogo que, como el explorador, parte solo para descubrir civilizaciones antiguas en tierras lejanas ha sido sustituida, o debería de ser

particulares, la práctica arqueológica más común, para la mayoría de los arqueólogos españoles (también italianos y europeos), es llevada a cabo en el proprio territorio nacional, frecuentemente en la propia región o ciudad, muy a menudo llevando un chaleco fosforescente, un casco de plástico amarillo o blanco y zapatos con puntal de hierro (atuendos obligatorios en los casos de arqueología urbana y en presencia de obras de construcción) y excavando yacimientos que poco tienen que ver con las pirámides, los templos griegos o los zigurat de Mesopotamia. En esto no hay nada necesariamente negativo (es más, es de esperar un aumento de la arqueología en todo el planeta), pero la *ilusión romántica* es tan fuerte y tan anclada en la imaginación de público que acaba por distorsionar la percepción real del trabajo de los arqueólogos[241].

Es verdad que hubo un tiempo, el siglo XIX y los principios del siglo XX, en que los arqueólogos (aunque para algunos de ellos, bajo nuestra perspectiva contemporánea, se podría hablar de saqueadores, como en el caso de Lord Elgin y el "robo" de los mármoles del Partenón) presentaron al mundo sus grandes descubrimientos, alcanzando, algunos, una gran celebridad, similar a la fama alcanzada por los más renombrados exploradores de la época, como Henry Morton Stanley, Richard Francis Burton o David Livingstone[242]; pero hoy en día la situación es muy diferente, a parte, repetimos, muy pocos casos particulares.

Los grandes descubrimientos del siglo XIX y principios del siglo XX estaban protagonizados, en la mayor parte, por arqueólogos ingleses (y luego norteamericanos) que se aprovechaban de la presencia imperial de su país en gran parte del planeta. Los franceses supieron aprovecharse, también bajo el punto de vista arqueológico, de la situación de privilegio que tenían en sus colonias (ya desde la expedición de Napoleón a

sustituida, por la figura de un equipo de investigación donde colaboren ciencias humanas y ciencias naturales".
241 Véase también Wallace 2008.
242 Véase, por ejemplo: Vidal 2001.

Egipto a finales del siglo XVIII) y de la misma manera, aunque de forma tal vez más reducida, el Imperio Alemán fue el "vehículo político" para la formación de las grandes colecciones arqueológicas de los museos germanos. Además, muchos de los "leyendarios arqueólogos" de hace un siglo empeñaban también sus patrimonios personales como medio para la financiación de sus investigaciones. Por ejemplo, A. Evans, el arqueólogo inglés que re-exhumó la maravillosa civilización minoica, tuvo que comprar los terrenos donde quería excavar en Cnosos, en 1899, y sus excavaciones en la isla de Creta provocaron un gran entusiasmo en la opinión pública. Evans era hijo de un importante arqueólogo inglés, dueño, además, de una inmensa fortuna, que invirtió parte del propio patrimonio en las excavaciones de su hijo en Cnosos. Además de los ingleses, también los italianos y los norteamericanos excavaron a finales del siglo XIX en Creta, convirtiendo la isla mediterránea en objeto de una intensa actividad arqueológica ejercida por los arqueólogos que representaban a las naciones europeas más poderosas[243].

El famoso cementerio de Ur, en Mesopotamia (hoy en día Irak), objeto de una de las excavaciones más largas y espectaculares del siglo XX, fue excavado desde 1922 hasta 1934, por Leonard Woolley, (Sir Charles Leonard Woolley), capitán del *Intelligence Service* en Egipto durante la Primera Guerra Mundial. La excavaciones de Ur fueron dirigidas por el arqueólogo inglés a través de un proyecto conjunto del Museo Británico de Londres, una de las mayores Instituciones museísticas del planeta, y de la Universidad de Pensilvania[244].

Los descubrimientos de las antiguas civilizaciones de Egipto y de Mesopotamia inspiraron, y a la vez fueron "publicitados" por algunos de los relatos más leídos de la mundialmente conocida Agatha Christie. La escritora inglesa se casó (en segundas nupcias) con el renombrado

---
243 Gran-Aymerich 2001, 363.
244 Fagan 1996, 761.

arqueólogo inglés Max Mallowman, autor de importantes excavaciones en Oriente Medio y después director de la Escuela Británica de Arqueología en Irak. El territorio de Irak, en aquel periodo, era parte del Impero Británico (junto a Palestina), ganado tras el Tratado de Versalles (mientras que Siria y Jordania pasaban en manos de los franceses). Entre los arqueólogos ingleses que excavaban en Oriente Medio, se hallaban también Sir Austen Henry Layard, autor de las excavaciones de Babilonia, Nínive y Nimrud, la arqueóloga Kathleen Kenyon, la excavadora de la ciudad de Jericó, y Dorothy Garrod, quien excavó en el Monte Carmelo para la Escuela Británica de Arqueología y que después fue profesora en la Universidad de Cambridge[245]. En aquella época los arqueólogos y sus descubrimientos eran tan famosos y seguidos por el público que Layard, cuando volvió a Inglaterra, en 1847, se convirtió en un héroe popular: su libro *Niniveh and its Remains* ("Nínive y sus ruinas") fue un verdadero *bestseller*[246].

El autor de uno de los hallazgos más famosos del siglo XX, el descubrimiento de la tumba del faraón Tutankamón, en 1922, fue el inglés Howard Carter, un egiptólogo financiado por el millonario Lord Carnavorn (George Edward Stanhope Molyneux Herbert, quinto Conde de Carnarvon). Fueron un arquitecto y dibujante inglés, Frederick Catherwood, y un norteamericano, John Lloyd Stephens, hijo de un rico mercader de New Jersey y de la hija de un juez local, los que hicieron famosas en todo el planeta las ruinas de la civilización maya (*Incidents of travels in Central America, Chiapas and Yucatan*, 1841). Stephens viajó a América Latina en una misión diplomática organizada por el Presidente de los Estados Unidos, Van Buren, en 1839, y en este largo viaje el diplomático americano pudo explorar, junto a Catherwood, las ciudades de Copán, Palenque, Uxmal y otros yacimientos de América central.

---
245 Gran-Aymerich 2001, 587.
246 Fagan 1996, 387.

Las galerías del Museo del Louvre (en París), en la sección de Arqueología de Oriente Medio, son el testigo del éxito de las excavaciones del francés Paul Emile Botta, el primer arqueólogo en excavar un palacio Asirio. Hijo de un famoso historiador italiano, Botta fue cónsul francés en Alejandría y después fue enviado por el Gobierno galo a Mosul y Khorsabad (en Irak); en la segunda localidad excavó el palacio del rey Sargón II[247].

En el periodo comprendido entre finales del siglo XIX y la Primera Guerra Mundial, la Escuela Francesa de Atenas se esforzó de reafirmarse en un contexto internacional dominado aún por la "ciencia alemana", con la que rivalizaba la "ciencia francesa"[248]. Las excavaciones galas de Delfos y Delos, en Grecia, respondían a las investigaciones alemanas en Samotracia, Olimpia y al gran proyecto de las excavaciones en Pérgamo (hoy en día en Turquía). Karl Humann, un ingeniero alemán instalado en Anatolia, visitó la antigua ciudad griega de Pérgamo y, con la ayuda de A. Conze, director de la galería de escultura del Museo de Berlín, empezó las excavaciones del yacimiento (1880-1886) y la reconstrucción del friso del altar de la ciudad griega en el majestuoso Pergamonmuseum de la capital Alemana[249]. Fue el explorador norteamericano Hiram Bingham quien re-descubrió, a principios del siglo XX, el yacimiento de Machu Pichu, uno de los sitios que más han inspirado la imaginación de arqueólogos y público[250]. Bingham hizo de las ruinas de la antigua ciudad inca uno de los yacimientos más famosos del mundo gracias a su libro *Lost City of the Incas*.

Con estos pocos ejemplos resulta bastante claro que la "arqueología espectacular" y los "legendarios arqueólogos" de hace siglo y medio, eran algo diferente de la disciplina arqueológica y los arqueólogos contemporáneos, sobre todo a causa (o gracias) al diferente entorno

---

247 Fagan 1996, 94.
248 Gran-Aymerich 2001, 400.
249 Gran-Aymerich 2001, 302.
250 Fagan 1996, 396.

social, político y económico de algunos estados europeos. Ya en 1921, el arqueólogo británico Crawford "analizaba el aspecto político de la arqueología, subrayando como Gran Bretaña, ejerciendo el dominio sobre numerosos países, tuviese el deber de 'educar' aquellos pueblos, haciéndolos tomar conciencia de su propia historia. Más tarde, con la creación de *Commonwealth* (1926) [...] aquella necesidad se hizo aún más fuerte. No es un caso que, en el mismo periodo empezara una verdadera diáspora, sobre todo de licenciados de Cambridge, en Nueva Zelanda, Zimbabwe, África oriental y en Sudáfrica..."[251].

El impacto de los grandes descubrimientos entre finales del siglo XIX y la primera mitad del siglo pasado fue tan grande que en la opinión pública se ha grabado la imagen, ahora difícil de borrar, o por lo menos de matizar, del romántico arqueólogo-explorador (sobre todo europeo y norteamericano) que atraviesa desiertos y junglas, descubre pirámides y templos misteriosos, descifra antiguas lenguas y trae a Europa o a Estados Unidos enormes, exóticas y enigmáticas estatuas. Aquel período coincidió con una época específica de la historia europea y mundial y coincidió con las que, siguiendo a un famoso y discutido artículo del arqueólogo Bruce Trigger, podríamos llamar "arqueología colonial" y "arqueología imperialista"[252]. Por "arqueología colonial" entendemos la arqueología que se desarrolló tanto en países donde la población nativa fue completamente remplazada o superada en número por los colonos europeos, como en países donde los Europeos fueron económicamente y políticamente dominantes por un considerable periodo de tiempo; mientras que por "arqueología imperialista" (o "mundial") entendemos la arqueología asociada a un pequeño número de países que han ejercido un dominio político sobre amplias áreas del planeta. Uno de los aspectos de esta hegemonía era que, aquellos pocos estados ejercieron una poderosa influencia tanto cultural, como política y económica sobre los estados dominados. Fue con Gran Bretaña, y en medida menor

---
251 Guidi 1988, 83.
252 Trigger 1984, 360.

con otras potencias coloniales europeas, cuando se desarrolló la imagen del arqueólogo romántico y la idea asociada a los grandes descubrimientos arqueológicos.

La expansión imperial de las potencias europeas del siglo XIX conllevó la difusión en todo el planeta de aventureros, exploradores y, entre los buscadores de antigüedades, algún arqueólogo serio. El caso de Egipto nos parece paradigmático; en el "país de la pirámides" intereses militares, políticos y económicos han sido fuertemente relacionados con el interés científico, artístico y arqueológico. Con la conquista de Egipto por parte de Napoleón, entre finales del siglo XVIII y principios del siglo XIX, y la financiación y organización por parte del Emperador de una expedición científica en el Valle del Nilo, empieza la Egiptología; "con la creación del Instituto de Egipto y el nombramiento de una comisión encargada de realizar la extraordinaria *Description de l'Egypte*, Bonaparte facilita a la ciencia un marco institucional en el que formarse. La expedición de Bonaparte, militar y científica a la vez, proporciona una rica fuente de información sobre la civilización, que transmite a toda Europa [...]. Es más, ahí nace un modelo para otras misiones a Grecia, Persia, Argelia o Fenicia"[253].

El descubrimiento de la prehistoria y protohistoria de Egipto (el período predinástico y de las primeras dos dinastías) se debe a investigadores franceses e ingleses y a la alterna presencia imperial de Francia e Inglaterra a lo largo del río Nilo. Emile Clement Amélineau fue el primero en estudiar de forma sistemática las tumbas reales de la Primera y Segunda dinastía, en Abidos, entre 1894 y 1898. Su método de excavación fue criticado por su gran rival, Petrie.

William Matthew Flinders Petrie fue el padre fundador de la arqueología de Egipto[254], como J. F. Champollion, el descifrador de jeroglíficos, lo fue de la Egiptología[255]. Petrie excavó en Coptos, en

---
253 Gran-Aymerich 2001, 96.
254 Wilkinson 1999, 5.
255 Gran-Aymerich 2001, 106.

1893-4, descubriendo materiales predinásticos y de las primeras dos dinastías faraónicas, ampliando, de esta forma, de 400 años la historia de Antiguo Egipto hasta entonces conocida; después excavó en los sitios de Naqada y Ballas, en 1895, donde descubrió muchos materiales predinásticos, gracias a los cuales pudo formular su "sistema de datación secuencial". Entre 1899 y 1903 Petrie excavó el cementerio real de Abidos estableciendo la secuencia de las primeras dinastías y el periodo de formación del Estado faraónico[256].

Como decíamos antes, actualmente la arqueología, salvando casos especiales, es algo muy diferente a la de la época colonial e imperial. Los tiempos han cambiado y la arqueología misma ha cambiado, ha mejorado sus técnicas y su metodología, ha ampliado sus enfoques y al mismo tiempo se ha especializado mucho más respecto a hace sólo cincuenta años, aunque, probablemente, haya perdido algo de fascinación. La mayor parte de los arqueólogos actuales probablemente nunca será protagonista de un descubrimiento famoso a nivel planetario, nunca descubrirá una civilización perdida o un tesoro como el de Tutankhamon: las necesidades de la arqueología ahora son diferentes, porque el mismo mundo es diferente, como diferentes son los nuevos planteamientos de la investigación científica arqueológica.

Aún así, la arqueología sigue alimentado el interés del público, aunque se trate de un interés muchas veces pasivo o sólo teórico; de hecho, como subrayó N. J. Merriman "aunque el valor de la arqueología en abstracto es afirmado por la mayoría del público, la mayor parte de la gente opina que la arqueología tiene poca relevancia en sus vidas y es esta falta de percepción de la importancia lo que conlleva la falta de interés y comprensión" del sujeto[257].

---

[256] Wilkinson 1999, 5.
[257] Schadla-Hall 1999, 151.

Arqueólogos de carne y hueso

Profesor Ángel Esparza Arroyo
20 de julio 2007, Salamanca.
Departamento de Arqueología, Prehistoria e Historia Antigua.
Universidad de Salamanca. España.

El Profesor Esparza es docente de prehistoria en la Universidad de Salamanca y trabaja en el Departamento de Arqueología, Prehistoria e H. Antigua. Ha llevado a cabo numerosas excavaciones e investigaciones en España. Su centro de interés es la prehistoria reciente, la Edad del Bronce y la Edad del Hierro en la Península Ibérica centro-septentrional, los pueblos prerromanos (*celtíberos, vettones, vacceos) y los *castros de la Meseta Norte, Ávila, Salamanca y Zamora.

¿Se acuerda usted cómo empezó a estudiar arqueología? ¿...casualidad, una ocasión, un plan bien pensado?

Empecé a estudiar arqueología por casualidad. Cuando era muchacho no estaba orientado hacia la arqueología, aunque es verdad que me daba cuenta de que lo que más me interesaba era la historia en general, todas las épocas de la historia. Sin embargo, paradójicamente, había decidido desde muy pronto estudiar química y por eso hice el Bachillerato de Ciencias; de esta forma quedaba excluido poder estudiar una carrera de humanidades. Fue algo muy tardío y por una suma de casualidades que entré en la Facultad de Letras. Ahí estuve atraído fundamentalmente por la historia hasta que descubrí, también de forma casual, con un antiguo compañero, que existía arqueología como especialidad. Entonces yo no sabía que había esas variedades organizativas que son las especialidades. Fue al final del primer año de carrera cuando tomé conciencia de que se me abría la posibilidad de una formación especializada en arqueología. A partir del segundo año ya tomé plenamente la decisión de estudiar en este campo de investigación. Como ves, no soy "de estos" que dicen que desde niños querían ser arqueólogos.

Lo que estaba relacionado con un plan fue el dedicarme a algo vinculado con la Universidad. Mirando atrás me he dado cuenta de que yo siempre tuve como "ideal" la Universidad. ¡Desde siempre me habría gustado terminar siendo Profesor universitario!

... ¿y por qué prehistoria?

Antes de entrar en la Universidad, había leído un libro de un Profesor de mi ciudad, Valladolid, el *Profesor Wattenberg, sin saber todavía que aquel libro era, nada menos, que su tesis doctoral, un ensayo sobre los Vacceos, unos de los pueblos prerromanos que habían habitado la región donde ahora surge la capital castellana. Aquel libro me suscitó mucho interés, aunque todavía no pensaba en la arqueología, todavía ni era un estudiante de la Universidad. El libro me interesó tanto que, en mis paseos por el campo, empezaba a ver los resultados de aquella lectura; recordaba constantemente páginas alusivas a algunos yacimientos arqueológicos de la zona, a los cambios en el poblamiento de la región, a la existencia de poblados en alturas etc. Ahora no puedo decir que entonces yo entendiera aquel libro. Me había quedado quizás con una idea general, con el atractivo de épocas lejanas, pero no hubo una verdadera asimilación por mi parte del las ideas expresadas en aquel libro. La decisión de seguir una carrera universitaria en arqueología, en prehistoria, se concretizó cuando, en el segundo año de carrera, estuve en mi primera excavación arqueológica, una necrópolis de la segunda *Edad del Hierro. En aquel momento, cuando coincidieron la lectura del libro del Profesor Wattenberg y el tema de la excavación, percibí la prehistoria, la arqueología prehistórica, como un campo científico viable para mí, y para toda mi vida. Hubo, de todas formas, alguna exclusión de temas que me interesaban, como por ejemplo lo que hoy en día llamamos *arqueometalurgia, pero entonces, en los años '70, este enfoque arqueológico no era viable, todavía este tipo de investigación no se había desarrollado, cuanto menos en España... ¡ni existía el nombre!

Para los arqueólogos mayores, los que cubren lugares de prestigio académico, como Profesores, el hecho de estudiar arqueología, paradójicamente, casi nunca fue un plan bien pensado, sin embargo, para los jóvenes arqueólogos, Doctores e Investigadores, suele ser un plan organizado desde jóvenes; ¿esto puede deberse al hecho de que

los arqueólogos de su generación se enfrentaban todavía a un campo casi desconocido y poco sistematizado, también a nivel académico, mientras que ahora los jóvenes arqueólogos pueden encajar sus sueños juveniles con carreras universitaria de arqueología más o menos consolidadas?

Es así. De hecho la especialidad en arqueología que he mencionado en la primera respuesta empezó justo un par de años antes de que me apuntara yo. Es decir que la formación tradicional en España era "licenciado en Filosofía y Letras" y esto valía para que uno, ya como licenciado, se fuese orientando y especializando en la propia práctica como historiador del arte, come arqueólogo, como medievalista etc.

¿Qué ideas, qué opiniones tenía usted sobre la arqueología antes de empezar los estudios en este campo de investigación?

La idea que yo tenía era prácticamente inexistente, por lo que he dicho antes, no tenía una vocación arqueológica juvenil. La idea que yo tenía de la arqueología no era nada clara hasta que empecé mi formación académica. La idea que me hice entonces de la arqueología es la que ahora podríamos clasificar como tradicional, positivista, muy centrada en el descubrimiento, en la novedad, en llenar lagunas de conocimiento. No quiero decir que equivaliera a hacer descubrimientos fantásticos, de gran envergadura, pero tenía una visión de la arqueología como una investigación que necesita descubrimientos para seguir llenando la cantidad de lagunas que hay en el conocimiento general del ser humano.

…Y ahora, ¿qué piensa de la arqueología? ¿Puede darme una definición, aunque sólo sea de manera aproximada, de la arqueología?

Al principio empecé a dar clases nada más acabar mi carrera universitaria y simplemente reproducía lo que había aprendido durante mi formación académica como arqueólogo. Después empecé mi reflexión personal sobre lo que es la arqueología, reflexión que, de hecho, no ha terminado todavía. Como definición podría decir que la arqueología es una curiosa forma de conocimiento que pretende averiguarlo prácticamente todo sobre el pasado del ser humano, pero *autolimitándose* a trabajar solamente con *restos materiales*. Es una labor de *Titanes, pues tiene la máxima ambición y al mismo tiempo se pone un freno muy pesado, por ejemplo en comparación con los historiadores, que disponen de una enorme cantidad de fuentes, sobre todo fuentes escritas. Sin embargo, nosotros los arqueólogos renunciamos prácticamente a todo aquello que no sea estrictamente material. Yo como prehistoriador opino que deberíamos ir más allá de los restos materiales, pero si hablamos de lo que es estrictamente el "hacer arqueológico", eso se limita a una parcela tan concreta como son los restos materiales.

¿Esta es una "lucha de Titanes" perdida ya desde el principio?

No es una lucha perdida, pero esta limitación produce una "tensión" permanente en nuestra profesión, una "tensión" que precisamente ha servido como estímulo para la renovación del campo arqueológico. El tomar conciencia de esa "casi imposibilidad" es el hecho que permitió el avance de la práctica arqueológica. Mientras estuvimos en aquellos períodos de la investigación arqueológica, en el siglo XIX y principio del XX, períodos caracterizados por una cierta seguridad, e ingenuidad, pensando que se podía conocer mucho del pasado, no se tomó conciencia de las grandes dificultades teóricas y metodológicas de la investigación del pasado, hasta que se empezó una profunda reflexión, que no se da a fondo hasta los años 60 del siglo XX. Cuando los arqueólogos se dieron cuanta de que su trabajo era una especie de "empresa titánica", cada uno empezó a especializarse en un campo especifico de la investigación del pasado. Después de esta toma de conciencia en la segunda mitad del siglo XX, un arqueólogo actual, contemporáneo, no puede ser un investigador "estilo siglo XIX", que lo mismo trabajaba en el campo del Mundo Clásico, en la arqueología medieval y la prehistórica. Hoy en día sería impensable una figura como la de *Gómez-Moreno, quien hizo las primeras exploraciones arqueológicas en estas zonas, las provincias occidentales de Castilla y León, ¡en tren! Llegaba con el ferrocarril hasta donde los raíles permitían y luego seguía ¡en mula, a caballo o a pie!

Este tipo de arqueología, que permitía a una única persona investigar, descubrir y manejar los restos materiales tanto de la más remota prehistoria como de la época medieval, hoy es imposible. Tenemos que concentrarnos en campos muy concretos y específicos, tal vez más áridos y mucho más limitados respecto a descubrir las "claves de la historia humana". Así procede la ciencia, con pequeños pero concretos avances.

... esta imagen del arqueólogo contemporáneo choca con la imagen del arqueólogo que tiene la opinión publica. El público se espera de un arqueólogo viajes exóticos y descubrimientos impactantes. ¿Es la opinión pública la que debe absorber entonces esta "nueva" imagen, esa "nueva personalidad" del arqueólogo contemporáneo?

Efectivamente ese es uno de los grandes problemas en nuestro campo, aunque no el único: la opinión pública todavía conecta la arqueología con el gran descubrimiento y con la aventura. La toma de conciencia de la arqueología que empezó en la década de los 60 llega hasta nuestros días, todavía los investigadores están planteando nuevos paradigmas, sin embargo, el gran público sigue viendo la investigación arqueológica como el gran descubrimiento, la gran aventura, el hallazgo de tesoros. Esto nos deja a nosotros los arqueólogos en una posición "bastante mala" porque la sociedad está esperando de nosotros unas cosas que no son las cosas que nosotros les vamos a dar y, curiosamente, nosotros los arqueólogos nos sentimos algo incomprendidos porque dedicamos nuestras vidas a buscar algo que creemos muy necesario para la sociedad pero que, de hecho, la sociedad misma no espera de nosotros. Quizás nosotros los arqueólogos tenemos algo que hacer de mérito, como han hecho otros colegas de ciencias, para aproximarnos a la sociedad. Por ejemplo, el proyecto de investigación en Atapuerca ha conseguido muy eficazmente esta aproximación al público, aunque hay que tener en cuenta que el yacimiento burgalés es una parcela mas fácil de ofrecer a la sociedad respecto a otras que tienen que ver con otras épocas o temáticas del pasado, aunque igual de importantes. La moneda tiene dos caras: si por un lado el equipo que excava en la Sierra de Atapuerca ha conseguido una gran fama y un gran éxito entre el publico, por el otro lado el yacimiento de Atapuerca consume todos los recursos financieros dedicados a la arqueología en España. El fenómeno de la "esponsorización", típico de nuestro tiempo, podría ser muy útil para la arqueología (patrones privados que financian la investigación, para desgravaciones fiscales y para publicidad) pero Atapuerca monopoliza la atención de estos patrocinadores: prácticamente todos los patrocinadores españoles metidos en la arqueología quieren asociar su nombre, y su dinero, con la excavación del conjunto burgalés, mientras que ninguno quiere colaborar con otros proyectos de tipo regional, provincial o local que haya en España.

¿Usted tiene alguna idea nueva para acercar al público a la investigación arqueológica?[258]

Trasmitir al público la importancia y la necesidad de determinadas investigaciones en el campo arqueológico es algo que tendríamos que hacer cuanto antes; tal vez tendríamos que recurrir a algunos argumentos que hasta ahora no hemos empleado, como, por ejemplo, la salud humana. Quizá pueda parecer sorprendente que yo ponga en relación el pasado más remoto y la arqueología con la salud humana actual, sin embargo creo que esta relación es un tema muy importante. Me explico: hoy en día hay empresas farmacéuticas, es decir, empresas de las más potentes del mundo, que están dedicando grandes recursos económicos para financiar investigaciones que tienen una base arqueológica. Por ejemplo, se ha descubierto que determinadas enfermedades, como la artritis reumatoide, están vinculadas sobre todo a determinadas poblaciones humanas; entonces la investigación arqueológica ha permitido tomar conciencia que en este caso, esta enfermedad se ha desarrollado sólo recientemente en determinados continentes, sin embargo, en otros continentes existe desde tiempos prehistóricos. Las investigaciones arqueológicas sobre cementerios, sobre las necrópolis prehistóricas de distintos continentes, han permitido aclarar el proceso de difusión de una determinada enfermedad que, por lo tanto, tiene posibles vinculaciones genéticas con determinadas poblaciones.

---

258 Véase, por ejemplo: Kristiansen 2008; Holtorf 2005; Holtorf 2007.

Algunas empresas, come las farmacéuticas, en nuestro ejemplo, van comprendiendo que el conocimiento arqueológico puede tener también ese carácter "atípico" pero muy importante. Siempre se ha pensado en la arqueología como una ciencia auxiliar de la historia, sin embargo la arqueología puede ser de ayuda a muchas más ciencias, como por ejemplo la medicina, la farmacología, etc.; es en estos campos donde se pueden hallar los nuevos elementos de renovación y de grandeza futura de la investigación arqueológica.

¿Entonces usted ve perspectivas futuras para la investigación arqueológica?

Si, yo creo que la arqueología tiene futuro. Quizá nosotros los investigadores somos demasiado pesimistas. En el caso español el presente es sombrío y el futuro está amenazado, pero creo que la arqueología en el mundo no está en la misma situación. Es cierto que en el presente, en esta situación económica, política, cultural y social, el momento actual de España es muy poco favorable para la arqueología y tal vez esta situación negativa produzca momentos de desánimo en los arqueólogos. En cambio hay momentos en los cuales, nosotros los investigadores creemos que lo que estamos haciendo es importante y que en algún momento futuro, en mejores situaciones, nuestra labor será mejor comprendida... ¡esperemos no tener que esperar mucho!

La excavación, junto con la prospección, es la práctica principal en la investigación arqueológica. Pero, ¿por qué excavar? ¿Cuál es la necesidad, desde el punto de vista social y cultural, de poseer informaciones arqueológicas provenientes de lo que está enterrado, del subsuelo?[259]

Para mí la excavación forma parte de una estrategia científica. Eso es lo primero, la estrategia científica, y luego viene lo demás, como la responsabilidad social, la proyección en la formación y el disfrute del público, etc. ¿Qué es lo que aporta la excavación del pasado a la sociedad actual? Quizá la confrontación con lo que está abajo, en lo profundo, con

---
259 Véase también: "¿Dejar de excavar?" Carandini 1997, 21-22.

los restos antiguos, nos dota, como sociedad, de una perspectiva mucho más amplia, una perspectiva que, en mi opinión, la sociedad necesita. Con un juego de palabras se podría decir que la profundidad de la excavación arqueológica confiere profundidad a la sociedad, a un tipo de sociedad, como es la nuestra, la "occidental", que tiende a ver y a considerar sobre todo *el presente*. Es específico de nuestra sociedad contemporánea el considerar que el mundo, lo que nos rodea, es prácticamente el estado natural de las cosas y de esta forma la gente tiende a olvidarse de la génesis de este estado actual de las cosas. Entonces la arqueología nos pone ante estos procesos de *cambio* y nos pone, ya sea como investigadores, ya sea como público, ante *lo diferente*, ante cosas muchas veces *sorprendentes*. Cuando se contemplan vestigios arqueológicos de antiguas civilizaciones en lugares donde ahora existen solo humildes poblados, la gente se da cuenta de que las cosas no han sido siempre como son ahora, algunas veces han sido, incluso, sorprendentemente más brillantes y lujosas. La gente se da cuenta a veces que tal vez los antiguos fueron aún más ingeniosos que los contemporáneos. Hasta en las cabañas que constituyen los poblados prehistóricos más sencillos, por ejemplo los de la Península Ibérica, el visitante puede observar unos materiales de construcción perfectamente elegidos y manejados, una distribución del espacio perfectamente funcional para las necesidades de la época, puede entender el funcional reparto de las tareas en la vida cotidiana, y las demás informaciones que se pueden extraer de los restos materiales, como, por ejemplo, unas determinadas normas de limpieza e higiene en contextos prehistóricos. La toma de conciencia por parte del público de estos tipos de comportamientos en los tiempos prehistóricos resulta muy formativo y enriquecedor para el individuo y la sociedad.

¿El estudio de la prehistoria y la arqueología como práctica pueden enseñar algo importante a la sociedad?

Gracias a la arqueología, por ejemplo, podemos descubrir los cambios en el Medio Ambiente, además de los cambios en las sociedades humanas, a lo largo del devenir histórico. Un ejemplo podría ser justo nuestra región [la Meseta norte], un lugar que ha quedado deforestado desde hace siglos. Gracias a la investigación arqueológica vemos como los seres humanos han producido unos cambios en la naturaleza y esto puede ser una suerte de "lección" para nosotros que vivimos en la actualidad. Se ha visto que practicar la minería intensiva en una determinada región produce prácticamente el arrasamiento total de la vegetación de la región misma. Esta toma de conciencia se debe a la *profundidad* de perspectivas que nos proporciona la arqueología.

¿La arqueología es política[260]? Según su experiencia, ¿en qué modo la arqueología tiene relación con el ambiente socio-político en el que se desarrolla?

Esto es uno de los puntos más delicados de la cuestión. Mucha responsabilidad, por ejemplo, la tenemos los arqueólogos a la hora de proyectar los resultados de una, o de varias campañas de excavación, en una exposición o en un texto divulgativo. Ese es el momento en el que pueden surgir los problemas, debidos a las presiones, más o menos soterradas, de algunos sectores de la sociedad. Me refiero a aquellos sectores en estrecha relación con la política o con las teorías políticas, como el nacionalismo. Resulta fácil, entonces, a la hora de proyectar los resultados de la investigación arqueológica, que se ponga el foco precisamente en la cuestión de la *originalidad* de las raíces, de la importancia de un determinado momento que se considera *fundacional* para nuestra sociedad. Ese es el caso, en España por ejemplo, de la conexión directa entre todo tipo de nacionalismo, periférico o central: poner en el primer plano lo original, las raíces de lo local, de lo autonómico o de lo nacional, dependiendo de los casos. Dar estos tipos de enfoque a los resultados de la investigación arqueológica no se hace con demasiado juicio y, sesgando completamente la realidad, lo que se obtiene es primar sólo un determinado momento de un proceso histórico sin embargo larguísimo, como si ese momento particular fuese la explicación de lo que hoy somos, de la actualidad. Sin embargo, bajo mi punto de vista, la explicación está, a menudo, en el *proceso completo*. Por ejemplo, la Salamanca de hoy en día no se explica con la definición de un aislado momento fundacional; sin embargo nuestra ciudad es el resultado de

---

[260] Para una aproximación general al tema, véase: Diaz-Andreu y Champion 1996. Véase también Moberg 1987, 28-30.

un proceso muy largo en el que, en primera instancia, tendríamos que hablar de los que eligieron este lugar para establecer un poblado. Todos los momentos históricos, o muchos de ellos, han dejado unas huellas arqueológicas y valorar sólo *un* momento particular equivale a dar un sesgo a la secuencia completa, hecho que muchas veces se debe a la manipulación política. Afortunadamente estamos a "años luz" de las experiencias lamentables e incluso trágicas de algunos países, como es el caso, por ejemplo, de la región de Palestina.

La conexión entre arqueología y política es siempre muy compleja. Incluso en el periodo de la dictadura, en España, como en Italia, esa conexión fue compleja y no fue, como algunas veces puede parecer, un arma política tan clara de la propaganda del régimen. En las décadas de la dictadura se vivía en una época de manipulación ideología de la historia y de la arqueología, pero esta manipulación, hay que decir, fue algo poco meditado, porque si hubiera sido algo bien planeado la investigación arqueológica habría recibido un tratamiento económico, de personal y de medios, enorme, mucho mayor de lo que fue en realidad. Se puede afirmar que fue ¡una manipulación vulgar, descarada, y muy, muy barata!

...Nada que ver entonces con las inversiones en la arqueología por parte de la Alemania Nazi...[261]

Nada que ver. Ahí, en la Alemania Nazi, se invirtió mucho, se hizo mucha arqueología en los territorios ocupados por los nacional-socialistas, en aquellas zonas donde se pretendía encontrar las pruebas que hubieran legitimado la ocupación militar alemana de aquellos mismos territorios, como en el caso de Polonia. Bajo la perspectiva Nazi aquellas ocupaciones eran una *recuperación* del viejo solar germánico [la existencia de un viejo solar germánico que la investigación arqueológica tenía, a todas costas, que demostrar]. En España las cosas fueron muy distintas, aunque hubo una cierta proyección de la arqueología española en África, una proyección que tenía estos matices coloniales. Aunque hubo una manipulación por lo que concierne la historia de la Península

---

[261] Wiwjorra 1996.

Ibérica, podemos afirmar que no hubo una inversión económica en la arqueología ibérica (la investigación de los pueblos ibéricos prerromanos), aunque este tipo de arqueología se utilizó al servicio del régimen; ni hubo inversión económica para la investigación de la Hispania romana, o en la arqueología visigoda. La tentativa de manipulación del régimen, bajo este punto de vista, provocó, sin embargo, un movimiento "pendular" de los estudiantes universitarios, los investigadores y los Profesores en arqueología e historia hacia el marxismo; provocó una admiración por la teoría marxista que surgía como reflejo de la oposición política. De tal manera entraron muchas influencias teóricas del marxismo en el ambiente arqueológico de aquellos años en España, pero, en muchos casos, sin una verdadera hondura teórica. Con la restauración de la democracia, se abandonaron muchas posturas marxistas y con la restauración de la libertad y el fin de la oposición política y cultural al régimen, se desarrollaron muchos más planteamientos nacionalistas periféricos en arqueología en España, puesto que la libertad social permitía la expresión abierta de las ideas también en la investigación arqueológica.

La Universidad, con sus problemas económicos y organizativos, en un campo particularmente complejo como la arqueología y en un mundo laboral tan exigente, ¿está todavía capacitada para formar arqueólogos?

En España el problema concreto es este: la falta de reconocimiento legal de la *profesión* de arqueólogo. En este país no existe el título profesional de arqueólogo. Bajo el punto de vista *legal* no existe una profesión de este tipo; existe una *actividad* arqueológica, la *necesidad* de excavaciones arqueológicas, pero, repito, legalmente ¡no existe la profesión de arqueólogo! Simplemente se pide que quien se dedique a la actividad arqueológica tenga una titulación, que puede ser Filosofía y Letras, Humanidades, Geografía e Historia, Historia etc., es decir, sólo se piden unos títulos generales.

... me parece una situación surrealista. ¿Por qué pasa esto?

Esto pasa porque la Universidad no tiene un título específico en arqueología. ¿Por qué no lo tiene? Porque, como una pescadilla que se muerde la cola, ¡no existe el reconocimiento legal de esta profesión! La Universidad española, por ejemplo, forma médicos, es decir, licenciados en medicina, porque existe una profesión médica reconocida legalmente, y de la misma manera forma arquitectos o ingenieros etc. Hay una acomodación entre formación universitaria, necesidades laborales y actividades profesionales. En el caso de la arqueología no es así.

Por mi parte, bajo un punto de vista teórico, creo que la arqueología no debería alejarse demasiado de los estudios de historia, como pasa en otros países [en Estados Unidos, por ejemplo]. El problema es que la titulación de Historia es muy amplia; en su interior hay una sección que son los estudios de arqueología, pero es sólo una parte y, además, una parte más bien pequeña. En cambio, hoy en día, la formación de un arqueólogo necesitaría mucho más tiempo para poder atender tanto a cuestiones de tipo metodológico, como de tipo científico, práctico, laboral, legal, etc. Tal vez se podría solucionar el problema en los próximos años con la creación de un grado específico en arqueología y un Máster de especialización en una orientación de arqueología, como arqueología prehistórica, clásica, oriental etc.

El problema fundamental entonces es este: si no hay un reconocimiento legal de la profesión de arqueólogo, la Universidad seguirá articulando sus procesos formativos en un conjunto en el cual la arqueología, forzosamente, se quedará en un segundo plano.

Con tan poco peso académico, ¿de dónde saca la arqueología los fondos económicos para llevar al cabo excavaciones y prospecciones arqueológicas, actividades bastante caras, sobre todo comparadas con las actividades de investigación en el campo puramente histórico?

En el caso de España los recursos financieros para la arqueología no los proporciona la Universidad, más bien los proporcionan organismos de tipo estatal, como el Ministerio de Educación y Ciencia, como por lo que concierne a otros tipos de investigaciones, como las de historia contemporánea, por ejemplo; pero, en el caso de la arqueología se presenta un problema. Me explico: el Ministerio financia sólo lo que él entiende como "aspectos científicos" del proceso de investigación, mientras que los aspectos de pura excavación, sin hablar de los aspectos de rehabilitación o restauración del yacimiento, según el Ministerio no forman parte de los "aspectos científicos" de la investigación. Para cubrir estos gastos hay otro Ministerio, que es el de Cultura, o sus equivalentes Consejerías autonómicas de Cultura. Esta es una situación española que tiene una enorme gravedad: la escisión de los Ministerios, tanto el central como sus equivalentes autonómicos, dedicados a la ciencia, Un organismo tiene la competencia en investigación y el otro da el permiso de excavación y financia este aspecto práctico de la arqueología, pero también tiene una pequeña competencia "investigadora"; se crea entonces una situación de "divorcio". Nosotros los arqueólogos nos vemos obligados a buscar los presupuestos mayores en los organismos de Cultura y en España los organismos de Cultura tienen una posición secundaria respecto a otros organismos del Gobierno, como Sanidad, Educación, Industria, Trasportes e Infraestructuras etc. Además, en el "cajón de sastre" que son los organismos de Cultura entran: Turismo, Deporte juvenil, Cine, Música, Exposiciones etc., así que cuando nosotros los arqueólogos pedimos fondos para nuestra investigación, para las excavaciones, ¡tenemos que "competir" con estos campos culturales!

Tenemos entonces que buscar fondos para una parte del proceso general de investigación arqueología, la excavación por ejemplo, en unos organismos políticos, mientras que para otras partes del proceso, como el análisis de los datos, del material, la redacción de informes etc, tenemos que buscar fondos en otros organismos. Esta es una situación paradójica, que además no encuentra parangón con otros campos de investigación, como por ejemplo historia medieval, o física, o química etc. donde el proceso de obtención de fondos es más unitario y lineal.

Según mi experiencia personal, siempre he notado un distanciamiento, incluso bastante importante, por no decir a veces una oposición, entre ambiente universitario y ambiente laboral, me refiero a una oposición entre formación universitaria por un lado y empresas de excavaciones arqueológicas y la "arqueología de gestión" por el otro. ¿Cómo ve usted la cuestión?

El distanciamiento existe sin ninguna duda... y se va acentuando. Muchos Gobiernos autonómicos han tomado la misma decisión: trasladar la actividad arqueológica de las Universidades a las empresas, a las cooperativas arqueológicas o a los arqueólogos autónomos, es decir, al "mundo de lo privado". Esta es una decisión que en buena parte es lógica y por un lado viene a solucionar algunos problemas: por ejemplo no podía ser científicamente viable que la actividad arqueológica de investigación fuera sometida al calendario académico, es decir, a las vacaciones de los estudiantes y de los profesores; es imposible hacer excavaciones arqueológica serias los fines de semana, entre los viernes y los lunes lectivos, o esperar a toda costa julio y agosto cuando no hay clase (teniendo en cuenta que, además, estos son meses malos para las excavaciones, dado que la aridez del terreno no permite el fácil reconocimiento de la estratigrafía). Esta decisión de los Gobiernos autonómicos, en teoría, en parte es justa, sin embargo, ha creado una situación negativa en el extremo contrario, porque estos mismos Gobiernos han atribuido a la actividad privada, a las empresas o cooperativas, prácticamente *toda* la actividad arqueológica investigadora; de tal manera que hoy hay empresas que compiten a concurso para realizar excavaciones arqueológicas en yacimientos donde *no hay* urgencia o amenaza alguna por parte de proyectos de construcción. Estos son yacimientos que deberían tener otro ritmo de excavación, o incluso que no deberían ser excavados. Se ha sobrecargado a las empresas privadas de una manera excesiva, con consecuencias negativas para la Universidad, la cual, incluso, llega a tener un enfrentamiento con el campo "privado". La Universidad se encuentra entonces en una situación delicada, bajo este punto de vista, dado que está produciendo arqueólogos que al final, cuando trabajen como autónomos, pasarán a la confrontación con la misma Universidad. La Institución universitaria ha perdido mucho contacto con la excavación y la *prospección, y ha atribuido al sector privado mucha de la formación "de campo" de los jóvenes arqueólogos. Lo que la Universidad está haciendo con los profesionales que ha formado es "lanzarlos" al mercado del trabajo, teóricamente libre, sin embargo este mercado laboral, de hecho, no es libre, dado que está sometido a algunos intereses económicos potentísimos. El mismo Estado, o los organismos que lo representan, como por ejemplo el Ministerio de Transportes, acaba ejerciendo enormes presiones sobre los arqueólogos que, por ejemplo, como muchas veces ocurre, están excavando a lo largo del trazado de una autopista en construcción. Los arqueólogos tienen en estos casos una responsabilidad enorme y esta responsabilidad debería ser descargada sobre funcionarios públicos. Además, el tipo de vida de la mayoría de los arqueólogos es un especie de "vida de trashumancia", en constante movimiento, no solo de región en región, sino sobre todo entre diferentes campos de investigación y tipos de excavaciones, y esto es difícilmente compatible con cualquier especialización arqueológica. En un tiempo récord un arqueólogo de una empresa privada tiene que redactar un informe técnico y entregarlo a la autoridad competente, de esta forma no se da el tiempo necesario para una maduración teórica, una reflexión sosegada sobre los datos de la excavación y la conexión de esos datos con la problemática científica general, para la cual un arqueólogo profesional está perfectamente capacitado, pero, lamentablemente, lo único que le falta es tiempo y condiciones.

Una excavación arqueológica no es "neutra" bajo el punto de vista de la recolección de los datos, no se puede hablar de la excavación como de un experimento científico.

Hay investigadores que defienden que un buen arqueólogo, un buen "técnico" de la arqueología, puede llevar a cabo una excavación donde el registro arqueológico que él deje archivado para el futuro permita a los siguientes investigadores grandes avances en la interpretación y en el conocimiento del mismo registro. Yo creo que las cosas son bastante más complicadas. La excavación no es un proceso de pura extracción y anotación de datos, sino que forma parte de una compleja estrategia científica y, además, estoy convencido del hecho de que un arqueólogo puede encontrar sólo las cosas que él está preparado para encontrar. No me refiero, obviamente, a un resto de cerámica o a un broche de metal; me refiero, más bien, a los datos "invisibles", a las relaciones espaciales y a las informaciones que si uno no se plantea de antemano poder encontrar no quedan registradas en el evidencia arqueológico, por muy bien que la excavación sea gestionada. Asumiendo mi propia responsabilidad, no estoy de acuerdo con la idea de la "neutralidad" de los datos de las excavaciones arqueológicas. No quiero acusar a nadie, los arqueólogos de las empresas de excavación suelen ser incluso mejor excavadores que los profesores universitarios, pero quiero subrayar el hecho de que, según mi opinión, el arqueólogo tiene que estar constantemente en una actitud de interrogación hacia le propia excavación y hacia la teoría arqueológica general.

A mí personalmente, una de las definiciones de la arqueología que más me gusta es aquella dada hace una veintena de años por Kent Flannery, que en su escrito *The Golden Marshalltown* ("la paleta de oro") definía la arqueología como una *diversión*, como la mayor diversión que se pueda tener con los pantalones puestos. ¿Está usted de acuerdo?

Bueno… aquella definición hay que tomarla en el contexto del escrito de Flannery, una suerte de provocación en el clima de polémica surgido con la *Nueva Arqueología frente a la arqueología normativa. Personalmente, me parece que ¡hay diversiones mucho mayores que la arqueología! Yo no definiría la arqueología como una *diversión*; en una palabra la definiría, más bien, como una *pasión*. Nosotros arqueólogos hemos elegido un trabajo que tiene unas particularidades curiosas. Hay mucha gente a la que le interesa reconstruir el pasado, como por ejemplo los artistas: cineastas, novelistas, poetas, pintores etc. Nosotros arqueólogos hemos hecho esta renuncia de la que te hablaba al principio de la entrevista: nos "autolimitamos" a la *evidencia material* y de esta forma nos hemos echado sobre las espaldas unas "cargas" que yo definiría… poco divertidas. Si pensamos en el trabajo de excavación arqueológica podemos, en efecto, pensar en una tarea divertida, incluso muy divertida, pero lo que viene después… la limpieza de las piezas, la preparación química de los restos, el análisis tipológico, la clasificación, el trabajo estadístico… no sé cuantos arqueólogos definirían estas tareas como "diversión". Repito: hay tareas divertidas, como la prospección arqueológica o la excavación, a las que se añaden los viajes, los desplazamientos, los amigos, los estudiantes, pero el largo proceso siguiente, como he dicho, no lo definiría divertido. No obstante eso, nosotros los arqueólogos creemos que ese proceso de análisis, todo el proceso post-excavación o post-prospección, es *sagrado*, creemos que sin ese proceso nuestro conocimiento no es válido. En definitiva, nos hemos puesto a nosotros mismos lo que antes se les ponía a los presos, esas grandes bolas de plomo junto a una cadena. Todo eso no es una diversión, más bien ¡es una pasión!

Cuando usted era pequeño ¿le gustaban las momias y las pirámides? ¿Le gustaba jugar y ensuciarse con tierra, o estas son cosas para arqueólogos adultos?

Nunca tuve un interés especial en pirámides y momias. Me gustaba la historia en general, sin tener una obsesión por Egipto. Sin embargo, ¡me gustaban los juegos con la tierra! En los parques infantiles de mi época, literalmente... ¡jugábamos con la tierra!

¿Ha significado algo Indiana Jones en su vida profesional?

Ni las lecturas más típicas, ni las películas más conocidas tuvieron mucha influencia sobre mi formación profesional. Más bien películas como las de "Indiana Jones", que no reflejan bajo *ningún aspecto* el trabajo real del arqueólogo, aunque resulten muy entretenidas, a nosotros los arqueólogos nos beneficiaría algo más parecido a las historias de detectives como las de Arthur Conan Doyle o las de Agatha Christie (la cual, además, estaba casada con un arqueólogo). Es en este tipo de historias donde está reflejada la minuciosa búsqueda de cada clase de indicio, de cada tipo de evidencia, búsqueda que refleja la actitud del arqueólogo a la hora de la investigación del pasado, algo diferente a "el golpe de suerte" o a las aventuras con pistola a lo Indiana Jones.

¿Ha encontrado un *tesoro* alguna vez... o un "tesoro" de informaciones científicas?

¡Siempre he encontrado tesoros de informaciones científicas! Cada excavación es un "tesoro" de informaciones, sin embargo nunca he encontrado un tesoro de oro o plata.

182 - Los intérpretes de Piteas

¿Cuál ha sido el arqueólogo o la arqueóloga que más ha influenciado su forma de ver la arqueología?

Seguramente *Vere Gordon Childe, por su forma de entender la arqueología y su compromiso social. Hay, además, otros grandes arqueólogos que han influenciado mi forma de ver mi trabajo como *A. Leroi Gourhan, *B. Trigger, aunque a este último le descubrí bastante tarde, y el soviético *Leo Klejn.

A mi me ha gustado mucho una película... *La búsqueda del fuego* de J. J. Annaud y un libro *The testimony of the spade* de G. Bibby ¿Me aconseja usted un libro de arqueología?

Tengo que decir que no suelo leer novelas de temas arqueológicos... en mi tiempo libre intento leer temáticas diferentes. Si tuviera que aconsejar a la lectura de algo arqueológico aconsejaría un libro de D. Johanson o R. Leakey sobre la búsqueda de los orígenes de la humanidad o *Introducción a la arqueología* de Carl Axel Moberg [262].

Doctor Tommaso Quirino
22 de febrero 2007, Milán.
Departamento de Ciencias de la Antigüedad.
Universidad de los Estudios de Milán. Italia.

*T. Quirino, doctor en Letras con tesis en arqueología en el Departamento de Ciencias de la Antigüedad de la Universidad de los Estudios de Milán, ha colaborado con la Cátedra de Prehistoria y Protohistoria en la dirección de diferentes excavaciones universitarios (entre otras en Bagnolo San Vito cerca de Mantua y en Lavagnone, cerca de Brescia) y con el Centro de Egiptología de Como (excavación del templo de *Amenhotep II en Tebas Oeste, Egipto).*

Usted se especializó en arqueología, ¿me puede explicar que tema ha tratado en su tesis de Licenciatura y en su tesis de Doctorado?

---
262 Moberg 1987.

Me licencié en prehistoria y protohistoria con una tesis sobre las metodologías informáticas aplicadas a la arqueología. La tesis tenía como objeto la creación de una base de datos relacional para la gestión de los datos de excavación, la implementación del programa y su aplicación en un contexto arqueológico. En nuestro caso el contexto era el asentamiento etrusco de "Forcello", cerca del pueblo de Bagnolo San Vito, en la provincia de Mantua: un conjunto de unidades estratigráficas y documentación arqueológica que había que relacionar con un sistema informativo territorial de excavación. Fue una tesis metodológica, aunque después, de hecho, el instrumento ha sido utilizado también para la interpretación de las diferentes fases de excavación. Los sistemas informáticos territoriales son también el objeto de mi tesis de doctorado, en la cual me ocupo de un sistema informativo territorial aplicado al territorio de la zona de Bologna en el periodo *Villanoviano (principio del I milenio a. C.) y, también en este caso, hay que elaborar e implementar un instrumento, una base de datos relacional para la gestión de los yacimientos y la parte cartográfica, el SIG, con el fin de obtener una interpretación arqueológica, una evaluación de los mecanismos de poblamiento del área y la comprensión de la relación hombre-Medio Ambiente durante el período Villanoviano.

¿Qué tienen que ver los ordenadores con la prehistoria?

Un ordenador es un instrumento, como es un instrumento el paletín de excavación. Creo que es un instrumento muy útil y avanzado bajo el punto de vista tecnológico, y su utilización ha conllevado unas cuantas modificaciones en la metodología de la excavación arqueológica y, sobre todo, en las metodologías de gestión y análisis de los datos. El ordenador es hoy en día fundamental, dado el aumento de la cantidad de datos en la arqueología contemporánea, datos que, además de ser, a menudo, de difícil gestión, debido a su gran cantidad, son difíciles de interpretar; diferentes software ofrecen entonces nuevas y originales posibilidad de análisis.

¿Que tal la situación en Italia por lo que concierne la aplicación de la informática a la investigación arqueológica?

Las cosas están cambiando, están mejorando. La informática es cada vez más aceptada en el ambiente arqueológico y se desarrollan nuevas investigaciones que se basan en las metodologías informáticas, nuevos softwares son utilizados para la gestión de los datos y no sólo en las excavaciones universitarias, sino también en la arqueología de gestión, en el sector privado. Probablemente las metodologías informáticas son todavía "difíciles de digerir" para algunos arqueólogos de la "vieja escuela", vinculados a una arqueología con raíces más clásicas y, sobre todo, para las Superintendencias, que todavía se quedan bastante atrasadas en la alfabetización informática y, consecuentemente, en la aplicación y en la utilización de softwares.

Ahora la situación está poco a poco mejorando, pero hay todavía unas cuantas dificultades en la aceptación de la utilidad de la informática aplicada a la arqueología. En mi caso, ha sido el interés personal en ir por el camino de las metodologías informáticas aplicadas a la arqueología, más que la diversión en el uso del ordenador; fue la convicción, mía personal, de que la informática sería una ayuda importante para la arqueología, que la informática podría sería útil a la investigación arqueológica.

¿Qué le parece a usted la Escuela de Especialización en Arqueología? ¿Es lo que usted se esperaba?

No, no es lo que me esperaba. La Escuela de Especialización, bajo muchos puntos de vista, es una repetición de la carrera, con los mismos profesores y los mismos argumentos, pero, en este caso, los profesores se sienten con la libertad de seguir menos a los estudiantes, porque estos tendrían, en teoría, que estar ya lo suficientemente preparados para el desarrollo de una investigación de forma independiente; esto, en esencia, conlleva una disminución de diálogo entre estudiantes y profesores. Yo, sin embargo, me esperaba unos cursos basados más sobre el diálogo, tal vez en forma de seminarios. Pensaba que los profesores estuviesen algo más pendientes de los estudiantes y, dado que se trata de un nivel de investigación más avanzado respecto a los cursos de la carrera, me esperaba un interés mayor por parte de los docentes; ¡lamentablemente no es así!

Otro punto negativo de esta Escuela de Especialización es la parte práctica, es decir, las excavaciones. El estatuto de la Escuela prevé 200 horas de actividad práctica, de excavaciones arqueológicas, pero, a menudo, se encuentran unos subterfugios para emplear de otras formas las horas de práctica; contrariamente a lo que pasaba hace unos años. Hoy en día no tenemos una obligación real de excavar durante la Especialización y esto es debido al hecho de que, a menudo, son los mismos profesores los que no "obligan" a todos los estudiantes a participar en las excavaciones, o para no tener "demasiado" personal en sus excavaciones, o porque los mismos profesores, que a la vez son los directores de las excavaciones de la Escuela de Especialización. No desean tener a los estudiantes como trabajadores, jóvenes estudiantes que, a menudo, no tienen la debida experiencia práctica en excavaciones arqueológicas.

¿Se acuerda usted de cómo empezó a estudiar arqueología? ¿... casualidad, una ocasión, un plan pensado de antemano?

Yo me "enganché" a la arqueología cuando todavía estaba estudiando en el colegio; podemos hablar entonces de un proyecto planeado. Más tarde estudié en un instituto de formación clásica[263], en previsión de una posterior carrera universitaria en Letras Clásicas con especialización en arqueología.

¿Qué ideas, qué opiniones tenía usted sobre la arqueología antes de empezar los estudios en este campo de investigación?

Entonces veía sólo el lado maravilloso de la arqueología; los grandes hallazgos, el encanto del descubrimiento y de las antigüedades. Podríamos decir que mis ideas tenían todavía unos límites tan solo esbozados.

...Y ahora, ¿qué piensa de la arqueología?

Ahora el encanto no ha disminuido, pero hay que centrarse en la realidad profesional, además de dejarse llevar por la pasión, que, a pesar de todo, sigue siempre presente. Podríamos decir que ahora veo la arqueología como algo menos mágico.

---

263 "Liceo Classico"

A mí personalmente, una de las definiciones de la arqueología que más me gusta es aquella dada hace una veintena de años por Kent Flannery, que en su escrito *The Golden Marshalltown* ("la paleta de oro") definía a la arqueología como una *diversión*, como la mayor diversión que se pueda tener con los pantalones puestos. ¿Está usted de acuerdo?

Tal vez el término diversión es demasiado fuerte. Seguramente quien estudia arqueología lo hace porque tiene una gran *pasión* y, como todos los trabajos, bajo mi punto de vista, también la arqueología debe tener un lado divertido. En este sentido la arqueología es diversión porque no resulta demasiado pesado el hecho de tener que pasar muchas horas al día estudiando material arqueológico y excavanado.

¿Por qué eligió la especialización en este campo de estudios: prehistoria y protohistoria?

Debo de ser sincero: mucho mérito es del profesor tutor que siguió mi carrera y mi tesis. En los comienzos de mi carrera universitaria tenía una gran pasión por la arqueología en general, todavía no había desarrollado un interés específico hacia un campo definido de la investigación. El profesor que más cautivó mi atención fue el docente de prehistoria y protohistoria y, por eso, decidí escribir la tesis con él y colaborar en sus excavaciones.

¿Usted ve con optimismo las perspectivas futuras para la investigación arqueológica en su campo de investigación? Y ¿en general? Me refiero a perspectivas profesionales y de investigación universitaria.

Yo he sido optimista hasta hace pocos años; ahora, digamos, me "dejo llevar" hacia el pesimismo más profundo, y estoy hablando bajo diferentes perspectivas, tanto por lo que concierne el aspecto profesional, es decir, colaboraciones con empresas de excavaciones arqueológicas, con las Superintendencias o con las Regiones, como por lo que concierne la investigación universitaria. Podría ponerte muchos ejemplos de amigos arqueólogos que "lo han dejado". Yo he sufrido muchas experiencias personales negativas y puedo asegurar que es muy difícil conseguir algo en el ámbito arqueológico. No consigo ver con optimismo las perspectivas futuras en este campo. No abandono mi voluntad de seguir adelante, pero, repito, veo el ambiente profesional y de investigación, si hablamos de arqueología, bajo una perspectiva bastante pesimista.

Tengo más de treinta años y creo poder afirmar que a esta edad un arqueólogo llega a un nivel de estudios que, o se da el salto de calidad, o se abandona. Es cierto que nunca se acaba de aprender pero, cuando una persona llega a un cierto nivel de formación se siente en condiciones de poder "intentar algo más", de poder confrontarse con altos niveles de investigación, pero no tiene las posibilidades prácticas. Aunque teniendo la calidad suficiente, la mayoría de los jóvenes arqueólogos ni siquiera tienen la posibilidad de demostrar lo que valen, de poder desarrollar sus conocimientos en el campo.

Estoy de acuerdo; pero, según usted, ¿ésto ocurre también en el ambiente profesional de las empresas de excavaciones arqueológicas además de en el ámbito universitario?

¡Cierto! Y esto ocurre por el hecho de que, en las excavaciones de gestión, a menudo por necesidad, se privilegia el aspecto de la "urgencia" más que el aspecto de la investigación, así que si se trata de una excavación de época medieval o del período Neolítico las "directices" son las mismas: ¡hay que acabar de prisa! A menudo, ni siquiera los organismos competentes garantizan la calidad del trabajo. Puedo entender que los intereses de una empresa de construcción coincidan con la rapidez de las tareas arqueológicas, pero debería ser la Superintendecia la que garantizara la calidad científica de la excavación.

La excavación es la práctica principal en la investigación arqueológica. Pero, ¿por qué excavar? ¿Cuál es la necesidad, desde el punto de vista social y cultural, de poseer informaciones arqueológicas provenientes de lo que está enterrado, del subsuelo?

De hecho, bajo una determinada perspectiva, nosotros los arqueólogos no producimos nada bajo un punto de vista material. A veces, yo también me pregunto cuál es la necesidad de excavar. ¿Por qué excavar? En nuestro trabajo no se trata, obviamente, de salvar vidas humanas, como en el caso de la medicina, pero, en realidad, nosotros los arqueólogos producimos algo... producimos *cultura*; recuperamos nuestra historia. Esto, según mi perspectiva, es un valor, aunque pocas veces evidenciado. Estoy seguro de que es un valor y yo creo en él. Reconstruir la historia de los antiguos pueblos es necesario porque se trata también de nuestra historia, se trata de hundir nuestras raíces culturales aún más en profundidad. Así que, la excavación arqueológica es necesaria, pues las raíces culturales están, cómo las de los árboles, ¡en el subsuelo!

... y lo que está enterrado, sepultado, ¿puede responder a las preguntas que el ser humano, y los arqueólogos se hacen respecto al pasado?

No siempre. No siempre el arqueólogo está capacitado para dar una respuesta a cada pregunta que se plantea, pero muchas veces lo consigue.

La Universidad, con sus problemas económicos y organizativos, en un campo tan particularmente complejo como la arqueología, y en un mundo laboral tan exigente, ¿está todavía capacitada para formar arqueólogos?

No quisiera dar una respuesta demasiado negativa; digamos que depende de los casos. A veces hay un interés, por parte de la Institución Universitaria o de profesores particulares, en formar buenos arqueólogos, mientras que, a veces, esta voluntad no existe. No creo que sea un problema institucional, más bien creo que es un problema de determinados docentes, de interés a nivel personal.
Según mi experiencia personal, siempre he notado un distanciamiento, incluso bastante importante, por no decir a veces una oposición, entre ambiente universitario y ambiente laboral, me refiero a una oposición entre formación universitaria por un lado y Empresas de Excavación Arqueológica y "arqueología de gestión" por el otro. ¿Cómo ve usted la cuestión?

Yo no percibo una contraposición tan grande entre ambiente universitario y las empresas de excavaciones arqueológicas. Hay investigadores en la Universidad que tienen contactos con las empresas de excavación e invitan a los estudiantes, que tienen un proyecto o una tesina, para que tengan una experiencia de excavación, aunque se trate de excavaciones de gestión y no de excavaciones universitarias. Hay contactos entre los dos ámbitos pero, bajo mi punto de vista, es difícil, tanto antes como después de haber terminado la carrera universitaria, poder encajar en las dos cosas: investigación universitaria y excavación con empresas privadas [en este segundo caso, remunerada]. Me explico: la excavación arqueológica ocupa mucho tiempo y gasta muchísimas energías del arqueólogo y, al mismo tiempo, también la investigación ocupa mucho tiempo y gasta muchas energías, así que, conseguir ambas cosas, Universidad y excavaciones con empresas, es muy difícil.

¿Se puede vivir sólo de la arqueología? Hablo bajo un punto de vista económico.

A mí me gustaría darte una respuesta positiva a esta pregunta; me gustaría poder vivir solo de arqueología, bajo un punto de vista económico. No quiero, entonces, contestar de forma negativa porque sería cómo renunciar a mi voluntad de conseguir vivir de mi trabajo. Estoy intentando ser autosuficiente bajo un punto de vista económico gracias a la arqueología pero... ¡es muy difícil! Con treinta años nos hacemos unas preguntas sobre nuestro futuro, sin ni siquiera plantearnos la remota posibilidad de recibir la pensión una vez jubilados; nos planteamos un futuro con una familia, con una casa en propiedad pero, con el tipo de trabajo que tenemos nosotros arqueólogos, excavaciones y/o investigación universitaria, es decir, un trabajo que implica contratos del tipo "a fin de obra", no tenemos nada de seguro a largo plazo. Tal vez lo consiga... espero conseguir poder vivir de mi trabajo, pero la arqueología no es un trabajo como los demás... y ¡nunca lo será!

¿Por qué estudiar arqueología entonces? El panorama me parece frustrante. ¿Merece la pena?

Bajo el punto de vista económico está claro que no merece la pena. Creo que hay muchos más trabajos para licenciados o doctorados que ofrecen unas condiciones mucho mejores que las ofrecidas por la arqueología. El panorama es, sin duda, frustrante. He visto muchos compañeros tener que dejar la arqueología porque no podían aguantar las pésimas condiciones económicas, sobre todo en relación a la cantidad y a la dureza del trabajo y a la falta de perspectivas. Pero tú y yo, Riccardo, sabemos muy bien por qué merece la pena estudiar arqueología: nos empuja nuestra pasión y nos motiva el interés científico.

Hoy en día, ¿es todavía necesario excavar? ¿No sería mejor concentrar fondos económicos y energías en la conservación y en el estudio de los materiales ya excavados y, tal vez, desarrollar aún más las técnicas de investigación arqueológicas menos invasivas y destructivas, como, por ejemplo, la prospección arqueológica? De hecho, podríamos afirmar que no hay yacimiento arqueológico mejor conservado que aquel que todavía está bajo tierra, que está aún por excavar.

Es verdad que un yacimiento aún por excavar está protegido, pero creo que es absolutamente necesario seguir excavando. Con el desarrollo urbanístico contemporáneo, casi cada excavación de un solar para la construcción, o casi cada movimiento de tierra, en Italia, cómo en España, conlleva el descubrimiento de materiales o de complejos yacimientos arqueológicos. La realización de excavaciones arqueológicas es entonces absolutamente necesaria, sobre todo en el caso de la tutela y conservación de los yacimientos. ¡No podemos dejar de excavar! El problema, según mi perspectiva, está no tanto en la cantidad de materiales arqueológicos hallados, sino en su gestión. El problema reside en el hecho de que los materiales arqueológicos encontrados se quedan en las manos de pocos, y que estos "pocos" no dejan que otros, es decir, estudiantes e investigadores, se acerquen a estos materiales.

¿Cómo es gestionado el aspecto *social* de la arqueología en la Institución en que usted trabaja o en su ámbito profesional? Me refiero sobre todo a la relación con el público y a la relación con los medios de información, como prensa y televisión.

Según mi experiencia, en el campo de la arqueología hay una conexión con los medios de comunicación, no tanto con la TV, sino más bien con la Prensa; por ejemplo, en mi caso, existen artículos en revistas de divulgación firmados por el grupo de investigación que colabora con el profesor que dirige la cátedra de prehistoria y protohistoria a la cual estoy asociado. El contacto, bajo este punto de vista, existe aunque podría ser mejor. He colaborado activamente en la creación de un parque arqueológico junto a otros investigadores de esta misma Universidad; nos hemos ocupado de los paneles del recorrido del parque, y de la parte didáctica para niños y adultos. Repito: el contacto existe, aunque tal vez no sea muy profundo. La arqueología no llega a tener mucha relación con la TV, o, por lo menos, lo hace de forma menor que en otros países y esta es una situación casi paradójica vista la abundancia de Bienes de Interés Cultural y la riqueza arqueológica presentes en Italia.

¿Quién es el mayor responsable de esta escasa relación entre arqueología y medios de comunicación?

Probablemente ambos somos responsables. Por parte de los investigadores, tal vez, hay pocas ganas de "bajarse" al nivel de la divulgación, pues les resulta un nivel más banal que el de la investigación, y por otra parte, no siempre una investigación arqueológica resulta muy atractiva para el público contemporáneo. Egipto, por ejemplo, siempre llama mucho la atención, resulta ser siempre un tema muy atractivo para el público, pero, si pienso en hipotéticos programas de TV enfocados sobre excavaciones prehistóricas donde sólo se pueden ver *agujeros de poste, tal vez, el efecto no sería "muy televisivo" y el contenido resultaría poco interesante para el público en general. El uso del ordenador en ámbito arqueológico, por ejemplo, puede ser una ayuda en este contexto. Se han hecho reconstrucciones en 3D para la Antigua Roma y también para contextos de yacimientos prehistóricos. Si hablamos de contextos prehistóricos, las reconstrucciones tienen que estar fundamentadas aún más sobre una base segura de datos científicos: cuanto más son limitados los datos, tanto más limitada será la reconstrucción virtual.

Me parece muy interesante la iniciativa de la creación del Parque Arqueológico del Forcello. ¿Podemos profundizar en este argumento?

El Parque Arqueológico del Forcello, cerca de Bagnolo San Vito, en la provincia de Mantua, está constituido por un asentamiento etrusco. No hay grandes monumentos por musealizar, pero ahí tenemos una excavación arqueológica, todavía abierta, que se puede mostrar al público. Los visitantes pueden observar en directo el trabajo de los arqueólogos y entrar en contacto con este mundo tan fascinante. En el Parque hay unas cuantas reconstrucciones de *arqueología experimental, dos hornos para la cocción de cerámica y la reconstrucción de un telar de la Edad del Hierro. Los visitantes del Parque Arqueológico pueden documentarse en el mismo yacimiento a través de unos paneles explicativos y pueden entrar en contacto con las actividades cotidianas del pasado, en este caso de época etrusca, gracias a reconstrucciones científicamente correctas y verificables. La función de los parques de este tipo es, esencialmente, la de abrir al público un área arqueológica. Los visitantes pueden observar directamente el lugar sonde surgía el asentamiento y pueden imaginar, en vivo, el tipo de vida y las tareas que allí se desarrollaban.

¿Usted se encuentra a gusto con su trabajo? ¿Se encuentra a gusto con la arqueología? ¿Coinciden sus expectativas pasadas de estudiante con su estado actual de arqueólogo?

Me encuentro satisfecho sólo en algunos momentos, dado que las tareas de la excavación no son continuativas. Me encuentro a gusto con la arqueología, dado que es un trabajo que tiene que ver con mi pasión. No sabría muy bien cómo contestarte a la última parte de tu pregunta: si mis expectativas como estudiante coinciden con mi estado profesional actual. Nunca me he proyectado en el futuro, prefiriendo vivir el día a día, bajo el punto de vista arqueológico por lo menos. Cuando empecé tenía una mirada positiva sobre el futuro aunque, come dije anteriormente, nunca proyecté una imagen mía en el futuro de la arqueología; siempre he avanzado con pequeños pasos, proyecto tras proyecto.

¡Probablemente, en casos como el nuestro, es mejor así!

Si... ¡es mejor así! De esta forma ¡me he ahorrado muchas frustraciones!

Personalmente comparto algunos enfoques del *relativismo en arqueología[264]. Siendo esta una práctica social, humanística, la arqueología depende mucho del sujeto que la desarrolla. ¿Cuánto influyen las ideas personales, sociales, políticas, económicas y arqueológicas o religiosas sobre el investigador y sobre el objeto mismo de la investigación arqueológica?

En mi opinión, estas ideas influyen mucho. En la actualidad, también gracias al uso del ordenador, en arqueología se advierte la necesidad de una investigación objetiva, pero, siendo el ordenador mismo un instrumento, la interpretación sigue siendo una exclusiva contribución del sujeto, del investigador, y, entonces, tiene que ser necesariamente subjetiva. Pienso que en cualquier tipo de estudio arqueológico, siempre hay una cierta influencia por parte de quien efectúa la investigación y de su formación cultural, personal y universitaria.

¿Podríamos entonces afirmar que dos arqueólogos que utilizan el mismo programa con el mismo ordenador para analizar el mismo material arqueológico pueden llegar a dos interpretaciones diferentes del objeto estudiado?

Diría que sí. En arqueología utilizamos mucho la imaginación. La imaginación es necesaria, sobre todo en los casos donde los datos soy muy limitados. Sin duda es verdad que en nuestra disciplina las interpretaciones del mismo objeto son, muy a menudo, diferentes y creo que esto ocurre más frecuentemente en las cosas simples que en las complejas.

Una imaginación controlada, cómo decía *Wheeler. Esta imaginación nos sirve para "reanimar" el material arqueológico que está "muerto".

Sin duda. La imaginación es necesaria, pero debe ser compatible

---

264 Para un análisis crítico del post-modernismo y el relativismo en arqueología, véase, por ejemplo: Barceló 2009.

con los datos a nuestra disposición, debe haber congruencia entre imaginación y los datos que nos brinda la excavación.

Según su experiencia personal, en el curso de su carrera académica y profesional como arqueólogo, ¿ha usted observado algún tipo de discriminación de género? ¿Hombres y mujeres reciben el mismo trato?

Yo no he visto ningún tipo de discriminación, ni en ámbito profesional, ni en ámbito académico.

¿Usted piensa el tiempo en términos de años, siglos o milenios? ¿O en términos de estratos y sucesiones tipológicas?

¡Pienso el tiempo solo en términos de años! No pienso en las tazas que tengo en la cocina como ejemplos de tipología cerámica o en los estratos del terreno sobre el cual ando para llegar a la Universidad.

¿Los Arqueólogos son seres humanos normales entonces?

¡Sí!

Cuando era un niño ¿le gustaban las momias y las pirámides? ¿Le gustaba jugar y ensuciarse con tierra, o estas son cosas para adultos?

El Antiguo Egipto suele llamar la atención desde la infancia. A mí me gustaban mucho las pirámides. Sin embargo, cuando era un niño, no me gustaba mucho ensuciarme con la tierra... ¡este placer lo he desarrollado una vez adulto!

¿Ha significado Indiana Jones algo en su vida profesional?

¡No! Sólo es una película muy entretenida.

¿Usted estaría del lado de los romanos o de los *bárbaros?

En realidad nunca he tomado parte. Tal vez me hubiera alistado en las filas de los romanos.

¿Me puede hablar de la excavación o de la actividad arqueológica que más le ha gustado, en la cual ha tomado parte?

No tengo dudas: diría la excavación del Templo de Amenhotep II, en Egipto. Ya desde que seguía las clases de Egiptología, aquí en la Universidad de Milán, al hablar de Antiguo Egipto ¡se me ponían los pelos de punta! Excavar en Egipto, poder desarrollar mi trabajo a lado de las montañas de Tebas y excavar cerca del templo de Ramsés y en el Templo de Amenhotep II ¡es algo maravilloso!

... y ¿la que menos le ha gustado?

Hay trabajos arqueológicos menos gratificantes que otros, pero, según mi opinión, cada experiencia arqueológica tiene su lado positivo. Si excavar en el *Anfiteatro Romano de Milán, bajo un punto de vista físico, fue muy duro, y al fin y al cabo sólo se trató de cavar tierra, aún así resultó un trabajo de prestigio. En enero, en la llanura Padana se excava con los pies en el barro y a menos diez grados de temperatura, esperando que la tierra se descongele para poder clavar la pala, pero... aún así es arqueología.

¿Ha usted encontrado algún tesoro?... o ¿un "tesoro" de informaciones científicas?

No, nunca he encontrado un tesoro, siempre he excavado yacimientos ya "descubiertos" y nunca he encontrado material de mucho valor monetario.

¿Cuál ha sido el arqueólogo o la arqueóloga que más ha influenciado su forma de ver la arqueología?

No creo que haya habido un arqueólogo o una arqueóloga que haya particularmente influenciado mi aproximación a la arqueología. Siempre he intentado seguir puntos de vistas diferentes. Académicamente he sido formado por el Profesor De Marinis, aquí en Milán, y por el Profesor Cattani, de la Universidad de Bologna, pero intento aproximarme al punto de vista de cada arqueólogo que conozco.

A mí me ha gustado mucho una película... "La búsqueda del fuego" de J. J. Annaud y un libro "The testimony of the spade" de G. Bibby ¿Me aconseja usted un libro de Arqueología?

Puedo aconsejar uno de los primeros libros que he leído y que, probablemente, han leído muchos arqueólogos: *Dioses, tumbas y sabios*[265], de *C. W. Ceram.

Profesor Giulio Calegari
16 marzo 2007, Milán.
Sección de Paletnología, Museo Cívico de Historia Natural de Milán.
Centro de Estudios de Arqueología Africana. Italia.

*El Profesor Galegari es conservador de la sección de *paletnología del Museo de Historia Natural de Milán y director del Centro de Estudios de Arqueología Africana, con sede en el mismo museo, enseña en la Universidad de Bellas Artes de Brera, en Milán, "Arquetipos de lo imaginario", es director del periódico "Archeologia Africana" y ha publicado numerosos artículos de arte prehistórico, *etnoarqueología, y arqueología africana. Ha dirigido muchas campañas de excavación y prospecciones arqueológicas en diferentes zonas del Sahel y de África septentrional, en Eritrea y Mali.*

Me puedes explicar ¿de qué os ocupáis, aquí, en el Centro de Estudios de Arqueología Africana? Y ¿por qué la investigación arqueológica de África... en Milán?

El Centro nació gracias a una combinación de eventos muy particular. Yo me ocupo, siguiendo una tradición lombarda y, podríamos decir, según un enfoque académico bastante antiguo, de paletnología. Este término, aunque en Italia, hoy en día, es sustituido por la terminología "arqueología prehistórica", según mi opinión, tiene un sentido muy

---
265 Ceram 1987.

preciso, es decir, da la idea de una ciencia que une la parte más tradicional de la investigación arqueológica y las Ciencias de la Tierra.

Justo aquí, en el Museo de Historia Natural de Milán, podríamos afirmar que nació la investigación prehistórica en Italia, con el estudio de los palafitos, en el siglo XIX, con los arqueólogos *Stoppani y *De Mortillet. Era un tipo de investigación que veía en la búsqueda de los tiestos cerámicos, de los restos arqueológicos en sí mismos y en la definición de la estratigrafía, el acercamiento de la arqueología a las Ciencias Naturales, la cuales daban una contribución a la visión general del pasado del ser humano. Siguiendo la escuela del Profesor Cornaggia, mi predecesor como conservador de la sección de paletnología, yo me encontraba en la condición de tener que continuar la misma línea de investigación, vinculada, en parte, a la que entonces se llamaba etnología comparada, enfoque que tenía sus raíces en la escuela antropológica inglesa. De hecho, estudiábamos objetos como las *pintaderas*, es decir, los "sellos" utilizados para la decoración corporal, las piraguas prehistóricas, los arcos, las ruedas y las hoces de la Edad del Bronce, sin establecer una comparación entográfica directa con los objetos análogos contemporáneos, sino intentando buscar el "sabor", el "sentido" de algunos artefactos, de los que entonces se definían los elementos ergológicos-culturales de un pueblo, e intentar detectar la que podríamos definir como la *esencia invisible* que podía relacionar el gesto de la mano que tallaba el sílex con un objeto del pasado, sin querer hablar de "fósiles vivientes".

Después de Cornaggia, fallecido en 1979, he tomado las riendas de la sección de paletnología de este Museo y, si hubiera seguido el camino ya allanado por mis predecesores, me habría estancado en la que es la prehistoria de Lombardia, desde el Neolítico, hasta la Edad del Bronce. En aquel período, ya me había acercado a la que es la arqueología experimental, tanto a través de la Universidad de Genova, cómo a través de la Superintendencia Arqueológica de Milán y, con otros compañeros, como el Doctor Tinè y la Doctora Simone, fundé el Instituto Italiano para la Arqueología Experimental. Llegamos al año 1983, cuando, de repente, apareció en mi despacho una mujer, Lidia Cicerale, la cual, con mucha espontaneidad, tras haber charlado con el director del Museo de Historia Natural, me comentó su atracción por el continente africano y el arte rupestre y me dijo tener los medios económicos para patrocinar unas investigaciones en África. Aquella mujer quería ser nuestra mecenas y estaba decidida a ofrecer al museo los medios para conseguir una campaña de investigación en África, dado que se habían anteriormente identificado unos grabados rupestres en una zona de Mali. Oficialmente, en 1986, fundamos el Centro de Estudios Africanos y unos años después el Ayuntamiento de Milán reconoció de forma oficial nuestros méritos en la investigación científica.

¿Cual ha sido la primera "experiencia africana" del Centro?

En 1983 organizamos un equipo de investigadores y montamos nuestra primera expedición a África gracias a nuestra mecenas, Lidia Cicerale. Yo, como responsable de la sección de paletnología, me encontré siendo el jefe del equipo de investigación. Tras dos meses de aventuras llegamos al yacimiento que queríamos prospectar e identificamos la extraordinaria localidad de Taouardei, un laberinto de rocas graníticas de dos kilómetros de diámetro, en el Sahel, a 120 km al Norte de Gao, en Mali. La zona era poco interesante para las empresas de extracción de petróleo y uranio y por esta razón nunca había sido el centro del interés económico y político occidental y colonial, quedándose prácticamente inexplorada, a excepción de una visita al lugar, en los años 30, por parte de un militar francés que tomó algunas fotografías del yacimiento, y de una breve cita del lugar en los años 50.

Nuestro equipo, en 1983, estudió los grabados, determinó su antigüedad (los más antiguos se remontan al siglo VIII d. C.) y estudió toda la zona, evidenciando su importancia como lugar de identidad cultural para los Tuareg actuales. Unos pueblos berberófonos habían utilizado aquel lugar creando la que definimos como una *ciudad invisible*. Los Tuareg atraviesan el área de Taouardei una o dos veces cada año no solo para abastecerse del agua extraída de los pozos, sino también a causa de la presencia en el lugar de sus cementerios. Si alguien de la comunidad muere, aunque esto acontezca a una semana de distancia de Taouardei, los nómadas del desierto intentan llevar el cuerpo del fallecido hasta uno de sus cementerios; la *ciudad invisible* es una suerte de punto de referencia entre sus movimientos en el desierto. A algunos lugares del desierto se les asigna un nombre y son frecuentados periódicamente por los nómadas Tuareg. Además de algunos sitios específicos, como los pozos, hay puntos en las rocas que sirven de escondite para objetos pesados que no se pueden transportar en largos recorridos, hay lugares que son llamados "la casa de los antepasados", hay *litófonos*, es decir, unas "piedras sonoras" prácticamente irreconocibles para quien no es Tuareg, hay tumbas antiguas, una mezquita, etc. En la práctica, todos estos elementos forman una especie de *mapa invisible* con algunos puntos fijos de referencia.

Además de esta ciudad muy particular, en la zona de Taouardei nuestro equipo identificó un área para la talla de piedra que se remonta al Paleolítico y collares, constituidos por cuentas, del Neolítico. Las investigaciones que efectuamos en aquella zona nos permitieron, posteriormente, montar una exposición en Milán, y dar fundamento científico al Centro de Estudios de Arqueología Africana.

Dadas las características del Centro, ¿cuál es su idea de la investigación arqueológica?

Yo me encuentro más cerca a una idea de la investigación de campo como una especie de exploración, una idea que se adecua más a la visión de la tradición romántica de la investigación arqueológica. Bajo esta perspectiva, en este tipo de investigación-exploración sobre grandes espacios, como en el caso de Taouardei, más que en espacios reducidos, como en el caso de una excavación estratigráfica, hay mayores posibilidades de observar, descubrir, relacionar las cosas entre sí, hay más posibilidades de moverse en el territorio y de tener, y no quiero ser malinterpretado en este punto, una suerte de "apoyo", si me puedo expresar de esta forma, virtual o espiritual gracias a la presencia de culturas contemporáneas las cuales, de alguna forma, confieren sentido al gesto antiguo y este hecho, creo, conforta al investigador. Me explico mejor: si entramos en un pueblo africano contemporáneo, aunque sepamos que no podemos crear una comparación directa con un pueblo del periodo Neolítico, nos damos cuenta de que algunos objetos, ciertas mezclas de arcilla, por ejemplo, nos permiten entrar en una relación de empatía con el pasado... es la que yo llamo "arqueología empática".

La investigación arqueológica tiene que estar en relación con la contemporaneidad. Un artista, un músico o un escritor, pueden sacar inspiración desde (y pueden, a la vez, actuar con) las observaciones hechas por los arqueólogos sobre el pasado del ser humano. Últimamente, además de la investigación de carácter más científico, estoy teniendo unas conferencias que son unas suerte de "actuaciones", unas *preformances*. Para que se entienda mejor mi concepto de arqueología te puedo decir que el mes pasado, por ejemplo, he presentado el descubrimiento, efectuado en Eritrea por parte de nuestro equipo, de un bajorrelieve encontrado por debajo de una cascada que, todavía en la actualidad, es objeto de culto para los pueblos que viven en los asentamientos más arriba del río. Este manufacto se remonta al primer milenio a. C. Los fieles, según los cuales el bajorrelieve representaría a la Virgen y a los Santos, rascan la piedra y la comen... y yo hago lo mismo, obviamente sin permitirme de dañar el objeto; es un ejemplo de *litofagía*. Lo que importa es el gesto, el acto que te sitúa en la *actualidad* y esto es lo que más me interesa de la investigación arqueológica y etnoarqueológica.

Se oye hablar poco de "arqueología de África". ¿Por qué esta ausencia, sobre todo en ámbito universitario?

Los focos de interés en Italia por la arqueología africana, sin entrar en el caso específico de la Egiptología, son: Roma, en la Universidad La Sapienza, donde enseña la Profesora Barich, para el estudio de Egipto y Libia, y los Prefesores Di Lernia y Liverani, que trabajan en Libia y que impostan su escuela sobre todo en el estudio del arte rupestre, como una especie de herencia académica del arqueólogo Paolo Graziosi; y Nápoles, donde enseña el Professor Fattovich, trabajando, a menudo, en investigaciones en Etiopía y Eritrea, estudios enfocados sobre todo en el periodo Axumita.

En general, creo que el asunto está vinculado al concepto colonial. Italia no tiene una tradición de larga permanencia en África; de hecho he citado investigaciones en Etiopía, en Eritrea y en Libia, las ex-colonias del África italiana. A no ser que se me escapen investigaciones importantes de otros compañeros arqueólogos, sobre todo por lo que concierne al arte rupestre, cuando empecé la búsqueda de compañeros para la colaboración en proyectos de investigación asociados a nuestro Centro, me di cuenta de que en Italia había muy pocos puntos de referencia y que Milán no tenía ningún vínculo con las investigaciones de arqueología africana, a pesar de que a principios del siglo XX, fue gracias al Museo de Historia Natural de la capital lombarda que comenzaron las expediciones de investigación en África, como la expedición en el Tassili, donde se detectaron grabados rupestres. El mismo conde Cornaggia había trabajado en Libia, aunque, hay que evidenciar que todas estas expediciones tuvieron un papel muy marginal y siempre se desarrollaron en el periodo colonial.

Por ejemplo, en Bélgica, en Francia o en Inglaterra, puedes encontrar muchas tiendas que exponen y venden objetos etnográficos provenientes de sus ex-colonias africanas, sin embargo, en Italia está ausente la tradición de frecuentación de lugares africanos. Personalmente, he trabajado mucho en Eritrea y en este país una gran parte del trabajo en el estudio del arte rupestre fue desarrollado por V. Franchini, un simple aficionado de la arqueología. Nacido en Asmara, hijo de colonos italianos, tras la II Guerra Mundial, hacia los años 50, Franchini tuvo un cargo del Gobierno colonial: su tarea era la de alcanzar los *ascari* para consignar la pensión a los ex-soldados; de esta forma pudo atravesar toda la colonia de Eritrea. Franchini tenía dos pasiones: la caza y el arte rupestre. Nuestro hombre se había enamorado del arte rupestre eritreo durante sus desplazamientos por trabajo en todos los rincones del Estado africano. Él fue el primero que creó un archivo sobre aquel tipo de arte y que recolectó información extraordinaria sobre los grabados rupestres de Eritrea. Sin su trabajo, hoy en día, nosotros no sabríamos nada de aquel extraordinario patrimonio artístico. Esta era la situación de la investigación arqueológica italiana en África hasta hace pocas décadas. Personalmente, en los últimos años, he revisado y ampliado los datos sobre los lugares con arte rupestre en Eritrea, gracias a las expediciones del Centro. Fuimos los primeros, nosotros los del Centro, en ejercer de estímulo para el "renacimiento" de las investigaciones en arqueología africana fuera de Libia, precisamente con la primera expedición en Taouardei.

En Milán no existe una cátedra o un curso universitario de arqueología africana. El Centro es la única referencia para este tipo de investigaciones arqueológicas. Lamentablemente, tras las primeras campañas arqueológicas en África llevadas a cabo por el Centro, se ha desarrollado una ola de ricos aficionados que han empezado a recorrer el desierto del Sáhara "cazando" arte rupestre, trayendo a su casa, en Italia, de forma no científica, decenas de molinos de manos y centenares de puntas de flechas.

¿Se acuerda usted cómo empezó a estudiar arqueología?

Yo provengo de una tradición familiar artística. Podríamos decir que, desde niño sabía que, de alguna manera, acabaría frecuentando el mundo del arte para toda mi vida. En un cierto momento de mi vida empecé a asociar el conocimiento y el interés por el arte al estudio de las culturas antiguas. Comencé entonces a recolectar libros sobre este argumento mientras me estaba licenciando en arquitectura y mientras estaba estudiando en la Escuela de Arte. Afortunadamente acabé muy pronto la profesión de arquitecto, pues me di cuenta a tiempo de que hubiera sido un pésimo arquitecto.

Actualmente, además de ser conservador de la sección de paletnología del Centro de Estudios de Arqueología Africana, soy Profesor en la Academia de Bellas Artes de Brera, aquí en Milán, donde finalmente he podido conseguir la fusión de los dos elementos que, desde que era un joven estudiante, cautivaban mi atención: el arte y la paletnología.

Cuando era todavía un niño, empecé a frecuentar el ambiente de la espeleología, donde conocí al conde Cornaggia, quien dirigía la sección de paletnología del Museo de Historia Natural de Milán y, gracias al óptimo *feeling* que se creó entre nosotros dos, empezamos a trabajar juntos, hasta que fui reconocido como un paletnólogo hecho y derecho. En aquel periodo, hace un par de décadas, no era un asunto simple estudiar prehistoria en Milán; estaba el Professor Rittatore-Vonwiller que enseñaba en la Universidad Estatal, pero él se ocupaba sobre todo de la

Edad del Hierro, y además, no existía ninguna Escuela de Especialización en arqueología.

… ¿y ahora, que opinión tiene usted de la arqueología?

El mundo de la arqueología, de la investigación prehistórica, es un mundo que me atrae, y atrae también al público en general, a los que no son arqueólogos profesionales. Para mí es más fácil exponer mi opinión sobre las personas que constituyen aquel mundo. Hoy en día, en este campo de investigación, creo que mucha gente comparte el deseo, sobre todo en las filas de los que podríamos definir como "herejes", de un cambio total de los paradigmas. Lamentablemente, existe todavía una visión "necrófila" del pasado, de la evidencia arqueológica. Por ejemplo, muchos de mis compañeros investigadores si pudieran "matarían" a un *bifaz del *Paleolítico Inferior, antes de ponerlo en un expositor en un museo, por el miedo a que aquel objeto pudiese "hablar", aunque sólo con su presencia lítica; por el miedo a que aquella pieza pudiese revelar la incongruencia de las descripciones y de las tipologías creadas por los prehistoriadores. A aquellos investigadores les gustaría poder "callar" aquel objeto para impedir que pudiera revelar todo un abanico de conocimientos que hay detrás de su misma manifactura. Tenemos que darnos cuenta de que, si seguimos con el mismo ejemplo, aquel bifaz paleolítico puede ser no sólo un objeto en uso en la prehistoria o un marcador cronológico en una tipología lítica establecida, sino también una fuente mucho más grande de conocimiento, pues puede conservar todavía, después de miles de años, el *ritmo* de quien lo talló. A mí, sobre todo, me interesa buscar y *sentir* aquel ritmo.

¿Cuál podría ser, entonces, un camino alternativo para la investigación arqueológica?

Unas de las direcciones más sugerentes para la futura investigación arqueológica podría ser, por ejemplo, la etnoarqueología. Este campo de investigación está vinculado a las observaciones sobre pueblos y sociedades contemporáneos, que pueden ser utilizadas para una mejor comprensión del pasado. Aunque la relación entre presente y pasado no tiene que ser mecánica. Por ejemplo, yo trabajo mucho en el análisis de los basureros de los pueblos africanos y el análisis de los desechos de aquellos pueblos puede arrojar luz sobre los procesos de deposición en los asentamientos prehistóricos.

¿Por qué estudiar el arte rupestre?

Puse como título a un estudio mío sobre unas pinturas rupestres descubiertas en Eritrea: "Las pinturas de Solupati. Una aproximación a la visión participativa". La clave es el *diálogo*, la participación. Estoy convencido de que la mejor forma de estudiar el arte rupestre es a través de la utilización de instrumentos musicales: tocar y buscar algunas respuestas. Además, el descubrimiento o el conocimiento directo de cualquier yacimiento de arte rupestre es ya de por sí un viaje, ¡es una aventura!

¿Usted ve con optimismo las perspectivas futuras en la investigación arqueológica en su campo y en general?

No tengo perspectivas optimistas. Creo que es ridículo que jóvenes investigadores trabajen por menos de 10 euros la hora con empresas de excavaciones arqueológicas. ¡Estos jóvenes no han estudiado para pasar su vida en estas condiciones!

¿Se siente a gusto usted con su trabajo?

Sí, me encuentro muy a gusto.

¿Ha significado algo Indiana Jones en su vida profesional?

No... ¡Yo vine antes de Indiana Jones! Además, a mí me han pasado de verdad muchas de las aventuras "a lo Indiana Jones", como, por ejemplo, ¡ser perseguido por unos depredadores en el desierto africano!

¿Usted estaría del lado de los romanos o de los bárbaros?

Yo estoy del lado de las religiones politeístas, que sean profesadas por bárbaros o por romanos no es importante; nunca me han gustado las religiones monoteístas.

¿Me puede hablar de la excavación o de la actividad arqueológica, dirigida por usted, que más le ha gustado?

Hace algunos años, como provocación en un congreso, fui al parque Ravizza, aquí en Milán, y fotografié jeringuillas, preservativos, pañuelos de papel y botellas de plástico tirados al suelo e invité a mis compañeros etnoarqueólogos presentes al congreso a observar un suelo contemporáneo que se habría transformado en un *paleosuelo*, dado que sabía que dentro de pocos días un estrato de alquitrán cubriría aquella zona de los jardines. ¡He publicado un suelo antrópico del año 2003!

… ¿y la que menos?

No he tenido ninguna experiencia arqueológica negativa.

¿Cuál ha sido el arqueólogo o arqueóloga que más ha influenciado su forma de ver la arqueología?

Mi predecesor, aquí en el Centro, el conde Cornaggia.

A mí me ha gustado mucho una película… "La búsqueda del fuego" de J. J. Annaud y un libro "The testimony of the spade" de G. Bibby ¿Me podría aconseja usted un libro de arqueología?

Te cuento un episodio contenido en un libro muy interesante. En la tradición de Congo hay un tipo de arpa conocida como *arpa zande*. Según los términos etnográficos de un museo, este instrumento tendría que ser expuesto en una vitrina con la leyenda que define el objeto como "arpa zande" y que explica los materiales con los cuales ha sido creado, su origen, su cronología etc. El arpa zande, en realidad, a diferencia de un instrumento musical occidental, que cuanto más es hermoso, tanto más agradece al músico que tiene que tocarlo, se adapta a la voz de quien lo tocará, así que el instrumento no es adapto tara todos, para cualquier músico, sino es adapto sólo para quien lo utilizará como acompañamiento a su voz. Una vez que el arpa zande esté acabada, hecha a medida del músico que la tocará, el instrumento tiene que morir ritualmente para que pueda perder su voz y acoger la voz de su músico, el cual llevará el luto por un periodo establecido. Cuando se acabe este periodo, el instrumento se habrá convertido en algo tan humilde que podrá, finalmente, acoger la voz de quien lo toque y sólo entonces se podrá grabar una pequeña cabeza humana sobre el arpa. El libro es de Severi y se titula *Il percorso e la voce*[266].

Profesora Cristina Chiaramonte Trerè.
13 febrero 2007, Milán.
Departamento de Ciencias de la Antigüedad.
Universidad de los Estudios de Milán. Italia.

La Profesora C. Chiaramonte Trerè es docente de "*Civilizaciones de la Italia prerromana", en la Universidad de los Estudios de Milán. Es titular del curso de arqueología itálica y trabaja en el Departamento de Ciencias de la Antigüedad. Ha dirigido numerosas excavaciones arqueológicas en Liguria, Sicilia, Toscana y en la Llanura Padana. Últimamente ha dirigido las excavaciones en Guardamonte (Alessandria, Piamonte), un yacimiento de la Edad del Hierro.

¿Se acuerda usted de cómo empezó a estudiar arqueología? ¿... casualidad, una ocasión, un plan pensado de antemano?

No fue un plan premeditado. Empecé estudiando Letras Clásicas porque me gustaba el Mundo Clásico y la historia antigua y fue determinante un encuentro con una amiga; juntas elegimos arqueología como primer examen en la Universidad y desde entonces... ¡fue amor eterno... con la arqueología!

¿Qué ideas, qué opiniones tenía usted sobre la arqueología antes de empezar los estudios en este campo de investigación?

Si tengo que ser sincera, no tenía muchas ideas sobre la arqueología, y las que tenía eran las típicas ideas románticas sobre este campo de estudios, casi las mismas ideas que tienen todos los que empiezan a

266 Severi 2004.

estudiar nuestra disciplina, unas ideas más o menos "a lo Indiana Jones", para entendernos: sentía el atractivo del descubrimiento arqueológico, de lo antiguo, pero, sinceramente, tengo que decirte que nunca había leído libros, más o menos útiles, sobre el argumento. La arqueología, entonces, no era mi primera preocupación.

...Y ahora, ¿qué piensa de la arqueología? ¿Puede darme una definición, aunque sólo sea de manera aproximada, de la arqueología?

¡Es una delicia y un tormento a la vez! Te doy una definición simple y canónica: la arqueología es la búsqueda y el estudio de los testigos materiales del pasado, y por esta razón creo que la investigación arqueológica es indispensable, muy a menudo, para poder escribir la historia.

A mí personalmente, unas de las definiciones de la arqueología que más me gusta es aquella dada, hace una veintena de años, por Kent Flannery, que en su escrito *The Golden Marshalltown* ("la paleta de oro") definía la arqueología como una *diversión*, como la mayor diversión que se pueda tener con los pantalones puestos. ¿Está usted de acuerdo?

Depende, si la diversión corresponde a la sensación de alegría que se tiene haciendo lo que más nos gusta, entonces estoy de acuerdo, pero quiero subrayar el hecho de que muy a menudo la arqueología consiste en la recolección y la sistematización de datos. La arqueología es *orden*, es la reconstrucción, utilizando sólo unos fragmentos, de una imagen, lo más completa posible, del pasado. Sabemos que esta imagen puede tener muchas lagunas, así que también el más pequeño detalle puede ser muy importante. La reconstrucción del pasado a través de la investigación arqueológica es como una especie de rompecabezas del que tenemos pocas piezas; también las más pequeñas tienen que ser recogidas y utilizadas. Si es llevada a cabo seriamente la tarea arqueológica, también en la misma excavación, en algunos momentos resulta ser muy aburrida. No siempre hallamos el gran descubrimiento, en la mayor parte de los casos seguimos cavando tierra y, a veces, después de haber cavado doce horas, lo que encontramos son escorias de metal o cuentas de vidrio. En estos casos los pantalones se te pegan a las piernas a causa del sudor y de la tierra pegajosa. La arqueología no es sólo diversión.

¿Por qué decidió especializarse en este campo de estudios: la arqueología de los pueblos prerromanos de la península Itálica y la *etruscología?

También en este caso se trató de una serie de coincidencias, las cuales, como a menudo acontece en la vida de una persona, se muestran independientes de nuestra voluntad. Los encuentros a veces marcan el camino de un individuo. En mi caso, escribí una tesis de Licenciatura que tenía como objeto el material arqueológico greco *proto-corintio proveniente de las excavaciones de *Selinunte, en Sicilia, lejos de un contexto de arqueologia itálica *stricto sensu* o de arqueología de los etruscos. Más tarde, el encuentro con una profesora universitaria, que luego enseñaría etruscología en esta Universidad, aquí en Milán, y la armonía que se creó entre nosotras dos en la investigación, me llevó en un primer momento a concentrar mis estudios sobre los etruscos y luego sobre el mundo itálico prerromano en general.

¿Usted ve perspectivas futuras para la investigación arqueológica?

La investigación arqueológica en general, por lo menos en teoría, debería tener unas perspectivas futuras muy amplias, en particular si hablamos de Italia, por lo que concierne a la arqueología prerromana (la arqueología itálica) que ha sido por mucho tiempo una gran desconocida. Hasta hace pocas décadas han sido la arqueología de *Magna Grecia y la arqueología romana las protagonistas en el ámbito académico y en la investigación arqueológica; fue solo con descubrimientos casuales, investigaciones y propuestas de estudios, a menudo provocativas, hacia la mitad del siglo XIX con *Micali y más tarde con *Wilamovitz, cuando, finalmente, se llegó a entender que el *mundo itálico antiguo* no fue una especie de "emanación de Roma", sino, más bien, al revés: fue Roma a ser una ciudad de origen itálico. A causa de esto, la investigación arqueológica del mundo itálico es todavía una "ciencia" muy joven y bastante atrasada, sobre todo si hablamos de cantidad de excavaciones, de cantidad de investigadores y de estudios. Las perspectivas, bajo este punto de vista, son muy amplias.

Hoy en día, ¿es todavía necesario excavar? ¿No sería mejor concentrar fondos económicos y energías en la conservación y en el estudio de los materiales ya excavados y, tal vez, desarrollar aún más las técnicas de investigación arqueológicas menos invasivas y destructivas, como, por ejemplo, la prospección arqueológica? De hecho, podríamos afirmar que no hay yacimiento arqueológico mejor conservado que aquel que todavía está bajo tierra, que está aún por excavar.

Muy buena pregunta: ¿por qué excavar? Hay que tener en cuenta dos aspectos. El primero es que la investigación arqueológica tuvo un desarrollo muy espectacular, sobre todo en las últimas décadas, bajo el punto de vista de la recolección y documentación científica de los datos, de la praxis y de las técnicas de excavación. La excavación arqueológica, sólo desde la mitad del siglo XX, en Italia por lo menos, ha empezado a tener una "metodología científica". En relación a su época, arqueólogos cómo *Paolo Orsi o *Ettore Gabrici fueron muy buenos excavadores pero, bajo el punto de vista de la documentación, solo desde hace pocas décadas hemos alcanzado un nivel de cientificidad que nos permita estar en las condiciones de poder, aunque no hayamos personalmente excavado un yacimiento, recrear la naturaleza y el estado de aquel contexto arqueológico y hasta de poder corregir algunas observaciones hechas por quien anteriormente excavó aquel yacimiento. Hoy en día, muchos datos esperan una verificación a través de la comparación con la nueva evidencia que emerge del subsuelo, y algunos datos que provienen de excavaciones demasiado viejas se pueden incluso mejorar.

El segundo aspecto tiene a que ver con la urgencia, con el hecho de que lamentablemente, o afortunadamente (depende de los puntos de vista) el subsuelo, y esto vale tanto para Italia como para España, está repleto de restos arqueológicos y entonces, prácticamente en casi todas las obras públicas y privadas de construcción, se hace necesaria una excavación o una supervisión arqueológica. No tenemos elección: la necesidad es la de no perder información arqueológica, de no perder la *cultura*, diríamos, y de no dañar, en esta manera, aún más lo que otros están dañando del nivel socio-cultural de nuestro país.

... pero, lo que está enterrado, que está en el subsuelo, todavía oculto, ¿puede responder a las preguntas que el ser humano y los arqueólogos se ponen sobre el pasado?

Depende de lo que el arqueólogo pueda entender del subsuelo. Una cosa está clara: no hay que *querer* encontrar unas respuestas a nuestras preguntas en el subsuelo, porque en este sentido sería muy simple encontrarlas. Me explico: es muy simple forzar, también de forma inconsciente, sin darnos cuenta, la evidencia arqueológica. Tenemos entonces que excavar de la forma más neutral posible. Está claro que cada arqueólogo se crea una propia idea del yacimiento según avanza la excavación y según la evidencia emerge del subsuelo pero, de la misma manera, es también cierto que, según mi punto de vista, el arqueólogo debe ser fuerte psicológicamente para no aficionarse demasiado a una interpretación fija de la evidencia que está poco a poco exhumando, por lo menos hasta que no haya acabado la excavación. Tenemos, como arqueólogos profesionales, que excavar lo que está enterrado; no tenemos que buscar lo que *queremos* encontrar.

¿La arqueología es política? En que manera, según su experiencia, la arqueología está en relación con el ámbito socio-político donde la misma se desarrolla?

¿Me preguntas si la arqueología es política? ¡Claro que lo es! La arqueología es, hoy en día, como también lo ha sido en el pasado, un instrumento político. Por ejemplo, el mismo *Massimo Pallottino buscaba en los testimonios de la arqueología la prueba del volver de los ciclos históricos. No es una casualidad que su primer artículo tuviera como objeto el "fascio littorio" de la "Tumba del Littore" de *Vetulonia, en Etruria. En aquella época, durante el régimen fascista, se insistía mucho, para "caer bien" al Estado, sobre los orígenes etruscos de las imágenes del poder. De hecho, el símbolo del "fascio littorio" es un símbolo oriental, que, a través del mundo etrusco, pasa a las manos del *dux*.

Más allá de esto, la arqueología es historia, y la historiografía difícilmente consigue sustraerse a las interpretaciones personales, a menudo controladas por las ideas políticas del investigador o por el entorno socio-político en el cual el investigador vive. En general, las escuelas de pensamiento más importantes en Italia han tenido una orientación de izquierdas, como frecuentemente pasa en las Universidades, aunque últimamente las cosas son un poco diferentes.

Diría que, en general, el asunto, bajo una perspectiva arqueológica, se pone en estos términos: ¿es el elemento religioso o el elemento socio-político lo que está en la base de una comunidad, por ejemplo, en el mundo itálico arcaico? Ahí donde nosotros los arqueólogos encontramos unos elementos funerarios, donde hallamos una ostentación de la riqueza, ¿tenemos que interpretar aquella exhibición de riqueza como un homenaje a una divinidad, un homenaje que tiene como causa un hecho interior, personal, de creencia en una vida más allá de la terrena, o tenemos que interpretarla como una pura demostración del poder de la familia del difunto (sea hombre o mujer) y, entonces, llegar a la conclusión de que aquella opulenta sepultura servía a los que se quedaban en este mundo y no al difunto, es decir, que la sepultura tenía una valor exclusivamente social?

La Universidad, con sus problemas económicos y organizativos, en un campo particularmente complejo como la arqueología, y en un mundo laboral tan exigente, ¿está todavía en posición de formar arqueólogos?

Creo que la Universidad como Institución está todavía capacitada para la formación de arqueólogos; pero quiero subrayar un aspecto: la arqueología, aún más que otras disciplinas, está afectada por una crónica falta de financiaciones. La escasa aportación de dinero afecta, en general, a todo el ámbito de la investigación y sobre todo a las investigaciones en el campo humanístico.

La arqueología, además, se encuentra en una situación bastante problemática bajo el punto de vista económico: aunque forma parte de las disciplinas humanísticas, comparte también algunos aspectos de las disciplinas científicas; por ejemplo, la investigación arqueológica de campo, la excavación o la prospección, es comparable, a causa de su complejidad y tamaño, a las investigaciones de tipo geológico o ambiental. Si hablamos de excavaciones y prospecciones, la investigación arqueológica necesita de muchas disciplinas científicas colaterales, como la química, la pedología (el estudio de los suelos), la mineralogía, la paleontología etc. Una excavación arqueológica tiene unas exigencias muy fuertes, mucho más fuertes que muchas otras disciplinas humanísticas.

La Universidad está en condiciones de formar arqueólogos bajo el punto de vista teórico, mientras que, bajo el punto de vista de la preparación práctica, de las excavaciones, muy a menudo la preparación universitaria no está a la altura.

Según mi experiencia personal, siempre he notado un distanciamiento, incluso bastante importante, por no decir a veces una oposición, entre el ambiente universitario y el ambiente laboral, me refiero a una oposición entre formación universitaria por un lado y Empresas de Excavación Arqueológica y "arqueología de gestión" por el otro. ¿Cómo ve usted la cuestión?

Estoy de acuerdo. Hay un distanciamiento entre el ámbito universitario y el ámbito laboral en arqueología. La Universidad tiene como fin la investigación y el desarrollo de un tipo de investigaciones más lentas y sin una perspectiva que salga de los fines mismos de la ciencia. Sin embargo, en el ámbito de las empresas de arqueología hay necesidades diferentes, como por ejemplo la tutela del Patrimonio Arqueológico y, a menudo, se desarrollan investigaciones con dinámicas y tiempos que defieren respecto a las modalidades seguidas por la Universidad. Siendo un tipo de arqueología, la de las empresas, que sigue las obras de construcción, depende de las empresas constructoras para la financiación y para la excavación de los restos que, de hecho, "impiden" las obras de construcción y para las dinámicas temporales de desarrollo de la misma excavación. Este tipo de arqueología, la que se desarrolla a lado de las empresas de construcción, la "arqueología de gestión", tiene muchos puntos débiles.

Tengo que decir, de todas formas, que las cosas están mejorando respecto a cuando yo era joven, cuando las empresas de excavaciones arqueológicas ni siquiera existían y los funcionarios de las Superintendencias eran demasiado pocos y con demasiado trabajo para poder seguir todas las "emergencias" arqueológicas. A menudo se paraban la obras de construcción y los arqueólogos universitarios eran "acusados" de estar "jugando con la excavación" sin obtener resultados rápidos. Hoy hemos entendido que se puede excavar bien también con algo de prisa y, de la misma manera, sabemos que la excavación universitaria es una excavación llevada a cabo con una rigurosa metodología científica y es fundamental para el desarrollo de la ciencia misma.

¿Por qué estudiar arqueología entonces? El panorama me parece frustrante. ¿Merece la pena?

Empecemos diciendo que no debería ser competencia del arqueólogo hacer de todo en una excavación, como picar y palear, aunque, en casos de necesidad podemos apañarnos llevando a cabo también las tareas más básicas; pero ésto, repito, no debería ser la regla. Las situaciones que muy a menudo se crean en las excavaciones, como ocurre frecuentemente hoy en día, y también en otros ámbitos laborales, son condiciones que determinan la fuerte explotación de los jóvenes y la falta de perspectivas y posibilidades de trabajos en otros ámbitos arqueológicos. Estas condiciones inducen a los jóvenes, con necesidad de cobrar dinero trabajando, a adaptarse a cualquier situación laboral y de contrato. ¡Lamentablemente estas son condiciones frustrantes! A menudo los arqueólogos estudian por pasión y, aunque últimamente ha habido cambios, la arqueología es todavía un campo de estudios de *élite*.

Quiero subrayar también la dependencia del Gobierno, bajo este punto de vista, de la investigación arqueológica. Me explico: en un país como Italia (pero esto vale también para otros países) la investigación debería ser incentivada, porque los estados con mucho Patrimonio artístico y arqueológico podrían conseguir riqueza y ofrecer posibilidades de trabajo a través de este Patrimonio cultural. Todo el mundo habla del

Patrimonio artístico y arqueológico del propio país y del turismo cultural a esto asociado, pero, de hecho, los progresos y las oportunidades laborales bajo este punto de vista son demasiado pocos.

Hablando del ejemplo italiano, fijemos la atención sobre la importancia, bajo el punto de vista turístico y de la imagen a nivel planetario, de Pompeya, de Roma y de los grandes yacimientos arqueológicos y los grandes museos y, por otra parte, fijemos la atención sobre el hecho de que a la mayoría de los museos les faltan estructuras, personal de sala y personal científico (como los conservadores de museo). En teoría, el mundo de la arqueología podría ofrecer mucho trabajo y muchas posibilidades pero no se pueden mejorar mucho las cosas si las financiaciones para el Patrimonio artístico y arqueológico siguen siendo muy escasas.

¿Como ve usted la relación entre Instituciones en el ámbito de la arqueología? Ya sea en una relación *inter pares*, como por ejemplo entre Universidades, o como en una relación vertical, entre Universidad y Estado?

La relación es sobre todo vertical. El vínculo con el Estado es muy simple: la Universidad no tiene ninguna autoridad de decisiones sobre la planificación de las campañas de excavación, es decir, la Universidad tiene que pedir, para poder excavar, el permiso al Estado y este *puede* conceder el permiso de excavación a la Universidad y la Universidad tiene la obligación de comunicar a la Superintendecia los resultados de sus investigaciones.

Las Superintendecias, cada año, deben confirmar las concesiones para las excavaciones o estipular una convención. Hay de varios tipos, como por ejemplo, una convención de colaboración, y ambas partes ponen sus estructuras al servicio de la investigación. A menudo, las Superintendencias ofrecen, sobre todo, instrumentos para las obras, mientras que las Universidades ofrecen el personal, que puede incluir estudiantes en prácticas y/o personal científico.

Ha habido experiencias laborales positivas en el régimen de colaboración entre Universidad y Superintendencia. A veces, sin embargo, hay colaboraciones menos logradas, más problemáticas, porque se suele pensar, aunque sin razón, que quien trabaja en la Universidad tiene poco trabajo, mientras que, el funcionario de la Superintendencia, que se siente como oprimido por tener demasiado trabajo, demasiada burocracia y una gran cantidad de documentos por firmar y revisar, se siente frustrado por el hecho de que no puede participar de forma más activa en la investigación de campo.

También en este caso, el personal, muchas veces, es demasiado escaso respecto a las necesidades de las Superintendencias. Hace unas décadas probablemente eran suficientes sólo una decena de arqueólogos para el control de todo el territorio de Lombardía, un ejemplo regional que conozco personalmente; sin embargo, hoy en día, las cosas son diferentes. Hay muchas excavaciones y cada descubrimiento, aunque poco impactante bajo el punto de vista público, tiene que ser documentado científicamente.

La relación entre Universidades y Museos es ocasional. La mayoría de los museos tienen la necesidad de una edición más científica de las piezas arqueológicas conservadas y expuestas. A menudo los catálogos de las colecciones están mal hechos o redactados con mucha aproximación y, tal vez excepto los "grandes museos", también las formas y las estructuras de las exposiciones son viejas y poco cuidadas. El problema es que, en muchas ocasiones los museos no tienen un personal científico a la altura. Además, hay que tener en cuenta que existen varios tipos de museo bajo el punto de vista administrativo: museos cívicos, museos provinciales, museos regionales, museos estatales, etc., y cada uno depende de Instituciones diferentes. A todo esto hay que añadir que, sobre todo en algunas zonas crónicamente afligidas por la falta de empleo, los puestos de trabajo en los museos se destinan a personal no cualificado bajo el punto de vista arqueológico.

¿Cómo es gestionado el aspecto *social* de la arqueología en la Institución en la que usted trabaja o en su ámbito profesional? Me refiero sobre todo a la relación con el público y a la relación con los medios de información, cómo prensa y televisión.

Lamentablemente, en Italia, con pocas excepciones, la arqueología en Televisión está presentada con muy poca cientificidad. Bajo mi punto de vista, como Profesora no me preocupo de la relación entre arqueología y medios de comunicación, como la TV. La Universidad no tiene una relación con el público, sin embargo tiene una relación con los estudiantes y tiene que preocuparse de este vínculo. Los medios de información, Prensa y Televisión, sobre todo, deberían hacerse más sensibles a la relación con la arqueología, buscar informaciones precisas y utilizar docentes y profesionales para la divulgación.

Está claro que los "frutos" de la investigación arqueológica tienen que estar orientados hacia el público. Cuando la Superintendencia Arqueológica de Lombardía descubrió "los dos amantes[267]" del *Neolítico, los medios de información se "lanzaron sobre la noticia" porque aquel descubrimiento fue muy clamoroso y esto no quita la importancia científica del hallazgo. También en este caso, la noticia y el mismo descubrimiento han sido banalizados, pues se ha enfocado la atención del público sólo sobre el factor estético de los dos "amantes", de la pareja abrazada. ¡La noticia del hallazgo hasta fue retransmitida por la cadena árabe *Al Jazira*!

¿Está usted satisfecha con su trabajo de arqueóloga? ¿Coinciden sus expectativas pasadas de estudiante con su estado actual de arqueóloga?

¡No, no me siento muy satisfecha! Me explico: siento satisfacción por el trabajo que hasta hoy he desarrollado, pero siento frustración por el hecho de que, tras años de trabajo, no consiga "pasar el testigo" a los jóvenes y esto me hace sufrir. Después de casi cuarenta años de arqueología me siento con el deber, y el derecho, de pasar el testigo. Lamentablemente las cosas no son tan simples como a veces parecen; a menudo, en el ámbito universitario hay unas relaciones de fuerza y muchas presiones más allá del aspecto exclusivamente académico.

---

267 La profesora Chiaramonte hace referencia al descubrimiento de dos esqueletos abrazados, de sexo diferente, enterrados en época Neolítica cerca de lo que hoy es el pueblo de Valdaro, en la provincia de Mantua, Lombardía. La "pareja" es conocida también como "los amantes de Valdaro" o los "Romeo e Giulietta de la prehistoria" pues el lugar del hallazgo se encuentra a unas pocas decenas de kilómetros de Verona.

La arqueología y mi trabajo todavía me apasionan pero, hoy en día, los jóvenes arqueólogos son mucho más numerosos respecto al pasado y se encuentran con muchas más desventajas a causa de la falta de financiación y de oportunidades profesionales. Bajo este punto de vista, la imagen que tenía de la arqueología a principio de mi carrera universitaria no coincide con la imagen que tengo ahora de este ámbito profesional. Es bastante frustrante pensar en la posibilidad de deber interrumpir una excavación arqueológica a causa de la falta de financiación o pensar en la posibilidad de la suspensión de un curso universitario por causas económicas.

Personalmente comparto algunos enfoques del *relativismo* en arqueología. Siendo esta una práctica social, humanística, la arqueología depende, creo, mucho del sujeto que la desarrolla. ¿Cuanto influyen las ideas personales, sociales, políticas, económicas y arqueológicas o religiosas sobre el investigador y sobre el objeto mismo de la investigación arqueológica?

Creo que las ideas personales tienen mucha influencia sobre el investigador pero, la intensidad con la cual estas ideas actúan depende de la objetividad del mismo investigador, de su honestidad intelectual. Por ejemplo, nosotros los arqueólogos nos damos cuenta de que, por lo que concierne al Mundo Antiguo y a la Prehistoria, el récord arqueológico está esencialmente dominado por los testigos funerarios, es decir, los datos que provienen de las necrópolis son, como cantidad, mucho mayores respecto a los datos que provienen de los asentamientos; es a causa de ésto que hay que prestar mucha atención en el momento de la interpretación de los datos.

Es fácil proyectar en el pasado algunas de nuestras ideas contemporáneas, las ideas que el investigador tiene sobre el mundo que le rodea. Esto es muy fácil, repito, sobre todo por lo que concierne a la interpretación arqueológica de las estratificaciones sociales presentes en una necrópolis. En el estudio del ámbito funerario hay que prestar mucha atención, tanto en la tipología de los materiales encontrados, como a la topografía, a la distribución espacial y a las modalidades funerarias presentes en la necrópolis.

El debate arqueológico sobre la interpretación de las necrópolis es muy importante, sobre todo desde los años 60, con el desarrollo, también en Europa, del marco interpretativo de la Nueva Arqueología de matriz norteamericano. No hay que atribuir a hombres y mujeres de la Antigüedad, o de la Prehistoria, las actitudes mentales y las formas de pensamiento que forman parte del mundo contemporáneo. En este sentido son las ideas personales, sociales y políticas del investigador las que influyen sobre el objeto arqueológico.

Cuando era una niña ¿le gustaban las momias y las pirámides? ¿Le gustaba jugar y ensuciarse con tierra, o estas son cosas para adultos?

Las momias y las pirámides nunca me han atraído mucho, de hecho, podría incluso decir, que ya desde niña no tenía mucha simpatía por las momias, las pirámides y el Antiguo Egipto en general. Este sentimiento de antipatía lo conservo todavía. La grandiosa civilización del Antiguo Egipto no me suscita curiosidad; sin negar el atractivo de los viajes a Egipto a lo largo del Nilo, nunca he encontrado particularmente estimulante el estudio arqueológico del Antiguo Egipto porque siempre he pensado que aquello fue un mundo demasiado cerrado en sí mismo. Prefiero el "hombre micénico" que cruza el Mediterráneo, más que el "hombre del Antiguo Egipto" que navega por el Nilo. Por lo que concierne jugar con la tierra... siempre me ha gustado... y ¡todavía me agrada!

¿Ha significado Indiana Jones algo en su vida profesional?

No, no ha significado nada.

Dada la larga y profunda relación entre investigación arqueológica e ideología de estado, me refiero, por ejemplo, al nacionalismo y al colonialismo, sobre todo inglés, francés y aleman, además del caso italiano, ¿la Arqueología es también culpable o tiene sólo méritos?

La arqueología en sí no tiene culpas, son los arqueólogos, como hombres y mujeres, los que pueden haber tenido alguna culpa bajo este punto de vista.

¿Usted estaría del lado de los romanos o de los bárbaros?

En los estudios académicos siempre hubo una especie de oposición entre el estudio de la romanidad y el estudio de los bárbaros. El término bárbaro es poco preciso y tiene acepciones bastante amplias. En general, la conquista romana, sobre todo en su primera parte, es decir, el periodo de la República, es vista por los investigadores como algo positivo. Fuera de las fronteras italianas el discurso es más complejo. Personalmente... ¡prefiero a los bárbaros!

¿Me puede hablar de la excavación o de la actividad arqueológica dirigida por usted que más le ha gustado?

Hubo muchas investigaciones de campo donde me divertí mucho. Los momentos que más me han emocionado coinciden con mis primeras experiencias arqueológicas. Fatalmente, siendo seres humanos, acabamos acostumbrándonos a cualquier cosa y, con el paso de los años, la emoción puede disminuir.

Tengo maravillosos recuerdos de la excavación de un yacimiento romano, en *Luni, Liguria, donde hallamos una estatua de mármol con *lórica* [armadura] ¡Fue un descubrimiento emocionante! En la misma Luni, a través de la interpretación de los tiestos de cerámica y de los fragmentos arquitectónicos ahí encontrados, establecimos una cronología de un templo que debía de haber existido en aquella zona en el periodo imperial y, al final de la excavación, hallamos una parte del dintel de la estructura. Era tan pesada que tuvimos que usar una retroexcavadora para levantarla. Nosotros estábamos debajo, observando como los dientes de acero de la pala mecánica mordían y levantaban la pieza arquitectónica por encima de nuestras cabezas. Mientras el dintel fluctuaba encima de nosotros, pudimos observar una inscripción grabada en su cara inferior, la parte que se había quedado oculta en el suelo. La inscripción decía: *Antoninus Pius pecunia sua posuit*, es decir, "*Antonino el Pío construyó este templo con su dinero", y la referencia a aquel emperador confirmó la exactitud de la cronología que habíamos establecido a través de la evidencia arqueológica. Fue una gran emoción, sobre todo, estimulada por la espectacularidad de la escena, cuando el gran fragmento del dintel del tempo es liberado de la tierra y muestra, en el aire, la inscripción y desvela la cronología exacta del conjunto arqueológico.

Otra experiencia muy emocionante fue una excavación en *Tarquinia, tanto por la importancia científica de aquella excavación, en relación sobre todo a los datos provenientes del asentamiento, como por el descubrimiento del *depósito de los bronces*, donde hallamos un escudo, una trompeta y un hacha. Aquellos bronces fueron enterrados, después de haber sido doblados, en el siglo VII a. C., en frente de un edificio, del cual no conocíamos su tipología arquitectónica en la época en la cual estábamos excavando el yacimiento.

... y ¿la que menos le ha gustado?

La investigación que me ha dado menos satisfacciones fue una excavación de urgencia que efectuamos en la zona de Piacenza. Emergió evidencia arqueológica del terreno movido por las retroexcavadoras durante las obras para la ampliación de una nave industrial. La Superintendencia impuso una excavación preventiva anterior a la edificación de la estructura industrial. En aquel periodo nos ocupábamos, aquí en la Universidad de Milán, de la difusión de los antiguos *lígures en el área de Piacenza, zona que parece marcar las "fronteras", durante la *Edad Arcaica, entre el "mundo ligur" y el "mundo etrusco". Aquella excavación, en teoría, podía haber sido muy interesante bajo el punto de vista científico: hubiera habido la posibilidad de unir los intereses científicos del Departamento de Arqueología de la Universidad con las necesidades de la Superintendencia inherentes a la conservación y tutela del Patrimonio Arqueológico Nacional. Sin embargo, en la práctica fue una experiencia agotadora. Excavamos tres metros de depósitos aluviales estériles, es decir, los depósitos creados por el río Po durante siglos de actividad fluvial, antes de poder encontrar la evidencia arqueológica. La excavación de los tres metros de depósitos fue llevada a cabo sin la ayuda de los medios mecánicos necesarios, pues la empresa de construcción de la nave industrial no quiso ayudarnos, esperando un rápido abandono por nuestra parte y un rápido cierre de la excavación arqueológica. Aquella experiencia no me gustó y, además, los resultados científicos fueron más bien modestos.

¿Ha encontrado usted algún tesoro?... o ¿un "tesoro" de informaciones científicas?

¡Los *bronces de Tarquinia*! Aquello fue un tesoro... también en el sentido científico.

¿Cuál ha sido el arqueólogo o la arqueóloga que más ha influenciado su forma de ver la arqueología?

*Antonio Frova, el Profesor de arqueología greco-romana aquí en la Universidad de Milán, y gran experto de la excavación arqueológica. Él excavó la ciudad de *Cesarea, en Israel. Lo que siempre he apreciado del profesor Frova fue su generosidad, su seriedad intelectual y su experiencia en las técnicas de excavación. Fue un ejemplo para mí.

Bajo el punto de vista bibliográfico, uno de los arqueólogos que más me han influenciado fue *Ranuccio Bianchi Bandinelli.

¿Me puede hacer una rápida evaluación del nivel de la investigación arqueológica en Italia hoy en día? Pensando por una parte en el impacto que tuvo en Europa la Nueva Arqueología norteamericana, y por otra parte, en un gran arqueólogo italiano como *Bernabó Brea. ¿Los italianos sólo tienen que aprender de los demás arqueólogos norteamericanos y europeos o también pueden contribuir al desarrollo de la investigación arqueológica?

La preparación cultural de los arqueólogos italianos es muy alta, sobre todo si la comparamos con el entorno arqueológico existente en Estados Unidos o en Inglaterra. Pero la arqueología en Italia está todavía bastante atrasada en comparación con la arqueología practicada en otros países, sobre todo bajo el punto de vista de las técnicas de excavación, mientras que tiene un nivel muy alto en lo que concierne el análisis y la interpretación de los datos arqueológicos.

A mí me ha gustado mucho una película... "La búsqueda del fuego" de J. J. Annaud y un libro "The testimony of the spade" de G. Bibby ¿Me podría aconsejar usted un libro de Arqueología?

En estos días estoy leyendo otra vez un maravilloso libro de *Massimo Pallottino: *Storia della prima Italia*[268].

---

[268] Pallottino 1984.

Mayra Gil Camarón
9 Agosto 2007, Salamanca
Arqueóloga

Mayra Gil Camarón se licenció en la Universidad de Salamanca y en ese ateneo obtuvo la licencia investigadora en arqueología con una tesina sobre los *cartagineses en la Península Ibérica. Alterna la participación en convenios de arqueología con el trabajo de campo y con la redacción final de su tesis de doctorado sobre los "*bárquidas".

Usted es una doctoranda en arqueología, ¿me explica cuál es el objeto de su tesina y cual será el objeto de investigación de su tesis de doctorado?

Mi tesina tuvo como objeto los *fenicios y los cartagineses en la Península Ibérica. Mi enfoque era sobre las vías de contacto que estos pueblos mediterráneos utilizaban para sus "entradas" en el territorio peninsular, hasta la Meseta Norte. Tuve que utilizar fuentes tanto históricas como arqueológicas. Me basé en la campaña de *Aníbal en la zona del Duero, los hallazgos de monedas y los restos arqueológicos, sobre todo la cerámica. Ahora estoy trabajando en mi tesis, que es, en esencia, el desarrollo de la tesina y tiene como objeto de investigación *Amilcar Barca y su política en el Mediterráneo, además de un análisis general del *mare nostrum* en el siglo III a.C, es decir, durante la época de la segunda *guerra púnica.

¿La arqueología de los fenicios es un campo de investigación muy desarrollado en España?

Es un campo de investigación bastante desarrollado, pero sobre todo en la costa mediterránea de nuestro país, hasta el Guadalquivir, o incluso hasta el Guadiana, o sea, en las zonas de mayor influencia fenicia. No se había estudiado nunca un posible contacto con el interior de la península. En la Meseta española (hay que tener en cuenta que además de España también Portugal, en la parte meridional, tuvo ocupación fenicia) no se ha encontrado ningún yacimiento fenicio como tal, pero se han encontrado sitios de ocupación que tuvieron una influencia mediterráneo-oriental.

Por ejemplo, cerca de Badajoz, hay un palacio-santuario con una planta de origen sirio. Es muy probable que en este caso los arquitectos que levantaron este edificio tuvieran un origen oriental. No se habla entonces de asentamientos fenicios como tal, sino más bien hablamos de influencia cultural o presencia esporádica, contactos entre fenicios-cartagineses y pueblos indígenas. Los santuarios fenicios servían como una especie de "centros comerciales" de la época y estos tipos de asentamientos, como los de la zona de Badajoz y del Guadiana, parece que tuvieron justo esta función, era lugares sagrados en "tierra de nadie" donde se podían hacer transacciones comerciales.

¿Que le pareció el Doctorado en arqueología? ¿Se esperaba algo diferente?

Sí, me esperaba algo muy diferente. Para mí aquellas clases fueron algo muy parecido a las clases que tuve durante los cursos de licenciatura. Me esperaba algo más profundo, especializado, además, los que me dieron clases en el curso de Doctorado eran los mismos Profesores de los cursos de la carrera. Quitando alguna excepción, la mayoría de las clases fueron una repetición de lo que ya había oído durante los cuatro años de carrera. Los problemas de un doctorado en arqueología son muchos, por ejemplo: es un campo de investigación muy amplio: prehistoria, historia antigua y arqueología. No tiene mucho sentido para un prehistoriador tener que estudiar historia antigua. Un historiador no se considera, ni es, un arqueólogo, como un arqueólogo muchas veces no se considera un historiador…. pero juntos estudian el mismo doctorado. Todo queda muy superficial. Los cursos de Doctorado, planteados de esta forma, son un mero trámite para conseguir el "papel" de la Licencia Investigadora.

¿Cambiaría algo en la formación universitaria de un estudiante de arqueología y en el Doctorado mismo?

Para empezar, hay que decir que en España no existe una facultad o una carrera de arqueología como tal. Si se quiere dejar que los estudios de arqueología se cursen en la facultad de historia, me podría parecer incluso correcto, pero, por lo menos, ¡que se creara una *especialidad* en arqueología! Bajo este punto de vista (pensando en la carrera y en el título) en España no hay arqueólogos, entonces ¿quién excava? ¡Este es el punto fundamental! Si hablamos, bajo una perspectiva legal, de la Licenciatura y de la formación universitaria... ¿quién está capacitado para excavar? ¿Historiadores del arte? ¿Licenciados en humanidades? ¿En historia? En la práctica el panorama es incluso peor. Si un estudiante quiere excavar, tiene que buscarse una excavación por su cuenta, desde luego en la carrera universitaria nadie te enseña cómo llevar a cabo una excavación arqueológica y todo queda muy teórico. Un arqueólogo necesita práctica, necesita haber *pisado el campo*, haberse *ensuciado de polvo*! La teoría es importante, pero la práctica es necesaria. Lo triste es que cuando los estudiantes empiezan a estudiar arqueología no tienen idea de lo que van a hacer y, cuando acaban, la mayoría de ellos, ¡tampoco tiene una idea clara!

¿Me está usted hablando de dos mundos diferentes? ¿La Universidad por una parte y las excavaciones arqueológicas por otra?
¡Exactamente! La mayor parte de las Universidades no llevan excavaciones de urgencia, sin embargo todas las empresas privadas de excavación arqueológica llevan excavaciones de urgencia, que de hecho, cubren la *mayor parte* de la arqueología de campo. Ademas son dos tipos de excavaciones bastante distintas. Por ejemplo, la Universidad de Salamanca tiene sólo una excavación abierta: se trata de un campo de trabajo en un yacimiento romano, al que pueden acceder los estudiantes sólo un mes cada año, en verano. Esta forma de llevar a cabo una excavación arqueológica no tiene nada que ver, o casi, con la forma en la que se excavan la mayor parte de los sitios arqueológicos, es decir, con empresas privadas y en excavaciones de urgencia. En una excavación universitaria cada uno va a su ritmo, bajo el punto de vista de la estratigrafía todo está muy claro y se va almacenando el conocimiento año tras año. Sin embargo en una excavación de urgencia las cosas funcionan de forma muy distinta: trabajas contrarreloj, no sabes lo que vas a encontrar y puedes enfrentarte a cualquier tipo de cronología. En estos casos ¡lo que importa es la prisa! Este tipo de excavación no tiene nada que ver con lo que nos han explicado en clase, durante la carrera.

¿Se acuerda usted de cómo empezó a estudiar arqueología? ¿... casualidad, una ocasión, un plan pensado de antemano?

No tenía otra alternativa, lo que más me gustaba eran la historia y la arqueología. Mis padres querían que estudiase lo que más me gustaba, así que acabé "naturalmente" estudiando arqueología. Pero, quiero decirte que, si pudiera volver atrás, no se si volvería a estudiar la misma carrera, o, cuanto menos, de la misma manera. Si pudiera volver a empezar desde el principio cambiaría de estrategia para buscarme unas posibilidades laborales diferentes para el futuro.

¿Qué ideas, qué opiniones tenía usted sobre la arqueología antes de empezar los estudios en este campo de investigación?

No tenía ideas claras. En la Universidad, cuando me matriculé, me dijeron que para estudiar arqueología tenía que matricularme en Historia y el primer año ¡no tuve ni una clase de arqueología! No tuve la posibilidad de hacer prácticas en el campo, es decir, excavaciones, ¡hasta el cuarto año de carrera! Todo era muy desorganizado. Las ideas que tenía de la arqueología estaban basadas en lo que veía en la TV.

¿Por qué decidió usted especializarse en este preciso campo de estudios: los fenicios y los cartagineses?

El Oriente Próximo siempre ha sido mi pasión, pero dedicarme a estudiar los fenicios en la que era su tierra, Fenicia, resultaba ser muy complicado e incluso peligroso, dado que actualmente en aquella zona hay guerras y un eterno estado de tensión [Fenicia, en la actualidad, corresponde a la región de Líbano, Palestina e Israel]. El año pasado, por ejemplo, durante la crisis entre Líbano e Israel, la ciudad de Tiro fue bombardeada, y muchos yacimientos arqueológicos sufrieron los golpes de la artillería. Lo que me resultó más fácil entonces era, digamos, "traerme en casa" a los pueblos del Levante mediterráneo, dado que aquí en España había la posibilidad de estudiarlos: la costa mediterránea, de hecho, vio la colonización tanto de fenicios como de cartagineses. Me gustaría seguir investigando después de terminar el Doctorado, pero creo que esta opción será poco viable, visto como está la situación de la arqueología en nuestro país. Acabar una tesis doctoral en arqueología no abre ninguna puerta. Si quieres investigar en este campo, pues tendrás que hacerlo con tus propios recursos. Yo quiero seguir publicando artículos en revistas científicas de arqueología y seguir mi trabajo porque creo que puedo aportar algo al conocimiento del pasado, a la investigación arqueológica en general. Se trata del orgullo de terminar lo que me había planteado hace años. Es el hecho de ser arqueóloga y escribir sobre arqueología lo que me permite seguir adelante. Quiero publicar mis datos y las conclusiones de mis investigaciones. Nunca tuve una beca, nunca trabajé en la Universidad y no he podido hacer muchas de las cosas que me hubiera gustado hacer en campo arqueológico porque no me dieron la posibilidad, aún así ¡quiero terminar mi investigación!

¿Ve usted perspectivas futuras para la investigación arqueológica en su campo? ¿Y en general?

Todavía hay que excavar mucho. No creo que la arqueología se vaya a acabar, por lo menos a corto plazo. Es el sistema que hay ahora en arqueología lo que hay que cambiar, ¡el sistema debe evolucionar! Hemos llegado a un punto donde, prácticamente, se excava solo por la urgencia de "salvar" el yacimiento antes que este sea destruido o cubierto por las labores de construcción de autopistas o de pisos; ya casi no se excava para conocer, para investigar: este tipo de excavación arqueológica la hace solo la Universidad y un mes al año. Hoy la mayor parte de la arqueología es llevada a cabo por *necesidad* y no para la ciencia: ¡ese es el problema fundamental.

Bajo su perspectiva, la Universidad, con sus problemas económicos y organizativos, en un campo particularmente complejo como la arqueología y en un mundo laboral tan exigente, ¿está todavía en posición de formar arqueólogos?

Desde luego hoy en día la Universidad no está creando, ni formando, los arqueólogos que están trabajando en el campo. Al no haber en España una especialidad en arqueología, en la práctica casi cualquier persona puede excavar, puede trabajar como "arqueólogo" en una empresa de excavaciones. No es obligatorio conseguir un Doctorado para llevar a cabo una excavación... es paradójico y absurdo pero en nuestro campo, por lo menos en España, es así. Esta situación conlleva el hecho de que mucha gente en nuestra disciplina piensa que el hecho de especializarse sea una estupidez, dado que, según ellos, no te aporta nada en la práctica ni a la hora de excavar.

Ademas de Universidades y Empresas de Excavaciones Arqueológicas hay un tercer protagonista en nuestro "drama arqueológico": los museos. En teoría, lo de los museos es un papel importante, pues los museos son los lugares en donde van a acabar las piezas que se recuperan en el terreno y donde el material arqueológico, la "cultura material", debe ser analizada, clasificada, expuesta y valorada. Pero... en la práctica, ¿cual es la relación entre un Arqueólogo y los Museos de Arqueología?

Según mi experiencia, los museos, la mayoría de ellos cuanto menos, son *simplemente* lugares donde se almacenan las piezas... y punto. Ahí el material arqueológico se amontona, rellenando los sótanos. Son una especie de "centro de acumulación de cultura material".

A lo largo de su preparación arqueológica ha tenido usted algún contacto, alguna relación con un museo arqueológico?

No, con los museos no he tenido ninguna relación pero, cuando excavé un yacimiento cerca de Palencia, tuve la posibilidad de frecuentar un aula arqueológica. Se trataba de una especie de centro de interpretación de todo lo que salía del yacimiento cercano, que era un antiguo campamento romano. El aula tenía la función de almacén de los restos que se encontraban durante la excavación, además de centro de catalogación de las piezas que encontrábamos. Eso fue lo más cercano a un museo con el que he podido tener contacto. Quiero especificar, de todas formas, que esa frecuentación mía de aquella aula arqueológica no fue a través de la Universidad.

Entonces, según su perspectiva, ¿no existe ninguna relación práctica entre los tres organismos que se ocupan de arqueología, es decir, las Universidades, las Empresas de Excavaciones y los museos?

¡Prácticamente no existe ninguna relación!

¿Se puede vivir sólo de la arqueología? Hablo bajo un punto de vista económico.

Sí, se puede. ¡El problema es el *cómo*! La mayor parte de la gente que conozco que vive de la arqueología quiere formar su propia empresa. Desde luego, nadie quiere vivir con un sueldo de arqueólogo. Una vez que te haces empresario dejas de ser arqueólogo, porque, prácticamente, ni pisas el *campo*. Si quieres seguir siendo un arqueólogo y *pisar el campo*, excavar, deberás seguir siendo contratado por una empresa y seguir teniendo un sueldo mísero. ¡A los cuarenta años de edad se te quitan las ganas de seguir en esto! Además, la arqueología es algo más que *pico y pala*, sin embargo las empresas prácticamente se dedican sólo a eso. Con veinte años de edad puedes aceptar un sueldo mísero, pero ya a los treinta empiezas a plantearte una vida distinta, tal vez te planteas tener una familia... Al fin y al cabo somos licenciados, o incluso doctorados: ¿por qué no podemos cobrar lo que nos corresponde como tales? Nosotros los arqueólogos no pedimos "forrarnos" con nuestra profesión, pero sí ¡pedimos un sueldo digno! Te voy a dar un ejemplo: muchas veces, aquí en España, las empresas de excavaciones contratan a arqueólogos con contratos de albañil, y eso quiere decir que legalmente, como empleado, estas bajo las normativas del Convenio de Albañiles, pero, un albañil como tal, ¡cobra más que un arqueólogo a sueldo de una empresa! En el ambiente laboral estamos al mismo nivel de un peón como contrato y sueldo, pero somos "peones" con una preparación universitaria, muchas veces al más alto nivel universitario, somos trabajadores que hemos invertido años y dinero en nuestra formación profesional.

Según su experiencia... ¿ha notado usted algún tipo de discriminación de género en el ambiente laboral Arqueológico o universitario?

Según mi propia experiencia no he notado ningún tipo de discriminación, pero conozco casos de chicas que han notado un trato diferente, que han tenido problemas a la hora de quedarse embarazadas o han tenido diferencias de sueldo respecto a los compañeros hombres.

¿Por qué estudiar arqueología? El panorama resulta bastante frustrante.

Sí, el panorama es frustrante. Ahora mismo si alguien me preguntara sobre si estudiar arqueología o no, yo le sugeriría que no estudiara nuestra disciplina. Sin embargo le aconsejaría cambiar de idea, o cuanto menos, que desde el principio se planteadse un plan alternativo, una segunda salida. Pero, estoy convencida de que merece la pena estudiar arqueología bajo el punto de vista del estudio como tal, porque merece la pena estar involucrados en algo que gusta.

Hoy en día, ¿es necesario excavar, o sería mejor concentrar fondos y energías en conservar o en estudiar los materiales ya excavados? Por otra parte, no hay yacimiento arqueológico mejor protegido que aquel que permanece bajo tierra.

El problema, como ya he dicho, es que en estos últimos años, incluso décadas, se están excavando y construyendo numerosas autopistas, se multiplican los pisos y los edificios y mucha de la arqueología de hoy en día se basa en la *urgencia* de la intervención, en el hecho de que muchos yacimientos van a desaparecer y hay que excavarlos para obtener algo de información. Hoy en día, prácticamente, no se excava para mantener, para conservar. En este sentido la excavación es necesaria para tener, cuanto menos, un informe sobre lo que *había* y que ahora ha *desaparecido*. Yo soy de la idea de que sería mejor explotar al máximo las excavaciones abiertas, ya empezadas. Conocer realmente y a fondo el yacimiento que se tiene entre manos antes de meterse en una nueva excavación. Por ejemplo, hay grandes yacimientos como *Numancia que están excavados en una muy pequeña parte y en casos como este habría que ampliar la investigación, aumentando el área excavada. Pero, muchas veces, ocurre que nadie quiere desarrollar nuevas investigaciones en estos "yacimientos dinosaurios", donde grandes nombres de la arqueología española ya han dado su interpretación y nadie quiere contradecirlos. Da verdadero pánico a muchos investigadores tocar algunas de estas hipótesis obsoletas, sin embargo creo que estas revisiones son necesarias. Además, soy de la idea de que sería fundamental analizar todo lo que hay en los museos ¡hay que hacer verdaderas *excavaciones arqueológicas en los museos* para ver lo que está ahí almacenado!

¿Cómo está gestionado en la actualidad el aspecto social de la arqueología en su ámbito de trabajo? Me refiero a la relación con el público en general y a la relación con los medios de información, como prensa y televisión, por ejemplo.

Probablemente, muchas veces, nosotros los arqueólogos no somos capaces de conseguir que la gente entienda verdaderamente lo que está viendo cuando visita un sitio arqueológico. No hay, en muchos casos, una buena promoción del "producto arqueológico". La gente casi siempre piensa, por lo que en general se refiere a la arqueología, que la *cultura* son "cuatro piedras que no dan dinero". Sin embargo, bajo mi punto de vista, estas "cuatro piedras" hay que saberlas publicitar y explicar al público, de esta forma, estoy convencida de que la gente apreciaría lo que estamos haciendo y entendería mejor nuestro trabajo. Aquí en España se hace publicidad solo al yacimiento de Atapuerca, al acueducto de Segovia y poco más. La gente que no está especializada necesita que se le explique lo que está viendo en un sitio arqueológico y, si además de la explicación hay unos dibujos, será aún mejor y, si hay un vídeo... ¡dos veces mejor! Te voy a dar un ejemplo cercano a nosotros, aquí en Castilla y León: la ruta arqueológica de la Provincia de Zamora. Los yacimientos que forman esta ruta son muy bonitos, pero, dado que falta la necesaria publicidad, están pensando cerrar la Ruta porque nadie va a visitarla y no sale rentable. ¿Cómo puede ser rentable pagar un guía o unos guardias en los yacimientos si nadie va a visitar estos lugares? Sin embargo, la ruta está bien montada, pero no hay publicidad, no hay promoción.

¿Se siente usted satisfecha con su trabajo como arqueóloga? ¿Coincide el estado de las cosas en el que se encuentra con la imagen que al

principio de su carrera había proyectado en el futuro, en este momento, por ejemplo?

No, no estoy satisfecha. Claro, me gusta mucho la arqueología y en parte estoy satisfecha de haber estudiado esta disciplina, pero, en general no me siento satisfecha. Me gustaría que hubiera un cambio a mejor, por supuesto. Me gustaría que un día se empezara a valorar de verdad nuestro trabajo, porque, cuando la gente, en general, empiece a valorar la arqueología, entonces también la Administración valorará en su justa medida nuestro trabajo.

A mí personalmente, una de las definiciones de Arqueología que más me gusta es aquella dada hace una veintena de años por Kent Flannery, que en su escrito *The Golden Marshalltown* ("la paleta de oro") definía la Arqueología como una *diversión*, como la mayor diversión que se pueda tener con los pantalones puestos. ¿Está usted de acuerdo?

¡Sí, estoy de acuerdo! Antes de empezar a excavar, durante el primer año de carrera, me había planteado la posibilidad de, algún día, acabar excavando una necrópolis…, y solo pensarlo me daban escalofríos. ¡Mi primera excavación fue justamente una necrópolis! Tuve que excavar un esqueleto de un antiguo romano, sacar sus huesos, y nunca pensé que iba a estar tan feliz como en aquel momento ¡disfrutando de excavar aquel muerto! Me apasiona excavar y sí… me parece una buena definición la de Flannery.

¿Piensa usted en el tiempo en términos de años, siglos o milenios? ¿En términos de estratos y sucesiones tipológicas?

Depende, si pienso en mi tesis pienso en milenios, si pienso en una excavación pienso en estratos.

Cuando era una niña ¿le gustaban las momias y las pirámides? ¿Le gustaba jugar y ensuciarse con tierra, o estas son cosas para adultos?

Cuando era una niña me gustaba *Tutankhamon. Yo soy de aquellos arqueólogos que siempre tuvieron fascinación por Egipto y por el joven faraón en especial. Cuando era niña me ensuciaba con tierra y excavaba para jugar y recuerdo que enterraba pequeños objetos en el jardín de la casa del campo que tenían mis padres, e imaginaba que cuando unos arqueólogos hubiesen excavado aquella casa, en un futuro, encontrarían aquellos restos!

¿Ha significado Indiana Jones algo en su vida profesional?

En mi vida profesional no ha significado nada, pero ¡es unos de mis ídolos del cine! Creo que a casi todos los arqueólogos les gusta Indiana Jones, no se si porque es arqueólogo o porque va contra los Nazis o porque en sus películas se trata el tema de la arqueología bíblica. Indiana Jones es un buen entretenimiento, sobre todo para gente joven, aunque, desde luego, el suyo no es un ejemplo de trabajo arqueológico.

¿Estaría de la parte de los "bárbaros" o de los romanos... o de los fenicios?

Depende, en general yo soy pro-cartaginesa. ¡Me hubiera gustado que Aníbal hubiera ganado la Segunda Guerra Púnica!

¿Me puede contar la excavación o la actividad arqueológica dirigida por usted, o de la que ha formado parte, que más le ha gustado?

La experiencia arqueológica donde más disfruté fue una excavación de un campamento romano al Norte de Palencia, en Herrera del Pisuerga. Ahí aprendí muchísimo de técnicas de excavación y de materiales, fue un trabajo completo. De todas las excavaciones se aprende algo, para bien o para mal, pero aquella fue la mejor experiencia. Salía de la tierra muchísimo material arqueológico, hasta el punto de que se podían reconstruir platos completos de cerámica *sigillata* y botellas de vidrio.

¿... Y la que peor ha salido?

La que peor ha salido fue una excavación cerca de Ávila, en el yacimiento de *Las Cogotas. Estuve allí excavando un mes y puedo decirte que ¡fue el mes más largo de mi vida! La empresa era una empresa de construcción y no de arqueología, así que había pocos arqueólogos y unos cuantos peones. La restauración anterior estaba mal hecha y tuvimos que levantar el hormigón del suelo por encima de la muralla. No excavamos nada del interior del castro, solo pudimos limpiar la muralla y acondicionarla.

¿Cuál ha sido el arqueólogo o la arqueóloga que más ha influenciado su forma de ver la arqueología?

El arqueólogo que más me ha influenciado es, sin duda, el arqueólogo jefe de las excavaciones de Herrera del Pisuerga, las que te mencionado antes.

¿Ha encontrado un tesoro alguna vez... o un "tesoro" de informaciones científicas?

Nunca he encontrado un tesoro de valor, pero muchas veces he desenterrado tesoros científicos, un esqueleto ya es un gran tesoro arqueológico.

A mí me ha gustado mucho una película... "La búsqueda del fuego" de J. J. Annaud y un libro "The testimony of the spade" de G. Bibby ¿Me podría aconsejar un libro de arqueología?

Yo te aconsejaría *Siglos de Oscuridad* de P. James[269]. Es un libro curioso, sobre la datación de la caída de Troya y la consecuente datación de las culturas del Mediterráneo durante el primer milenio a.C.

---

269 James 1993.

Anexo 1: "aforismos arqueológicos"

En este anexo quiero dejar la palabra, una vez más, a los arqueólogos. He recopilado, a este propósito, una serie de citas. Algunas ya son frases famosas en nuestra disciplina, otras son menos célebres pero no menos interesantes; algunas resultarán algo extrañas y otras hasta simpáticas. Para romper el hielo empezaré este breve reseña de "aforismos arqueológicos" con una frase mía, una suerte de conclusión *hermética* a las ideas expuestas en los capítulos anteriores.

Cuando hablaba de filología Nietzsche se refería "en general, a un sentido muy amplio del arte de leer bien"[270]; cuando los arqueólogos hablamos de arqueología nos referimos, en un sentido bastante amplio, al arte de excavar bien.

> *"Lo que pretendo, por tanto, es una arqueología contextual, no una arqueología antropológica; pretendo la exploración y el desarrollo deliberados de un enfoque que trascienda la preocupación tradicional por los artefactos y los yacimientos aislados y posibilite una apreciación realista de la textura medioambiental y de sus interacciones espaciales, económicas y sociales potenciales con el sistema de asentamiento subsistencial".*

Butzer, K. W. 1989. *Arqueología. Una ecología del hombre*, Ediciones Bellaterra, Barcelona, 11. (Edición original: 1982).

> *"La arqueología o es antropología o no es nada".*

Willey, G. R. y Phillips, P. 1958. *Method and Theory in American Archaeology*, University Press, Chicago, 2.

---

[270] En *El anticristo*, LII. "Cuando hablo de filología me refiero, en general, a un sentido muy amplio del arte de leer bien, de saber distinguir los hechos sin falsearlos con interpretaciones, sin perder, en el deseo de comprender, la precaución, la paciencia ni la sagacidad".

> "No hace mucho tiempo, mientras estaba viajando en un autobús, un anciano me preguntó cuál era mi profesión. Le contesté que era arqueólogo. Él me dijo 'tiene que ser maravilloso, pues la única cosa que usted tiene que esperar es tener fortuna'. Me costó un buen rato convencerle que su idea de la arqueología no era la misma que la mía. Aquel caballero tenía la idea que los arqueólogos 'excavan el pasado', que el arqueólogo de éxito es aquel que descubre algo todavía desconocido y que todos los arqueólogos pasan su vida intentando hacer descubrimientos de este tipo. Este es un concepto de ciencia quizás apropiado en el siglo XIX, pero, por lo menos bajo mi perspectiva, no describe la naturaleza de la arqueología que es practicada hoy en día".

Binford, L. R. 1983. *In pursuit of the past. Decoding the archaeological record*, Thames and Hudson, New York, 19.

> "Para algunos la noción de 'arqueología histórica' puede parecer una tautología. La arqueología es a menudo vista como la búsqueda de los restos de lejanas sociedades prehistóricas, o de las civilizaciones Clásica y de Oriente Medio. Para otros, el hecho de que los arqueólogos hayan desatendido el pasado más reciente – los periodos estudiados comúnmente por otras disciplinas, y a los cuales pertenecen una gran cantidad de materiales – puede parecer perverso".

Hicks, D. y Beaudry, M. C. 2008. *The Cambridge companion to historical archaeology*, Cambridge University Press, Cambridge, 1.

> "Sudar con la pluma no es menos importante que sudar con la pala".

Wheeler, M. 1961. *Arqueología de campo*, Fondo de Cultura Económica, México D. F., 221.

> *"Hay muchas respuestas frívolas a la pregunta "¿que producen los arqueólogos?", pero aquí me gustaría sugerir que nuestro producto más reconocido es el 'conocimiento' o, tal vez más correctamente, 'los conocimientos': una conciencia, una familiaridad o comprensión de algo alcanzado a través de la experiencia".*

Darvill, T. 2007. Research frameworks for World Heritage Sites and the conceptualization of archaeological knowledge, World Archaeology, 39, 3, 443.

> *"Cuatro curiosidades naturales han impulsado el estudio del pasado humano prehistórico, ese estudio al que comúnmente se le llama arqueología prehistórica o prehistoria. La primera es el interés en los antepasados inmediatos de los pueblos históricos conocidos [...]. La segunda se basa en el interés natural en los aspectos no funcionales del paisaje cultural, y en los objetos que pertenecieron al hombre primitivo y que aparecen de cuando en cuando en los trabajos cotidianos como arar, cuidar jardines o cavar zanjas [...]. Igualmente, en los últimos siglos los viajeros han observado y descrito que en lugares fuera de Europa y de la región mediterránea hay gente primitiva, anterior a la escritura, que coexiste con el hombre civilizado. Fue natural preguntarse cómo pudo ocurrir tal cosa y que significaba. [...] Y a todas estas preguntas podemos agregar una cuarta y natural curiosidad, que ha impulsado el interés por la prehistoria: la curiosidad natural de saber de qué manera surgieron el hombre y su*

cultura, cuáles fueron los mecanismos de los orígenes y del cambio cultural".

Daniel, G. 1987. *Un siglo y medio de arqueología*, Fondo de Cultura Económica, México D.F., 13 (Edición original: 1975).

> "Yo defino la arqueología como el estudio del pasado usando la evidencia material, aunque se podría, de la misma forma, aplicar la aproximación arqueológica al presente. Dado que, según un evento acaba de ocurrir ya constituye "el pasado", el fin de la arqueología abarca todo lo que no sea el efímero presente: en el momento en que tú acabes de leer este libro, ya será evidencia arqueológica el hecho que yo lo haya escrito".

Dark, K. R. 1995. *Theoreticl archaeology*, Duckworth, London, 1.

> "Arqueología rima con emoción, con curiosidad intelectual y con la manera de transformar esta curiosidad en conocimiento. Es un tipo de emoción que nos invade cuando usamos lo que Julian Thomas llama, en frase prestada, "nuestra imaginación arqueológica". Esta facultad nos permite llegar a un lugar al que nunca viajaremos, el pasado, y pensar sobre el tiempo y los objetos de forma muy diferente a como lo hacemos en nuestras vidas corrientes".

Gamble, C. 2002. *Arqueología básica*, Ariel, Barcelona, 14 (Edición original: 2001).

> "La arqueología ha recorrido un largo camino desde los días en los cuales un arqueólogo podía descubrir en un mes una civilización perdida. [...] Pocos arqueólogos son tan afortunados de hallar una sepultura real o una civilización

olvidada. La mayoría escava toda su vida encontrando algo no más espectacular que fina cerámica o delicados utensilios de piedra. El arqueólogo británico Steward Piggot llamó a la arqueología "la ciencia de la basura" y hay mucha verdad en esta frase. Los arqueólogos pasan su vida investigando los restos que han sobrevivido y que han sido abandonados de las sociedades antiguas. No son el oro o los bellos objetos lo que les interesa a los arqueólogos, sino la información que se puede obtener excavando y registrando de manera adecuada los hallazgos".

Fagan, B. M. 1994. *In the beginning*, Harper Collins, New York, 4.

"Aunque los mitos de origen y las supersticiones relativas a los antiguos vestigios de la humanidad son más o menos universales, la arqueología prehistórica es una ciencia netamente occidental, tanto por su origen, como por su espíritu. Por su origen, puesto que nació entre los siglos XVI y XX en los Países de la Europa occidental [...]. Por su espíritu, pues esta ciencia sólo ha sido posible gracias a una visión hasta entonces ignorada del lugar que ocupan los seres vivientes en el conjunto del mundo y del lugar que ocupan los hombres entre los seres vivientes, visión que requiere las nociones de ley y de evolución, y que pone en duda el conjunto de concepciones del pensamiento europeo contemporáneo".

Laming-Emperaire, A. *La arqueología prehistórica*, Ediciones Martínez Roca, Barcelona, 32 (Edición original: 1963).

"Toda la información arqueológica está constituida por expresiones de pensamientos y propósitos humanos y es

> *valorada sólo como revelación de éstos. Esto diferencia la arqueología de la filatelia o del arte de coleccionar cuadros. Los sellos y los cuadros se valoran por sí mismos, la información arqueológica solamente por los datos que aporta sobre los pensamientos y el modus vivendi de las personas que la proporcionaron y la usaron".*

Childe V. G. 1989. *Introducción a la arqueología*, Ariel, Barcelona, 11 (Edición original: 1959).

> *"Al inglés medio no se le ocurriría ir por la calle con un taparrabos y una túnica sin mangas en lugar de llevar pantalones y abrigo. Y si se le ocurriera, no podría comprar dichas prendas en ninguna tienda de ropa de Londres. Y en caso de poder persuadir a un sastre para que se las hiciera especiales para él, ¡se sentiría ridículo o incómodo cuando subiese en el autobús! Claro está que siempre está permitido algún desvío individual. [...] En una ciudad grande, las pequeñas excentricidades en el vestir no provocarán gritos de burla o demostraciones hostiles; en cambio, en un pueblo pequeño, los niños se mofarán de cualquier anormalidad y los adultos pueden hacer sentir su desaprobación por medios aún menos agradables. [...] Las diferencias en la moda del vestido o de la arquitectura local quedarán reflejadas hasta cierto punto en el testimonio arqueológico [...]. Los arqueólogos usan tradiciones divergentes cuyos resultados se fosilizan, o más bien, los distintos resultados de acciones inspiradas por dichas tradiciones, para distinguir varias culturas".*

Childe V. G. 1989. *Introducción a la arqueología*, Ariel, Barcelona, 20-21 (Edición original: 1959).

> *"¿Es apolítico este libro? No lo es. Se intentará evidentemente evitar que el contenido sea partidario o nacionalista, pero experimenta una convicción política: la ciencia procede de la sociedad y no se puede aislar de la política. El capítulo XVIII, por ejemplo, subraya con fuerza el papel ideológico de la arqueología en la vida política. Porque la arqueología debe aclarar cuestiones relativas a la coherencia de las sociedades humanas, explicar las particularidades de este fenómeno general: la humanidad".*

Moberg, C. A. 1987. *Introducción a la arqueología*, Cátedra, Madrid, 30 (Edición original: 1968).

> *"Un arqueólogo que estuviera estudiando los restaurantes Mc Donald's, de la misma manera en la que estuviera estudiando la ruinas de Pompeya o unos asentamientos prehistóricos en el Suroeste de los Estados Unidos, podría empezar con hacer un listado de la forma en la cual los restaurantes Mc Donald's resultan diferentes entre ellos: en el material de construcción, como ladrillos, azulejos cerámicos, y estructuras de plástico; en el tipo de simbología y diseño del emblema de los "Arcos Dorados"; en la presencia o ausencia de sillas en el interior; y en su locación, en el centro de la ciudad o en la periferia. Unas de las primeras preguntas que un arqueólogo se podría hacer son: ¿cuándo fue construido cada restaurante? ¿Cuánto de la variabilidad observable se puede explicar a partir de la fecha de construcción?...".*

Rathje, W. L. y Schiffer, M. B. 1982. *Archaeology*, Harcourt Brace Jovanovich, New York, 8.

> "Si la deliberada ignorancia de los trabajos publicados, incluso de sus implicaciones, no deja de sorprender, y más aún cuando estas actitudes provienen de investigadores conocidos, nuestra sorpresa fue todavía mucho mayor cuando nuestros puntos de vista fueron caricaturizados y deformados con tal de dar lugar a manifestaciones de indignación, a acusaciones y a sarcasmos de tono violento tan poco habitual como inútil. De entrada, es este tono hostil y agresivo lo que sorprende, el cual se manifiesta a través de verdaderos insultos o de fórmulas muy próximas. Los títulos de los tres artículos más virulentos son elocuentes en este sentido: si proponemos tales teorías es porque nosotros mismos debimos soñarlas [...], o bien estar en trance [...], o, más bien, "tener una mente obtusa", o incluso en una ocasión "haber tenido visiones en un estado alterado de la conciencia"[271].

Clottes, J. Y Lewis-Williams, D. 2001. *Los chamanes de la prehistoria*, Ariel, Barcelona, 120 (Edición original; 1996).

> "La Prehistoria se ha definido muchas veces y de varias maneras, este es un hecho que contribuye en gran medida a la vaguedad que rodea su significado. Ninguna definición ha recibido aceptación universal, ello en parte al menos porque todas las definiciones son más o menos sustantivas, ligadas a un sector particular del problema. [...] Para definir la Prehistoria de un modo acorde con la discusión anterior conviene desarrollar primero una teoría formal de la

---

[271] Estas palabras de los dos autores hacen referencia a las críticas hechas a sus teorías sobre el chamanismo en la prehistoria y las pinturas rupestres paleolíticas. Las acusaciones y las respuestas de los autores están recogidas en la sección final del libro titulada "Después de *Los chamanes*, polémica y respuestas".

Prehistoria y a continuación definir el campo como aquello donde esta teoría pueda operar. [...] Ya que la Prehistoria ha crecido desordenadamente, cualquier definición, excepto que Prehistoria es lo que hacen las personas que se autodenominan prehistoriadores, excluirá forzosamente algunas cosas hechas bajo esta etiqueta y quizá incluirá otras que normalmente no se conciben como Prehistoria. [...] Teniendo en cuenta estos puntos, definiremos la Prehistoria como la ciencia de los artefactos y las relaciones entre artefactos llevada según el concepto de cultura".

Dunnel, R. 1977. *Prehistoria Moderna. Introducción sistemática a la Arqueología Prehistórica*, Ediciones Istmo, Madrid, 138-140.

"CULTURA. Conjunto cultural específico; una cultura arqueológica es una serie politética de categorías específicas y comprehensivas de artefactos tipo que reaparecen sistemáticamente juntas en los conjuntos de un área geográfica limitada.
CULTURAS INDEPENDIENTES. Las relaciones existentes entre conjuntos culturales o estados culturales que no son transformes de una trayectoria sistémica única de conjuntos culturales.
CULTURAS TRANSFORMES. La relación existente entre estados culturales sucesivos y colaterales de una trayectoria sistémica única de conjuntos culturales de multiestado".

Clarke, D. L. 1984. *Arqueología analítica*, Bellaterra, Barcelona, 441 (Edición original: 1968).

"En esta primera sección explicaré como el silogismo deductivo tiene definidas limitaciones en las ciencias

> sociales; explicaré que la ley de cobertura ["covering law"], o patrón de explicación deductivo-nomológico, es inadecuada para la explicación de fenómenos dinámicos y complejos como las poblaciones prehistóricas; que no es útil intentar combinar el patrón de explicación deductivo-nomotético ("Hempel's model") con un patrón de "feedback" que incorpora múltiples variables. Finalmente aconsejo el uso del patrón de explicación esquemático ["pattern model"] que consiste en el uso de afirmaciones de tendencia ["tendency statements"] y de teorías factoriales, además de la teoría de sistemas y la explicación cibernética".

Perlman, M. L. 1977. Comments on Explanation, and on Stability and Change. J. N. Hill (ed.), *Explanation of Prehistoric Change*. Albuquerque, University of New Mexico Press, 320.

> "Actualmente está de moda hablar de 'cambio social' y estudiar los mecanismos de este cambio en cada sociedad".

Collis, J. 1989. *La Edad del Hierro en Europa*, Labor, Barcelona, 10 (Edición original: 1984).

> "Esto nos lleva, finalmente, a esa retorcida península rodeada de mar, con sus incontables islas próximas a la costa, que hoy conocemos como Europa: unida a Asia por las estepas rusas y bañada en una de sus orillas por el cálido, amable e innovador Mediterráneo, y en la otra por el duro, tormentoso e infinito océano Atlántico. Es una península a la vez dividida por grandes cordilleras montañosas y unida por sus sistemas de grandes ríos. Las áreas de rocas atávicas, duras y muchas veces estériles, que contienen ricos minerales, contrastan con zonas de llanuras jóvenes y fértiles. El vino y el aceite producidos bajo el sol de la

vertiente sur de la península llegan hasta las comunidades de las zonas frondosas del norte, mientras que el norte envía al sur ámbar y pieles, que causan admiración entre las poblaciones de las costas mediterráneas. La variedad es inmensa; los contrastes, infinitos".

Cunliffe, B. (ed.) 1998, *Prehistoria de Europa*, Crítica, Barcelona, 9 (Edición original: 1994).

"Los pueblos prehistóricos que habitaron en aquella extensa región – Escitia, el cenit de una vasta estepa de pastos que se extiende ininterrumpidamente desde la Valaquia hasta el sur de Siberia, serían del gusto del diablo, puesto que, según algunos escritores griegos, como Heródoto, ahí habitaban licántropos, amazonas con pechos amputados, caníbales, chamanes travestidos y cazadores de cabezas que bebían en cráneos previamente vaciados, todos ellos en estado de guerra permanente. [...] Pero lo más sorprendente es que los modernos descubrimientos arqueológicos han corroborado, en buena medida, la descripción de Heródoto".

Taylor, T. 1998. Tracios, escitas y dacios, 800 a. C.-300 d. C. B, en Cunliff (ed.), *Prehistoria de Europa*, Crítica, Barcelona, 372.

"Desde los primeros momentos de la admisión como auténticas de las obras plasmadas en el interior de las cavidades, comenzaron a surgir preguntas sobre el por qué de este arte tan escondido y espectacular. Después de más de un siglo de investigación, han sido varias las respuestas ofrecidas por los estudiosos de cierto rigor científico, la gran mayoría desechadas o superadas y otras que están siendo matizadas; pero casi todas van dejando un poso del que nos vamos enriqueciendo para que un día

> podamos llegar a la verdad, una verdad con minúsculas que favorece el incremento de nuestro conocimiento y que permite que durante una temporada permanezcamos en un consenso más o menos estable que se ve tambaleado por las proposiciones de una nueva gran teoría".

Sanchidrián, J. L. 2001. *Manual de arte prehistórico*, Ariel, Barcelona, 337.

> "Carlos Marx señaló la necesidad de crear una historia del desarrollo de los útiles de producción. "Darwin – dijo – orientó el interés hacia la historia de la tecnología natural, es decir, a la formación de órganos vegetales y animales que sirven como útiles de producción en la vida de los vegetales y animales. ¿Es que no merece acaso el mismo interés la historia de la creación de los útiles de producción del hombre social, la historia de esta base material de cada organización social en particular?"

Semenov, S. A. *Tecnología prehistórica*, Akal, Madrid, 7 (Edición original: 1957).

> "Aunque sea, tal vez, una mala táctica pedagógica levantar preguntas importantes, repasar la evidencia disponible y luego concluir con 'realmente no estamos seguros', la mayoría de los arqueólogos contemporáneos se encuentran en esta situación".

Wenke, R. J. 1999. *Patterns in Prehistory*, Oxford University Press, Oxford, 693.

> "El falo, los cuernos, la serpiente, las aves acuáticas y el agua aparecen íntimamente relacionados en mito y culto. El misterio de la vida está en el agua, los océanos, los

> *mares profundos, lagos o ríos. [...] La universal serpiente se enrosca alrededor del universal huevo como un continuo fluir de agua. [...] Este concepto de la génesis del universo partiendo de una elemental sustancia hídrica seguramente se remonta a la época neolítica-calcolítica".*

Gimbutas, M. Diosas y Dioses de la vieja Europa, 7000-3500 a. C., Istmo, Madrid, 107 (Edición original: 1974).

> *"En los capítulos anteriores hemos evidenciado el hecho de que hay pocas áreas en la arqueología prehistórica en las cuales se ha dado un énfasis suficiente al simbolismo y a los patrones conceptuales. Tamaño énfasis es importante a la hora de reconstruir el pasado pues la cultura material transforma, más que refleja, la organización social en acuerdo con las estrategias de grupo, sus creencias, sus concepciones e ideologías".*

Hodder, I. 1982. Symbols in action. Ethnoarchaeological studies of material culture, Cambridge University Press, Cambridge, 212.

> *"Entre octubre de 1940 y mayo de 1942 fueron llevadas a cabo cuatro campañas de excavaciones en la cueva de las "Arene Candide", cuyos gastos estuvieron a cargo de la Superintendencia y del Ayuntamiento de Génova. La excavación llegó a más de diez metros de profundidad sin alcanzar el fondo del depósito arqueológico y tuvo que terminar no tanto por las dificultades técnicas, para superar las cuales, en realidad, hubiéramos necesitado de financiaciones más fuertes de las que hasta entonces tuvimos a disposición, sino por el empeoramiento de la situación general, al estallar de los acontecimientos bélicos".*

Bernabó Brea, L. 1946. *Gli scavi nella Caverna delle Arene Candide*, Istituto di Studi Liguri, Bordighera, "prefazione".

> *"Sería tan vano esperar que la arqueología prehistórica pudiera establecer precisas leyes universales como las de la física en una pura jerarquía deductiva, como imaginar que las culturas y los conjuntos culturales pudieran comportarse como las especies y los géneros de la ciencia biológica. El nuevo paradigma emergerá de forma gradual, a través de un avance laborioso e incómodos errores".*

Renfrew, C. 1975. *Before civilization. The Radiocarbon Revolution and Prehistoric Europe*, Jonathan Cape, London, 249.

> *"Las rocas duras y los castillos fortificados tienden a convertirse en polvo [...]. Metrópolis enteras duermen ahora bajo campos de trigo. La tierra lo gana todo y es de la tierra de lo que el arqueólogo estratígrafo fundamentalmente se ocupa, como si fuera un campesino de la historia".*

Carandini, A. *Historias en la tierra*, Crítica, Barcelona, 12 (Edición original: 1991).

> *"La arqueología está enferma, quizás desde sus orígenes. Sufre de una grave indigestión de filosofía mal digerida, cuyos principales síntomas son una erupción incontenible de corrientes de pensamiento, a cual más original, que nacen (en profusión), se reproducen (poco) y mueren (enseguida), para que cuanto más movimiento aparentemente haya, menos cambio real se produzca".*

Barceló, J. 2009. En defensa de una arqueología explícitamente científica, Complutum, 20, 1, 175.

ANEXO 2. Definiciones, lugares, protagonistas

Definiciones

AGUJERO DE POSTE[272]: es un agujero excavado en el suelo donde, en su tiempo, se alojaba un poste de madera. Una vez instalado el poste, el espacio que quedaba vacío en el agujero, teniendo éste último un diámetro mayor respecto al diámetro del palo, era rellenado con tierra o con materiales diferentes, como pequeñas piedras. Los agujeros de poste se diferencian de forma relativamente clara respecto al resto de la superficie de la excavación porque suelen tener un color más oscuro debido al hecho de que la tierra que rellena el agujero tiene una consistencia y un matiz diferente respecto a la tierra del solar del asentamiento, más compacta y con una presencia menor de material orgánico, como madera,. La presencia de los agujeros de poste es muy alta en las excavaciones de yacimientos prehistóricos europeos, dado que los postes eran los elementos estructurales principales de las construcciones en madera. Hincados en el suelo, los postes sostenían la estructura de las habitaciones (típicos son los "bosques de postes" de las *terramaras* de la Edad del Bronce en la Llanura Padana o de los asentamientos neolíticos de los lagos suizos), las verjas de defensa y otras estructuras como graneros, henares, etc. Los agujeros de poste son tan característicos en las excavaciones de yacimientos prehistóricos que a menudo, junto a unos pocos hogares y a otras pequeñas estructuras líticas, son los únicos elementos estructurales presentes en la excavación[273].

Los postes pueden ser hincados en el suelo de diferentes maneras. La más común consiste en excavar un agujero más grande que el diámetro del palo y, una vez introducido el leño, rellenar el agujero con la tierra excavada para crear el agujero mismo o con piedras provenientes de

---

[272] "Nothing is more lasting than a post-hole" Pauli 1984, 67 ("Nada es mas duradero que un poste de palo").
[273] Champion 1983, 100 y 114.

otros lugares. Menos frecuentemente el agujero tiene las mismas dimensiones que el palo.

El poste, más adelante, puede podrirse *in situ*, es decir, en el mismo agujero donde fue introducido, o puede ser removido (cortado a nivel del suelo), puede ser hincado nuevamente en el mismo agujero o según una alineación un poco diferente o en otro lugar del yacimiento. El poste puede que se haya quemado (durante un incendio) y, en este caso, es probable que el terreno que rodea el agujero tenga un color negruzco o rojizo. El análisis de los postes de madera y sus agujeros es tan importante para la arqueología prehistórica que se han llegado a publicar verdaderas "biografías" de agujeros de poste en manuales y artículos de arqueología[274].

ARQUEOLOGÍA EXPERIMENTAL[275]: "Campo de estudios cuyo propósito es demostrar hipótesis arqueológicas recurriendo a experimentos repetibles"[276]. La tipología de estos experimentos abarca un abanico muy amplio: desde la repetición de actividades relativamente simples, como la tala de un árbol con útiles reconstruidos según las tecnologías del pasado (un hacha de la Edad del Bronce, por ejemplo) hasta la reconstrucción de edificios prehistóricos (como una habitación de la Edad del Hierro) o la reproducción de actividades más complejas, como la caza (por ejemplo, con arcos reconstruidos según las técnicas mesolíticas) o la navegación. Un aspecto particularmente interesante de la arqueología experimental es la construcción y el sucesivo abandono o destrucción intencional (por ejemplo, con el fuego) de estructuras prehistóricas para averiguar los procesos formativos de la estratigrafía arqueológica.

ARQUEOMETALURGÍA: estudio de los metales arqueológicos y de los

---
[274] Barker 1996, 110-115; Carandini 1997, 197-199.
[275] Véase Coles 1979.
[276] Francovich y Manacorda 2001, 157.

procesos de producción asociados[277].

BÁRBARO: Véase el capítulo "Contraespionaje en las Galias".

BÁRQUIDA: de la familia de los Barca; antigua y noble familia de Cartago a la cual perteneció Aníbal.

BIFAZ: útil lítico, característico del Paleolítico inferior (pero presente como *tipo* hasta el Paleolítico medio), constituido por un canto mineral (sílex, cuarcita, etc.) tallado hasta obtener dos bordes cortantes. "El bifaz puede definirse tecnológicamente como un desarrollo conceptual de los *chopping tools* [canto trabajado con filo cortante], diferenciándose de estos por la mayor amplitud que afectan las extracciones al cuerpo de la pieza, y por la diferenciación de un extremo más o menos apuntado o redondeado"[278].

CASTRO: (del latín *castrum*, "fortaleza, castillo, asentamiento fortificado). Por *castro* generalmente se entiende un poblado fortificado de la Iberia prerromana. La tipología y el área de difusión de los asentamientos de este tipo en la Península Ibérica es muy extensa. Hay castros en Galicia, Asturias, Cantabria, País Vasco, Portugal septentrional, Castilla y León, Extremadura[279]... Hay varias definiciones arqueológicas de *castro*; una que resulta muy útil es la de Almagro-Gorbea: "todo poblado situado en lugar de fácil defensa, reforzado por murallas, muros externos cerrados y/o accidente naturales, que defiende en su interior una pluralidad de viviendas de tipo familiar y que controla una unidad elemental de territorio, con una organización social escasamente

---

277 Véase también: Francovich y Manacorda 2001, 19-25 y el número monográfico sobre "arqueometalurgia" en World Archaeology, 20, 3 1989.
278 Eiroa et alii 1999, 55.
279 Véase: Álvarez-Sanchís 2006; Fanjul Peraza 2005; Carballo Arceo 2005; Almagro-Gorbea y Martín 1994; Esparza Arroyo 1986.

compleja y jerarquizada"[280].

CARTAGINÉS: habitante de la ciudad de Cartago. Los cartaginenses, por su origen fenicio, eran semitas. Durante la I mitad del I milenio a. C. lo cartagineses se adueñaron del mar Mediterráneo occidental, fundando colonias en la Península Ibérica, en Sicilia, Cerdeña y a lo largo de las costas mediterráneas. La ciudad de Cartago, en origen ciudad de los fenicios, aumentó su autonomía de la madre patria, hasta llegar a ser la ciudad con mayor hegemonía en el Mediterráneo antes del dominio romano después de las Guerra Púnicas[281].

CELTÍBEROS, VETTONES, VACCEOS[282]: con estos tres etnónimos, ya presentes en las fuentes clásicas, se identifican tres pueblos de la Iberia prerromana.

Celtíberos: el término es utilizado para "describir las comunidades de la Edad del Hierro que ocuparon las tierras centro-orientales de la Península Ibérica, en torno a las altas tierras de la Meseta oriental y la margen derecha del valle medio del Ebro, desde el siglo VI a. C. hasta la conquista romana que culminó con la destrucción de Numancia en el año 133 a. C., ocupando una de las regiones de la Iberia céltica más rápidamente romanizadas"[283].

Bajo un punto de vista arqueológico, la evolución cultural e histórica de los celtíberos se puede dividir en tres momentos: "celtíberos antiguos" (ca. 600-450 a. C.); "fase celtibérica plena" (450-225/200 a. C.) y "celtíberos históricos" (o fase celtibérica tardía, 225/200-siglo I a. C.).

Vettones: con este término se define uno de los pueblos prerromanos (de la segunda mitad del I milenio a. C) que habitaban la Meseta Norte

---
280 Lorrio 2008, 570.
281 Huss 1993. Para una visión de síntesis, véase también: Moscati 1982.
282 Hay una extensa bibliografía sobre estos pueblos prerromanos; véase por ejemplo: Burillo Mozota 1998; Lorrio 1997; Vv. Aa. 2005; Vv. Aa. 2004; Sanz-Mínguez 1997.
283 Lorrio 2008, 553.

peninsular. Su tierra, *Vettonia*, coincidía con el territorio que hoy en día abarcan las actuales provincias de Ávila y Salamanca, el Sur de Zamora, el Oeste de Toledo y el Norte de Cáceres[284].

Vacceos: con este término se define un pueblo prerromano de la II Edad del Hierro (segunda mitad del I milenio a. C.) cuyo territorio, o región, ocupó *grosso modo* la Tierra de Campos, los Montes Torozos, el valle del Cerato y las campiñas meridionales del Duero, es decir, el corazón del valle del Duero. La definición arqueológica e historiográfica de esta etnia presenta diferentes problemáticas, algunas compartidas con otras áreas de investigación peninsular y otras más propias. "Lamentablemente, el estado de investigación actual, heredero de una historiografía de escaso alcance, no hace sino ofrecernos un burdo boceto de la que, al parecer de Diodoro Sículo [...] pasaría por ser una de las etnias más cultas de cuantas habitaron la Submeseta Norte peninsular"[285].

CIVILIZACIONES DE LA ITALIA PRERROMANA: con la expresión *Italia prerromana* nos referimos, en general, a la Italia antigua antes de su unificación política, jurídica, lingüística y cultural por parte de Roma (y de la cual la misma Roma hace parte en las primeras fases de su historia). El concepto de "Italia" se definió históricamente solo con la conquista de la península por parte de Roma, es decir, con la extensión formal de la unidad política romano-itálica hasta los Alpes en el 42 a. C. sin comprender las grandes islas tirrénicas, Sicilia, Cerdeña y Córcega hasta la Edad Imperial. Para las épocas anteriores a la romanización existe sólo una noción poco matizada del área italiana cómo realidad geográfica, noción que se concretizará progresivamente (entre los siglos V y III a. C.) con la difusión del nombre *Italia* desde el Mediodía hasta la casi totalidad de la península itálica y a esta estará limitada hasta la anexión de la Galia Cisalpina, es decir, la Italia septentrional, aunque ya desde

---
284 Romero Carnicero, Sanz Mínguez, Álvarez Sanchís 2008, 703.
285 Romero Carnicero, Sanz Mínguez, Álvarez Sanchís 2008, 681.

los escritores de época helenística se había empezado a mirar al arco alpino como última y verdadera frontera natural de la *terra Italiae*. En el estudio moderno de las civilizaciones de la Italia prerromana se tienen en cuenta también las islas tirrénicas, sobre todo Sicilia, relacionada con la península por estrechos vínculos de continuidad y afinidad desde la prehistoria.

Los límites cronológicos que definen el estudio de las civilizaciones de la Italia prerromana son los últimos periodos de la Edad del Bronce y los principios de la Edad del Hierro, es decir, los últimos siglos del II milenio y los primeros siglos del I milenio a. C. cuando en el área italiana se fueron progresivamente definiendo las estructuras étnicas y culturales conocidas por las fuentes históricas. Aquellas estructuras perdurarán hasta la romanización de la península, límite final del argumento. Este límite, aún así, no está precisamente puntualizado en el tiempo, dada la gradualidad del proceso de romanización que se desarrolla desde la hegemonía de Roma sobre la península a principios del siglo II hasta la unificación efectiva en el siglo I a. C.

La Italia prerromana es un conjunto de pueblos con orígenes, lenguas y culturas diferentes, una totalidad de fenómenos que no se puede resumir con inmediata evidencia en una imagen con unos límites bien definidos, como, por ejemplo, el mundo griego; asentamientos e influjos de gentes externas, desde el Mediterráneo hasta la Europa continental, la vinculan y subordinan, en muchos aspectos, a otras civilizaciones. Este hecho explica por qué el concepto de Italia prerromana es de difícil comprensión y su significado no es tan fácilmente definible, y explica también por qué su estudio se ha dividido en diferentes disciplinas particulares, habiendo sido objeto de estudio por parte de disciplinas como la prehistoria, la arqueología clásica, la lingüística, la historia de las religiones, la historia del arte además de la historia griega y romana.

Faltando un vínculo de continuidad de una tradición histórica con la mayor parte de la Italia prerromana, dado que la conquista y la imposición de la lengua y de la cultura latina han borrado todas las huellas de memoria originales locales, no hay otra posibilidad que la recomposición de los testigos evidenciados por los restos arqueológicos, los documentos epigráficos, además de las modestas referencias presentes en las fuentes clásicas, en el intento de conocer e interpretar la historia de los pueblos de la Italia prerromana, una historia que, contrastando los principios de los "dos grandes bloques historiográficos" de la Grecia Antigua y de la Roma Antigua, por la falta de una tradición historiográfica original y unitaria, por la documentación en su mayoría de tipo arqueológico y por la falta de la unidad nacional y de una continuidad evolutiva, ha sido a menudo apartada del estudio de la historia antigua.

El estudio de las civilizaciones de la península italiana tiene un fuerte carácter arqueológico y, de hecho, coincide con la que se define cómo arqueología itálica, donde por "itálica" nos referimos a "los pueblos, la civilizaciones de la Italia prerromana", existiendo otras disciplinas que se encargan de "cubrir" los "espacios dejados abiertos" como la arqueología romana, la arqueología griega (de Grecia y de Magna Grecia) y la etruscología. Ya Amedeo Mauri, en su ensayo *Problemi di archeologia italica*, de 1946, citando a otros investigadores del mundo itálico como Micali y Wilamowitz, recomendaba encontrar un fin histórico al fecundo trabajo de re-exhumación de las antiguas civilizaciones itálicas[286].

EDAD ARCAICA: finales del siglo VII y siglo VI a. C; es el momento histórico-artístico posterior al estilo geométrico y al estilo caracterizado por el influjo orientalizante en el arte de las civilizaciones itálicas (los primeros siglos del I milenio a. C., introducidos por la "cultura Villanoviana") y anterior a la época clásica griega del siglo V y principios del siglo IV a. C.

---

286 Pallottino 1994, 11-27.

EDAD DEL HIERRO: último periodo de la prehistoria (o protohistoria, según la definición de diferentes autores: Edad del Cobre, del Bronce y del Hierro), definido por el uso de objetos de hierro. Sus extremos cronológicos varían según el área geográfica, pero en la Península Ibérica, *grosso modo*, la Edad del Hierro empieza a principios del I milenio a. C. y acaba con el proceso de romanización de Iberia, durante los dos últimos siglos a. C[287].

ETNOARQUEOLOGÍA[288]: "descripciones antropológicas hechas con el fin de ayudar la interpretación arqueológica"[289]. La etnoarqueología es entonces el "estudio de las culturas contemporáneas con el fin de comprender las relaciones de comportamiento que subyacen en la producción de la cultura material"[290]. "La etnoarqueología, aunque no es uno de los términos más convenientes [...], hay que considerarla un sector específico de las disciplinas arqueológicas [...], cuyo objeto de estudio es un tema metodológico utilizado en la investigación de campo para la definición de los mecanismos de formación del depósito arqueológico, en el sentido más amplio, incluida la connotación del estado de los restos dentro del depósito mismo, así como de los fenómenos de transformación del depósito. En este sentido hay que distinguir la etnoarqueología de vagas analogías etnográficas o de específicas investigaciones como el análisis de huellas de uso o técnicas de producción de sílex"[291]. A la base de la etnoarqueología no habría que poner como postulado que en análogas condiciones el comportamiento humano sea en tendencia similar, sino solo que en condiciones análogas de deposición, el mismo comportamiento específico, entre los varios posibles, determina restos,

---

287 Para una introducción general a la Edad del Hierro en Europa, véase Collis 1989.
288 Véase también el número monográfico sobre "etnoarqueología" en World Archaeology, 17, 2, 1985.
289 Dark 1995, 202.
290 Renfrew 1993, 174 y 513.
291 Cazzella 1985, 21.

arqueológicamente detectables, similares[292].

ETRUSCOLOGÍA: estudio de la civilización de los etruscos. Aunque falta un testigo directo de una tradición literaria original, totalmente perdida a causa de la desaparición del uso de la lengua etrusca a principios de la Edad Imperial romana (I siglo a. C.) y aunque se haya, lamentablemente, conservado muy poco de las informaciones indirectas que podían haber derivado de los escritores griegos y latinos, existe un conjunto muy amplio de datos monumentales y arqueológicos que, estudiados en recíproca relación y en conexión con la fuentes literarias, han abierto y nos permiten abrir, con la continua aportación de nuevos descubrimientos, amplias perspectivas de conocimiento sobre la cultura material y espiritual de los antiguos etruscos y, en una cierta medida, también sobre su desarrollo histórico.

El argumento de la etruscología, según las palabras de uno de sus máximos investigadores, Massimo Pallottino, concierne una realidad bien definida en sus términos técnicos, geográficos, cronológicos y culturales. Ya desde la antigüedad se tuvo un concepto preciso y unitario de los etruscos, antes de nada, expresado con su nombre: *tirrenoi*, para los griegos, *tusci* o *etrusci*, para los romanos (mientras que, para Dionisio de Halicarnaso, su nombre indígena era *rasenta*).

El nombre histórico de Etruria, atestiguado también por la VII Región en la división administrativa de Italia efectuada por Augusto, caracteriza propiamente el territorio comprendido entre el Mar Tirreno, el curso del Tiber y los Apeninos Tosco-Emilianos, en el cual se desarrolló la vida del pueblo etrusco desde sus orígenes hasta la anexión a la República Romana. Aquel territorio constituyó la sede principal y constante del pueblo etrusco, aunque la presencia de este pueblo está documentada, en diferentes periodos, también fuera de sus fronteras, especialmente en

---
292 Cazzella 1985, 21.

Campania y en el noreste de Italia. Al etnónimo de *etruscos* corresponde la segura existencia, en el corazón de Italia durante el I milenio a. C., de un sólido *conjunto étnico* (diríamos, con una expresión moderna, de una *nación*), lo que los antiguos definían con los términos de *ethnos*, *gens*, o *nomen*. La identidad de aquel conjunto es esencialmente definida por la unidad de la lengua, diferente de la de los pueblos vecinos, mientras que, en la definición de su carácter confluyen unas particulares tradiciones religiosas y de costumbres, y, aunque de manera menos exclusiva, una estructura socio-política, una tecnología y una expresión artística.

El conocimiento del pueblo etrusco es inseparable del conocimiento de su cultura y de la interpretación de los valores de aquella cultura en el marco de las experiencias históricas del mundo antiguo; en este sentido entendemos la disciplina que lleva el nombre de etruscología[293].

En 1927 salió el primer número de la revista "Studi Etruschi" que, como estaba evidenciado en el prefacio, era el órgano del *Comitato permanente per l'Etruria* (el "Comité permanente para la Etruria"), revista que recogerá estudios originales además de informaciones y noticias sobre todo lo que concierne el desarrollo de nuestros conocimientos sobre aquel "antiguo y misterioso pueblo". En 1932 el Comité se transformó en Instituto de Estudios Etruscos. En 1951, el Instituto cambiará a Instituto de Estudios Etruscos e Itálicos, con el fin, cómo quedó subrayado en el artículo 1 de su nuevo estatuto, de promover, intensificar y coordinar todas las iniciativas científicas que puedan contribuir a la solución de los problemas sobre los orígenes y desarrollo de la civilización de los etruscos y de los antiguos pueblos itálicos[294].

FENICIOS: con este nombre se designan a los habitantes de la costa sirolibanesa, de lengua semítica noroccidental, sobre todo a partir de 1200 a. C., cuando se extendieron por toda la cuenca mediterránea,

---
293 Pallottino 1984, 3-8.
294 Camporeale 2000, 31; véase también Vv. Aa. 2007; Torelli 1996.

llegando a lejanas regiones. Los griegos llamaron a estas gentes *phoinikes* ("fenicios") pero ellos mismos se definían como "cananeos" o "sidonios", por la ciudad de Sidón[295]. Grandes mercaderes, navegantes y exploradores, los fenicios fueron uno de los pueblos protagonistas de la historia social, económica y cultural del Mediterráneo durante el segundo milenio y la primera mitad del primer milenio a. C.[296]

GUERRAS PÚNICAS: así se denominan las dos grandes guerras protagonizadas por las dos potencias dominantes en el Mediterráneo durante los siglos III y II a. C.: los romanos y los cartagineses. El adjetivo "púnico" es sinónimo de "cartaginés", dado que la ciudad de Cartago fue fundada, presumiblemente en el siglo IX a. C. por colonos fenicios *(phoinikes* en griego= púnicos). La primera Guerra Púnica se desarrolló entre los años 264 y 241 a. C. y tuvo lugar en las aguas del Mediterráneo central y en Sicilia. La Segunda Guerra Púnica, que vio la destrucción definitiva de la potencia cartaginesa y el definitivo dominio de Roma sobre todo el *mare nostrum* fue una serie de acontecimientos bélicos, acontecidos en el periodo de tiempo comprendido entre los años 220 y 168 a. C. y que tuvieron lugar en Iberia, Gallia, Italia y en suelo africano, donde Cornelio Escipión destruyó definitivamente la capital cartaginesa[297].

LIGURES: este nombre étnico aparece en la historiografía griega ya desde el siglo VII a. C. aunque, en este periodo, las referencias a este pueblo por parte de Hesíodo, Hecateo, Esquilo, Sófocles, Eurípides, Heródoto y Tucídides son bastante escasas y se reducen a su emplazamiento geográfico. La primera obra en la cual es definido con exactitud el territorio ligur es el *Periplo* de Pseudo-Esquilace (siglo IV a. C.), donde se

---
295 Liverani 2008, 539.
296 Véase, por ejemplo, Harden 1963.
297 Véase, por ejemplo, Barja de Quiroa y Lomas Salmonte 2004, 77-88.

dice que el pueblo ligur se extendía desde el Ródano hasta᾽ Ἄντιον, lugar de problemática interpretación, ahí donde empezaba el "país de los tirrenos", es decir, los etruscos. Los ligures, así definidos, serían entonces uno de los pueblos más antiguos de Europa occidental, atestiguados ya en la primera mitad del I milenio a. C. Su territorio limitaba con los celtas, al Norte, los etruscos, al Este, los íberos, al Oeste y los reti a Noroeste. No es fácil determinar la antigüedad étnica de los ligures y su relación con otras entidades étnicas, como los celtas; tenemos muy pocos datos epigráficos y su lectura es todavía incierta. Aunque los dialectos ligures pertenecían a una familia lingüística europeo-occidental, junto a los dialectos célticos, bajo un punto de vista histórico hay que mantener la distinción entre ligures y celtas transalpinos, tratándose de dos etnias diferentes[298].

NEOLÍTICO: o "Edad de Piedra reciente", es el último periodo de la prehistoria antigua antes de la Edades de los metales. El neolítico es un concepto tanto cronológico (periodo de tiempo) como cultural (por tipología de materiales y forma de vida asociada) y sus extremos cronológicos cambian según el área geográfica de referencia (Oriente Medio, Mediterráneo central, Europa del Norte etc.). A grandes rasgos el Neolítico en la península ibérica abarca casi 3000 años, desde finales del VI milenio a. C. hasta la mitad del III milenio a. C[299].

NUEVA ARQUEOLOGÍA: el término "Nueva Arqueología" fue acuñado en un artículo científico, en 1959, por J. R. Caldwell ("The New American Archaeology", en la revista *Science*). Se trata de un "movimiento arqueológico" que se desarrolló en los años '60 del siglo XX en los Estados Unidos y que se difundió, sucesivamente, antes en Europa del Norte y luego en todo el Viejo Continente, movimiento que se fundaba en la toma

---
298 De Marinis 1990, 248-259.
299 Para una visión de síntesis véase: Hernando 1999; Barandiarán et alii 1998; Eiroa 2000; Cunliff 1998.

de consciencia de la imprecisión de los viejos paradigmas y en la necesidad de la elaboración de nuevos métodos e instrumentos interpretativos en la investigación arqueológica.

El movimiento representó, sobre todo en los Estados Unidos, donde nació y se difundió de forma más capilar, el resultado de una larga crisis de identidad (casi exclusivamente limitada a la arqueología prehistórica) que se desarrolló en el periodo de la Segunda Guerra Mundial. Según R. A. Watson, la Nueva Arqueología, consiste en la aceptación de los patrones matemáticos de explicación científica, con un acento sobre el método hipotético-deductivo para la verificación de las conclusiones derivadas de los datos arqueológicos. Los elementos propios de este movimiento en el mundo de la arqueología son una concepción científica lógico-positivista, la formulación de leyes del desarrollo cultural, la utilización de la teoría de los sistemas y la aproximación de tipo ecológico y evolucionista[300]

En la Nueva Arqueología podemos identificar varios componentes, más que un único esquema interpretativo: un componente arqueológico (con las anticipaciones de Childe, de Clark, de Taylor, Willey y Phillips y de la tradición ecológica y funcionalista en arqueología), un componente antropológico (con las influencias de White y Steward sobre arqueólogos como Marshal Sahlins y Elamn Service y el materialismo cultural de Marvin Harris), un componente filosófico-científico, con su confianza en las posibilidades explicativas de los métodos científicos y la influencia de Hempel, y un componente matemático-estadístico, con la utilización de indicadores cuantitativos, el análisis multivariado, el "cluster análisis" y otros análisis de tipo matemático. Los mayores representantes de la Nueva Arqueología fueron el norteamericano Lewis Binford (*An Archaeological perspective*, de 1972) y los ingleses David L. Clark (*Analitical Archaeology*, escrito entre 1963 y 1967) y Colin Renfrew (*Before Civilization: the Radiocarbon revolution and Prehistoric Europe*, 1973) [301].

---

300 Butzer 1989.
301 Trigger 1992, 271-306; Guidi 1988, 160-200.

PALEOLÍTICO: o "Edad de Piedra antigua" es el primer periodo de la prehistoria, periodo caracterizado por la utilización de la piedra tallada como material para la manufactura de útiles (además de otros materiales perecederos, como hueso, madera, etc.). El Paleolítico es un concepto tanto cronológico (periodo de tiempo) como cultural (por la tipología de materiales y forma de vida asociada) y sus extremos cronológicos cambian según el área geográfica de referencia (África, Asia, Europa, etc.). Se divide en tres periodos principales: Paleolítico inferior, medio y superior. En Europa el Paleolítico inferior empieza con la aparición de los homínidos más antiguos y sus primeras manifestaciones culturales (útiles líticos), cerca de hace 700.000 años, y acaba con el comienzo del periodo Musteriense y con la aparición del Hombre de Neandertal. El Paleolítico medio (periodo Musteriense y evidencia paleontológica del Hombre de Neanderthal) se fecha, en términos generales entre 120.000 y el 35.000 a. C. El Paleolítico superior coincide con la aparición de *Homo sapiens* en Europa, el fin del Musteriense y el principio del periodo Auriñaciense y las nuevas tecnologías líticas asociadas. El Paleolítico superior empieza, *grosso modo*, hace 35.000 años y acaba con las últimas fases del deshielo y las últimas tecnologías líticas del Magdaleniense, en términos generales, en el X milenio a. C. (entre el Paleolítico Superior y el Neolítico se sitúa un periodo llamado Mesolítico o Epipaleolítico)[302].

PALETNOLOGÍA: sinónimo de "arqueología prehistórica": *paleo-etnología*, el "estudio de los pueblos (*etnos*) del pasado".

PROSPECCIÓN ARQUEOLÓGICA o *SURVEY*: es, además de la excavación estratigráfica, una de las técnicas empleadas para la recuperación de los datos arqueológicos y se puede definir como una investigación de superficie para la identificación de yacimientos arqueológicos y para la comprensión de su naturaleza, extensión y datación[303].

---

302 Para una visión de síntesis, véase: Barandiarán et alii 1998; Eiroa 2000; Cunliff 1998.
303 Guidi 1994, 13.

La prospección arqueológica (o *survey*, según la terminología anglosajona) gracias a su bajo nivel de "agresividad" (a diferencia de la excavación) puede ser empleada como evaluación de las potencialidades arqueológicas de una determinada zona geográfica e intentar la definición del conjunto arqueológico y cultural ahí presente o como preparación para una campaña de excavación.

Con esta técnica arqueológica no hay excavación de tierra, de estratos antrópicos. No hay "destrucción" (controlada) de un yacimiento arqueológico; pues la prospección tiene como fin el análisis de áreas más o menos amplias empezando por el análisis y observación de las zonas por investigar y de la recolección de los datos de campo sin movimiento de tierra o excavación de material arqueológico (salvo en los casos de material muy representativo). A diferencia de una excavación, que, podríamos decir, es un análisis puntual y exhaustivo de un yacimiento, la prospección se presenta como un análisis difuso y de un conjunto de varios yacimientos. Los tipos de áreas por indagar pueden corresponder a un abanico bastante amplio de criterios: administrativo (un ayuntamiento, una provincia, un Comunidad Autónoma...), cartográfico (según las cartas topográficas), cultural (el área de distribución de una determinada "cultura arqueológica"), geográfico (según las fronteras geográficas), o ecológico (ecosistemas)[304].

En lugar de una investigación sistemática, extensiva, de toda la zona elegida ("cobertura total") se puede preferir una investigación más intensiva ("muestreo"). El muestreo puede ser "intuitivo", estadístico o sistemático. La prospección arqueológica constituye un momento fundamental para el conocimiento y la evaluación de la cantidad y calidad de los datos arqueológicos y de la riqueza de la documentación estratigráfica[305].

---

304 Guidi 1994, 19.
305 Guidi 1994, 41; Roskams 2003, 64-65; Domingo, Burke, Smith 2007, 99-126; Francovich y Manacorda 2001, 301.

PROTO-CORINTIO: en la cronología de la cerámica griega y de la historia antigua en el entorno mediterráneo el *Proto-corintio* es el período comprendido entre el 740 a. C. y el 650 a. C. Corinto (gr. *Kórynthos*, lat. *Corinthus*) es una ciudad situada en la costa noreste del Peloponeso, en la extremidad occidental del istmo que une la Megárida y la Argólida.

En la Edad Micénica la ciudad estaba situada unos kilómetros más al Norte de la ciudad de época clásica. Los cronógrafos antiguos atribuían su fundación al héroe Sísifo, en el 1428 a. C. En la Edad Arcaica la ciudad destaca, además que por una avanzadísima tecnología naval, por una elevada producción de cerámica que empieza en la mitad del siglo VIII y alcanza su apogeo a finales del siglo VIII (740-650 a. C. "proto-corintio antiguo y medio"). El período posterior (650-630 a. C. "proto-corintio tardío") es un momento de gran expansión productiva, que lleva al periodo "corintio" (620-530 a. C.). En este periodo la producción llega a un estándar estilístico duradero, que indica un nivel muy amplio de comercialización. Gracias a su difusión en Sicilia y en Italia meridional y gracias a la seguridad en su definición cronológica, la cerámica antigua de Corintio es utilizada como "marcador" cronológico en las excavaciones del Mediterráneo central.

RELATIVISMO (en arqueología): el relativismo está basado en un complejo conjunto de argumentaciones filosóficas; fundamentalmente está enfocado sobre el concepto de que "todo tipo de conocimiento es integralmente subjetivo, pues todo tipo de información es procesada por la percepción y los prejuicios de quien observa" el fenómeno por describir[306]. Este punto de vista se opone a la idea positivista según la cual se puede obtener un conocimiento objetivo de un fenómeno (a través de la verificación de las hipótesis). En la "arqueología relativista" (*relativist archaeology*) podemos decidir entre hipótesis sobre el juicio personal:

---

306 Dark 1995, 39.

podemos decidir si una hipótesis nos gusta o no, si podemos utilizarla o no, pero no podemos decidir si es verdadera o falsa; el relativista no cree en la verdad, sino solo en la percepción, pues la verdad científica es algo asociado a la posibilidad de verificar un fenómeno a través de experimentos[307].

TITANES: con este nombre, heredado de la producción literaria de Hesíodo, se identifican los dioses de la generación anterior a los dioses Olímpicos. Según el poeta Hesíodo los titanes eran doce: Océano, Ceo, Crio, Hiperión, Japeto, Teia, Rea, Temis, Mnemosyne, Febe, Tetis y Cronos (Hesíodo, *Teogonía*, 132-8)[308].

VILLANOVIANO: "cultura arqueológica" de la I Edad del Hierro. Toma su nombre por el yacimiento de Villanova (Emilia-Romagna, Italia). Cronológicamente equivale a los siglos XI y VIII a. C. mientras que arqueológicamente cubre una vasta zona de la Italia centro-septentrional, coincidiendo con la sucesiva Etruria. La "cultura Villanoviana" es particularmente importante en los estudios de la prehistoria italiana porque anticipa, tanto en sentido cronológico, como en sentido cultural, la civilización de los etruscos en la misma área geográfica, representando, de esta forma, el origen prehistórico del mismo pueblo etrusco[309].

Lugares

ANFITEATRO ROMANO DE MILÁN: esta enorme estructura fue edificada a finales del siglo I d. C. Era uno de los anfiteatros más grandes de su época y en él se organizaban luchas de gladiadores, luchas entre hombres y bestias feroces, luchas entre animales y, aunque de forma menos usual, *naumachias*, espectáculos con barcos. La construcción

---
307 Dark 1995, 39.
308 Véase también Price y Kearns 2003, 554-555.
309 Torelli 1996, 37-42.

dejó de ser utilizada a finales del siglo IV a causa de la abolición de los espectáculos de gladiadores y las nuevas leyes del emperador Teodosio. El edificio sirvió de cantera en los siglos posteriores y la mayoría de los bloques de piedras de sus muros fue utilizada como elementos de construcción para la erección de otros edificios en la ciudad, como la Basílica de San Lorenzo. Hoy en día, del majestuoso anfiteatro, quedan a la vista sólo parte de los cimientos de las gradas, siete muros radiales, y partes de los muros del perímetro, constituidos por cantos cimentados con cal[310].

CESAREA[311]: es la antigua ciudad griega y romana de Cesarea Marittima, que se encuentra en la costa del actual Estado de Israel, a unos 40 km. al Norte de Tel Aviv. Herodes el Grande fundó la ciudad encima de los restos de un asentamiento helenístico llamado la "Torre de Estratón". Herodes llamó la ciudad "Cesarea" en honor a Cesar Augusto, su patrón. La ciudad fue construída entre el 22 y el 10-9 a. C. El historiador Flavio Josefo describe la urbe como una típica *polis* (=ciudad) del helenismo tardío, con un teatro, un anfiteatro cerca de la playa, un palacio real, plazas para el mercado y calles ortogonales. Las investigaciones arqueológicas han sacado a la luz seis periodos de ocupación del yacimiento: helenístico (siglo IV-I a. C.), romano (siglo I a. C. - siglo III d. C.), bizantino (siglo IV – VII d. C.), islámico (siglo VII – XI d. C.), de las cruzadas (siglo XI – XIII d. C.) y mameluco (siglo XIII – época moderna).

Las investigaciones modernas en el yacimiento se desarrollaron en los años 40 del siglo XX y en 1951 tuvo lugar la primera excavación arqueológica en la ciudad, efectuada por Shmuel Yeivin. Las cinco campañas de excavaciones de la Misión Arqueológica Italiana (1959 – 1964) con Antonio Fava como director, exploraron el perímetro exterior de la muralla, definiendo su cronología bizantina. El equipo italiano, además, sacó a la luz parte del perímetro interior al Norte de las fortificaciones medievales, excavó el teatro de Herodes, al sur de la Ciudad Vieja, y las ruinas de una gran fortaleza de los siglos VI-VII[312].

310 Véase también la página web de la "Sovrintendenza per i Beni Archeologici della Lombardia", www.archeologica.lombardia.beniculturali.it, consultado el 20-07-2011.
311 Véase también Lewin 2005.
312 Meyers 1997, 399-404.

LAS COGOTAS: castro de época prerromana[313] ubicado en el término municipal de Cerdañosa, en provincia de Ávila. El poblado está situado encima de un cerro granítico que domina el río Adaja. La necrópolis está situada a unos 240 m al Norte del poblado[314]. El asentamiento presenta dos recintos de muralla, uno más estrecho, para la defensa del núcleo residencial, y otro más amplio, considerado como encerradero de ganado. A principios del siglo XX se organizaron las primeras excavaciones sistemáticas del castro, bajo la dirección de J. Cabré[315]. En los años 80 las excavaciones fueron reanudadas bajo la dirección de G. Ruíz Zapatero. El yacimiento de Las Cogotas ha sido fundamental para la definición cronológica y tipológica (cerámica) de las cultura arqueológicas en la Meseta desde el Bronce medio (y final, Cogotas I) hasta la segunda Edad del Hierro (Cogotas II)[316].

LUNI: antigua ciudad ligur-romana situada en la actual provincia de La Spezia (Liguria), cerca de la frontera con la región de Toscana. El mismo Estrabón creó uno de los problemas historiográficos y arqueológicos, todavía por resolver, inherentes a la antigua ciudad de Luni: la relación entre esta y su puerto (*Portus Lunae, Portus Veneris*...). Las primeras referencias al *Portus Lunae* son anteriores a la creación de la colonia de Luni, en 177 a. C. y la expansión militar romana fue seguramente posterior a anteriores contactos comerciales. La utilización del *Portus Lunae* por parte de los romanos se hizo necesaria para la conquista de la Península Ibérica, dado que las operaciones militares se efectuaban vía mar, pasando por el puerto ligur, pues los viajes por tierra eran pocos seguros y los caminos, muy a menudo, se encontraban en mal estado. El momento inicial de la utilización del puerto como base para las expediciones militares en Iberia[317] coincide con la expedición de Marco Porcio Catón, cónsul en 195 a. C.

---

313 Véase también: www.castrosyverracosdeavila.com y www.castrosyverracos.com consultado el 20-07-2011.
314 Para la necrópolis de Las Cogotas, véase Kurtz 1987.
315 Cabré Aguiló 1930.
316 Gonzalez Tablas-Sastre 1987; Martín Valls 1987.
317 Del Ponte 1999, 203-208.

MAGNA GRECIA: la "Gran Grecia", o Μεγάλή Ἑλλάς, en el Renacimiento también "Maior Grecia", nunca tuvo, durante la historia, una precisa definición territorial y sus límites cambiaron según las épocas. Ya en la historiografía antigua había incertidumbre sobre el génesis y significado de este término, que no era tanto la indicación de un área geográfica y cultural, sino más bien "el signo de la orgullosa satisfacción con el cual los "italiotas" indicaban la parte de la península itálica donde se fundaron la colonias de los griegos"[318]. Correspondería, según el uso renacentista del término, a la parte de Italia meridional, excluida Sicilia, que actualmente es identificable con las regiones de Calabria y Basilicata, aunque, en época moderna, se acabó por identificar toda la parte helenizada del Sur de Italia. La definición es conocida desde época helenística y define la "porción de 'grecidad' de occidente honrada con un nombre que la distinguía entre todas, en primer lugar de la 'grecidad' metropolitana de origen" en memoria "de una presencia griega de particular nivel cualitativo y cuantitativo en la Italia meridional por ser definida como *Grande*"[319].

NUMANCIA: una las ciudades más importantes de la Iberia preromana y, según Apiano, la ciudad más poderosa de los arévacos[320]. La ciudad fue sitiada y conquistada por el ejército romano, al mando de Publio Cornelio Escipión en el año 133 a. C., tras veinte años de enfrentamientos bélicos entre las legiones de Roma y los pueblos celtibéricos de la Meseta occidental, enfrentamientos que se encuadran en las Guerras Celtibéricas (181-133 a. C.) El yacimiento de Numancia ocupa el cerro de la Muela, cerca de la ciudad de Soria, encima de un espolón rocoso delimitado por el curso de los ríos Duero y Merdancho, que en la antigüedad era una posición estratégica que permitía el control sobre las tierras a los alrededores y el control sobre el vado situado en el punto donde se juntan el río Duero y el río Tera y donde confluyen todos los caminos radiales del circo montañoso de la Serranía Norte[321]. Según la evidencia arqueológica las primeras fases de construcción y ocupación de la ciudad celtibérica

---
318 Pugliese Caratelli 1983, 5.
319 Maddoli 1985, 35.
320 Jimeno et alii 2004, 20.
321 Jimeno et alii 2004, 18.

coinciden con las fases finales del siglo III a. C. y la primera mitad del siglo II a. C, poco anterior, entonces, a los acontecimientos del 153 a. C. en relación con el ataque romano a Segeda y el traslado de los segedenses a Numancia en busca de refugio[322]. Los estudios arqueológicos han demostrado la superposición de tres ciudades diferentes: la del siglo II a. C., a la que puso fin Escipión, otra del siglo I a. C., y una tercera de época imperial romana, que durará hasta el siglo d. C. A causa de esta compleja estratigrafía arquitectónica, la organización urbanística de la ciudad de la edad del Hierro es difícil de determinar; "las referencias arqueológicas indican una disposición de los espacios habitados y de las casas de forma diferente a la urbanística conocida posteriormente"[323]. Las viviendas de la ciudad prerromana estaban agrupadas en manzanas, alineadas junto a la muralla, tenían planta rectangular y estaban constituidas por tres habitaciones y un corral. Las calles eran irregulares, ordenadas en retículas y sin espacios libres[324]. La extensión de la Numancia del 133 a. C. es tema de discordias entre investigadores; según Schulten, siguiendo Apiano, la ciudad tenía que tener una superficie de cerca de 150 hectáreas, mientras que según Taracena, debía de tener una superficie de 24 hectáreas. En opinión de Schulten, la ciudad celtibérica debía de hospedar unos dos mil guerreros y una población de unas 8000 personas[325].

SELINUNTE: antigua ciudad de Sicilia, situada en la costa Suroeste, entre la ciudades de Agrigento y Trapani, fundada por los Megarenses de Grecia y por los Megarenses de Sicilia (de la ciudad de Megara) en el 651-650 a. C. En la elección del lugar tuvo que influir la ventajosa conformación natural de la costa con tres cerros separados por dos ríos, el Selino y el Cotone. La ciudad nació y se desarrolló con el consentimiento de las ciudades de Mozia y Carthago, como centro de primaria importancia del comercio entre el mundo griego y el Mediterráneo occidental y permaneció fiel a sus intereses mercantiles hasta los momentos más peligrosos

---

322 Jimeno et alii 2004, 20-22.
323 Jimeno et alii 2004, 24.
324 Hernandez Guerra 2005, 43.
325 Jimeno et alii 204, 23; véase también: www.artehistoria.jcyl.es/numancia consultado el 20-07-2011.

por la 'grecidad' de Sicilia. Su fin llegó sólo cuando los cartagineses se dieron cuenta de poder prescindir de ella como ayuda comercial[326].

TARQUINIA: en etrusco *Tarchna*, en latín *Tarquinii*, en griego Ταρκυνία, es la ciudad a la cual las fuentes atribuyen una posición de primer plano, por lo que concierne a la religión y la cultura de Etruria. El topónimo derivaría del nombre de Tarconte, el héroe fundador de Tarquinia y de otras ciudades etruscas. La ciudad surgió en el pequeño llano de Pian de Civita a 8 kilómetros de la costa tirrénica y bordeado al Norte y al Sur por dos arroyos, afluentes del río Marta. Tarquinia fue un activo centro comercial ya en el periodo villanoviano (siglos IX-VIII a. C.). A esta fase pertenecen algunos de los productos típicos de la artesanía local, como los escudos, los cinturones, las urnas bicónicas, además de algunos productos provenientes de Cerdeña y, tal vez, de Europa centro-oriental y de Grecia. Una de las tumbas más importante de la necrópolis de Tarquinia es la "Tumba de Bocchoris", del nombre del faraón escrito en caracteres jeroglíficos sobre un recipiente de mayólica proveniente de Egipto que era parte del ajuar de la sepultura. En el siglo VII a. C. la necrópolis se extiende y las tipologías de tumba más comunes son la tumba "a fosa" y "a cámara". Desde la mitad del siglo V a. C. Tarquinia, como otras metrópolis de la costa de Etruria meridional, siente el contragolpe de la derrota infligida por parte de los siracusanos a la flota etrusca en el mar Tirreno cerca de la ciudad de Cuma (474 a. C.) y de las incursiones de los mismos siracusanos en el área minera de la Etruria septentrional. Desde principios del siglo IV a. C. los tarquinienses protagonizan numerosos enfrentamientos armados con Roma. En el siglo II a. C. la ciudad depende del influjo comercial y del poder económico de Roma y en el año 88 a. C. obtendrá el derecho de ciudadanía romana, llegando a constituirse como *municipio*. La ciudad seguirá con vida también en la Edad Imperial, pero como ciudad romana[327].

---

326 Véase también la página web del yacimiento: www.selinunte.net consultado el 20-07-2011.
327 Camporeale 2000, 242-251; véase también la página web de Tarquinia de la Unesco: hwhc.unesco.org/en/list/1158 consultado el 20-07-2011.

VETULONIA: en etrusco *Vatl*, en latín *Vetulonia*, en griego Οὐετουλώνιον, es la ciudad etrusca que, según una tradición conservada por Silio Itálico, habría pasado a Roma, en el tiempo de la monarquía etrusca, las insignias del poder: los "fasci littori", la "silla curule", y la toga purpúrea. Aunque en una tumba de la necrópolis de Vetulonia, conocida como "del Littor", se haya encontrado un conjunto de varas con doble haz de hierro, la noticia de Silio Itálico ha sido acogida con escepticismo por los investigadores modernos[328].

La ciudad surgía sobre una colina, cerca del río Bruna, y ya en el periodo villanoviano (siglo IX-VIII a. C.) era un gran centro proto-urbano. De este periodo conocemos vastas necrópolis de tumbas "a pozzetto" ("a pozo") situadas al Noreste y al Noroeste del asentamiento. Los productos exóticos encontrados en las necrópolis, correspondientes al siglo VIII a. C., sitúan a Vetulonia en un amplio circuito de relaciones comerciales y culturales que abarcan gran parte de Europa, desde el Báltico hasta el Mediterráneo oriental. Desde finales del siglo VIII a. C. las tumbas son del tipo "a fosa" y a menudo diferentes fosas se encuentran en el área de un círculo cerrado, constituido por piedras hincadas. Después de la mitad del siglo VII a. C. se construyen, en la misma zona, tumbas a túmulo monumental.

Muy rica era la producción de objetos de bronce, la industria del hierro y la producción de joyas con materiales de valor, en particular de oro. Entre la segunda mitad del siglo V a. C. y la segunda mitad del siglo IV a. C., los testimonios arqueológicos de Vetulonia son muy escasos aunque la ciudad, a finales de este periodo empieza un desarrollo que llegará hasta los primeros siglos del Imperio romano, pero sin nunca alcanzar la riqueza y el esplendor de los primeros siglos de vida de la ciudad[329].

---

328 Pallottino 1984, 314-315.
329 Camporeale 2000, 351-362.

Protagonistas

AMENHOTEP II (Amenofis II): faraón de la dinastía XVIII (Nuevo Reino), 1438-1412 a. C. Hijo de Thutmosis III y de su segunda mujer principal, Meritra-Hatshepsut, reinó en un periodo, para Egipto, de tranquilidad interna, de creciente estabilidad en el exterior y de riqueza. Amenhotep II estaba dotado de una extraordinaria fuerza física y estaba enamorado de los deportes. Tenía una personalidad enérgica, casi agresiva. Lideró dos expediciones armadas en el Levante mediterráneo; además estableció contactos comerciales y relaciones diplomáticas con el Mediterráneo oriental y los mitanni. El faraón fue enterrado en la tumba actualmente conocida con la sigla "KV35", en el Valle de los Reyes[330].

AMÍLCAR: gran general y almirante de la flota cartaginesa en la Primera Guerra Púnica. Fue uno de los protagonistas de los acontecimientos bélicos que se desarrollaron entre la ciudad fenicia y Roma, en la primera mitad del siglo III a. C.

ANÍBAL: hijo del general Amílcar. El protagonista, por parte cartaginesa, de la Segunda Guerra Púnica. A la edad de nueva años (237 a. C.) ya se encontraba, con el padre, en Iberia, entonces territorio cartaginés. En el 221 a. C., a causa de la muerte del tío paterno, Asdrúbal, jefe del ejército cartaginés en Hispania y fundador de Carthago Nova, toma el mando de las operaciones militares llevando a cabo campañas bélicas contra vacceos y carpetanos (221-220 a. C.)[331]. En el 219 a. C. Aníbal pone sitio a la ciudad de Sagunto, *casus belli* de la Segunda Guerra Púnica. Entre los años 218 y 203, el general lideró las campañas bélicas de los cartagineses en Italia. Su carrera militar acabó en el año 202, cuando el cónsul P. Cornelio Escipión le derrotó en la batalla de Zama, no lejos de los Campos Magnos, en suelo cartaginés (hoy en día Túnez).

ANTONINO PIO (*Antoninus Pius*): fue emperador romano entre el año 138 y el 161 d. C. Fue el sucesor de Adriano y progenitor de la

---
330 Urruela Quesada 2006, 250-252; Trigger, Kemp, O'Connor y Lloyd 1985, 276.
331 Barja de Quiroga y Lomas Salmonte 2004, 82.

dinastía imperial de los Antoninos. Titus Aelius Hadrianus Antoninus Pius nació en el año 86 d. C. en Lanuvium en una familia originaria de la Galia Narbonense y sucesivamente fue adoptado por el emperador Adriano. Es uno de los emperadores protagonistas de los *felicia tempora* ("la época feliz"), el periodo de tiempo de casi cien años que, en la memoria de la tradición de los antiguos, es considerado el más feliz en la historia del Imperio Romano.

BIANCHI BANDINELLI, R.: renombrado arqueólogo clásico, nacido en Siena, fundador de la revista *Critica d'Arte* (1935) y de la revista *Dialoghi di Archeologia* (1967). Después de la Segunda Guerra Mundial Ranuccio Bianchi Bandinelli comenzó una renovación de los estudios de historia del arte antiguo en Italia.

En 1950 es publicada la segunda edición de *Storicità dell'arte classica* donde el autor traza el camino para adentrarse en la sociedad del mundo antiguo y para estudiar la expresión artística como concreta manifestación de un grupo social. Entre 1945 y 1947 tuvo el cargo de director general de las Antigüedades y Bellas Artes. Fue creador de la *Enciclopedia dell'Arte Antica classica ed orientale* y reasumió sus nuevas perspectivas sobre la arqueología y sus metodologías en *Archeologia e cultura*, publicado en 1961. En esta obra Bianchi Bandinelli subraya la necesidad de no perder de vista la cuestión de la relación entre el estudio de la antigüedad y la cultura contemporánea. El autor reconoce que la investigación técnica en el campo arqueológico es importante pero, mientras que las metodologías sean cada vez más refinadas se notará aún más la necesidad de ordenar el material clasificado en una visión unitaria de la historia de la civilización.

Con la revista *Dialoghi di Arqueologia*, Bianchi Bandinelli considera la arqueología en el más amplio significado de "discurso sobre la antigüedad" y el principio base de la nueva publicación es que la investigación arqueológica tiene que estar relacionada con la investigación de los historiadores, de los filólogos y de los investigadores de literatura y filosofía antigua, porque una investigación completa tiene que ser multidisciplinar. Después de la creación de la revista *Dialoghi* el arqueólogo de Siena enfocó su investigación histórico artística sobre el análisis de la relación entre esta y los factores económico-sociales, intentando hallar en la producción artística la ideología de las clases dominantes y de las clases subalternas. Abierto a los estímulos que provenían de los jóvenes formados en su escuela, a principios de los años 70 llega a una visión diferente de la disciplina arqueológica destacando el hecho de que el mundo del arte no es algo que hay que mantener separado del mundo práctico, sino que es algo que hay que considerar anclado al ámbito práctico con un estrecho vínculo de impulsos[332].

BERNABÓ BREA, L.: uno de los más renombrados arqueólogos italianos. En 1939 fue nombrado director de la "Soprindendenza ai Beni Archeologici" de Liguria. Fundamentales para el renacimiento de las investigaciones prehistóricas en Italia en la primera mitad del siglo XX fueron sus excavaciones en la cueva de las "Arene Candide" (Liguria) y en las Islas Eolias (Sicilia)[333]. Las excavaciones en el yacimiento ligur permitieron la definición de la secuencia cronológica de las culturas neolíticas de la Italia septentrional; mientras que las excavaciones en el archipiélago siciliano, en colaboración con la arqueóloga francesa Madeleine Cavalier, permitieron recuperar una secuencia cronológica casi completa desde el Neolítico hasta la Edad del Bronce, identificar la topografía de cuatro asentamientos superpuestos y desarrollar un detallado análisis de las estructuras sociales y de las economías de las comunidades prehistóricas en la zona. Además, Luigi Bernabó Brea consiguió, gracias a la evidencia arqueológica de las excavaciones en las Islas Eolias, definir el marco económico de los contactos comerciales entre el Sur de Italia y el Egeo durante la Edad del Bronce[334]. Su libro La *Sicilia prima dei Greci* (1958) constituye la síntesis de sus investigaciones en la isla mediterránea y un completo estudio de la prehistoria de Sicilia.

CERAM C. W.: fue un escritor y periodista alemán. Su verdadero nombre era Kurt Wilhelm Marek, pero, en sus publicaciones solía utilizar el seudónimo de Ceram. Nació en 1915 en Berlín. Fue el autor de libros de divulgación arqueológica de gran éxito, como *Dioses, Tumbas y Sabios*.

332 Barbanera 1998, 158-169.
333 Guidi 1988, 135; Bernabó Brea 1946; Bernabó Brea 1960.
334 Guidi 1988, 135.

CHILDE, V. G.: fue uno de los arqueólogos más importantes e influyentes del siglo XX. Nació en Sydney, Australia, en 1893, estudió Clásicas en la Universidad de su ciudad y en la Universidad de Oxford. Fue autor de algunos de los libros más importantes para la definición y el estudio de la prehistoria europea, como *The Dawn of European Civilization* (1925), *The Aryans* (1926), *The Danube in Prehistory* (1929) y *The Bronze Age* (1930). Childe fue uno de los principales protagonistas de la que se define "arqueología histórico-cultural" y con su famosa definición de "cultura arqueológica"[335] y la creación de complejos sistemas de desarrollo y clasificación de las culturas prehistóricas europeas puso las bases y abrió el camino para los siguientes 40 años de arqueología, por lo menos hasta las críticas procesuales de la Nueva Arqueología[336].

DE MORTILLET, G.: se formó como geólogo y paleontólogo y desarrolló su carrera profesional como arqueólogo. Gabriel de Mortillet (1821-1898) fue uno de los prehistoriadores franceses más influyentes del siglo XIX. Fue ayudante del conservador del Museo de Antigüedades Nacionales de Saint-Germain-en-Laye (cerca de París) durante diecisiete años, después tuvo el cargo de profesor de antropología prehistórica en la Escuela de Antropología de la capital francesa. A él se debe la creación de muchas de las subdivisiones del Paleolítico y la definición de cada época de la prehistórica con el nombre del yacimiento tipo (Chelense, Musteriense, Solutrense, etc.). Investigó los famosos yacimientos de Chelles y Saint-Acheul (Paleolítico inferior), los yacimientos lacustres neolíticos en Italia del Norte (como el de Mercurago) y fue uno de los creadores y gran protagonista, del primer congreso internacional de antropología y arqueología prehistórica, reunido en La Spezia (Liguria, Italia) en 1865. En 1967, De Mortillet organizó la presentación de objetos prehistóricos en la Exposición Universal de París[337].

FROVA, A.: arqueólogo italiano. Nació en Milán, en 1915 y en la ciudad lombarda cursó sus estudios de arte y arqueología. Fue discípulo de la

---

335 "Ciertos tipos de restos – recipientes, útiles, ornamentos, ritos funerarios, tipos arquitectónicos – que aparecen constantemente de una manera recurrente" Childe 1929.
336 Véase también: Trigger 1992, 161-166.
337 Gran Aymerich 2001, 197 y 212; Trigger 1992, 97-102.

prestigiosa Escuela Italiana de Arqueología de Atenas durante los años 1938-39. Desde 1949 hasta 1953 fue director de la misión arqueológica italiana en Cesarea, donde descubrió la famosa inscripción con el nombre de Poncio Pilato, prefecto de la Judea durante el Imperio de Tiberio. Antonio Frova dirigió numerosas excavaciones también en Italia (entre otras en Milán y en Lodi), fue funcionario de la "Sovrintentendenza alle Antichità" de Lombardia, Emilia Romagna y Liguria y profesor en la Universidad Estatal de Milán.

GABRICI, E.: fue un arqueólogo italiano. Excavó la ciudad etrusca de Veyes (Veio) en 1914[338]. Fue director, desde 1915, de las excavaciones en Selinunte, donde concentró sus investigaciones en el templo de Malophoros y publicó un importante estudio en cuatro volúmenes sobre la antigua ciudad griega de Sicilia. En los años 20 excavó una de las necrópolis de Himera, en Sicilia, además de otros yacimientos en el Sur de la península italiana, como el de Cuma (Campania). Ettore Gabrici fue director del Museo Arqueológico Nacional de Palermo.

GÓMEZ-MORENO, M.: Su formación como arqueólogo empezó durante las excursiones por la Provincia de Granada en compañía del padre, Secretario de la Comisión Provincial de Monumentos. Sus primeros estudios sobre los monumentos de la Provincia de Granada fueron publicados en el boletín del Centro Artístico y Literario de Granada, algunos firmados con el padre, como *Monumentos romanos y visigóticos de Granada* o la *Guía de Granada*. En 1895 consiguió una plaza de profesor de arqueología sagrada y dibujo en el Seminario del Sacromonte y este cargo le permitió la visita y el estudio de los monumentos de las Provincias de Almería, Málaga, Córdoba, Sevilla y Jaén. Fue autor del Catálogo Monumental de Ávila, y del Catálogo Monumental de Salamanca. Fue en las excursiones para la preparación del catálogo de los monumentos de la ciudad del Tormes cuando Gómes-Moreno pudo profundizar en sus conocimientos sobre la prehistoria y la historia de la provincia salmantina y abulense. Sus intereses estaban enfocados, sobre todo, en los yacimientos prerromanos de Cogotas y Ulaca (en Ávila) y de Yecla de Yeltes, Las Merchanas, Irueña y

---
338 Gran Aymerich 2001, 511.

La Hinojosa (en Salamanca). Fue director de la sección de Arqueología del Centro de Estudios Históricos (1910)[339].

KLEJN, L.: es uno de los arqueólogos más importante de la escuela rusa. Nació en Vitebsk, Bielorusia, en 1927. Estudió arqueología y filología en la Universidad de Leningrado donde, después, fue profesor. Participó y dirigió numerosas excavaciones en Rusia y Bielorusia y enfocó sus investigaciones en el período Neolítico y en la Edad del Bronce, en las culturas de los Eslavos, Sármatas y Escitas y en la arqueología teórica. Se interesó también en la arqueología clásica y en la antropología cultural. Desde 1990 Klejn visitó, como profesor externo y lector, muchas Universidades europeas y de los Estados Unidos, como las de Berlín, Londres, Copenhague o Seattle. Leo Klejn ha sido un arqueólogo muy prolífico: ha publicado 14 monografías y cerca de 400 artículos[340].

LEROI, GOUHRAN, A.: arqueólogo francés, fue uno de los más importantes investigadores del arte paleolítico. André Leroi-Gourhan propuso, durante los años 60 del siglo XX, la primera aproximación sistemática al estudio del arte en cuevas ("arte parietal"), afirmando que las figuras formaban composiciones, mientras que anteriormente habían sido consideradas acumulaciones casuales de imágenes independientes. El arqueólogo francés estudió las posiciones y las asociaciones de las figuras de animales en cada cueva, creando estadísticas de presencia y asociaciones entre animales representados, llegando a definir un esquema general para el arte del Paleolítico en Francia. Determinó la existencia de una unidad temática de base y una disposición claramente intencionada de las figuras en los muros[341]. Entre otros, excavó el famoso yacimiento del Paleolítico inferior de Pincevant (Francia), después reinterpretado por L. Binford, y publicó, en 1965 (con sucesivas ediciones hasta la muerte del autor, en 1986), un gran trabajo de síntesis sobre la prehistoria mundial *(La Prehistoria)*[342].

---

339 Gran Aymerich 2001, 407.
340 Véase también su bibliografía y su autobiografía en: klejn.archaeology.ru/index.html consultado el 20-7-2011.
341 Renfrew 1993, 361.
342 Véase la nueva edición de la obra dirigida por José Garanger (2002).

MICALI, G.: este investigador representó, durante el primer desarrollo de los estudios de historia antigua, a principios del siglo XIX, la rama *itálica*. A su obra *L'Italia avanti il dominio dei Romani* (Florencia, 1810) añadirá un atlante con láminas de los *Antiguos monumentos* "porque la historia itálica hay que hacerla, en sustancia, a través de los monumentos", mientras que, en el prefacio al segundo volumen de la *Storia degli antichi popoli italiani* (Florencia 1832) Micali afirmó que "nuestro siglo necesita hechos y ya no razonamientos sin utilidad"[343].

Si en el siglo XX la opinión corriente era que la obra de Giuseppe Micali perteneciese a la tradición erudita de los *antiquari* del siglo XVI, tradición que exaltaba el mundo etrusco y sólo en parte el mundo itálico, y que su obra constituía la última expresión de aquella tradición, fue Massimo Pallottino quien reevaluó la obra de Micali. Pallottino subrayaba la oportunidad de poder leer de forma más atenta y sensible los escritos de Micali (los de 1810 y 1832) y proponía una re-evaluación de aquellas obras, no sólo en relación al tamaño de su enfoque y a la coherencia en el desarrollo de la materia estudiada, sino también por lo que concernía a la exactitud de los datos y de su razonamiento. Desde el análisis del pensamiento de Micali emergen la conciencia de la necesidad de un procedimiento crítico en el análisis de las tradiciones antiguas con la utilización de los datos arqueológicos y epigráficos como fuentes para la historia y la conciencia de la necesidad de una línea de investigación "anti-romana" que subraya, aunque de forma pasional, la exigencia de la reivindicación de un espacio cronológico, cultural y político autónomo de las experiencias de los pueblos itálicos antes del dominio de Roma[344].

ORSI, P.: arqueólogo italiano, nacido en Trentino, en el pueblo de Rovereto (1859-1935). Se mudó a Viena para seguir los cursos de historia antigua y arqueología. Continuó los estudios en la Universidad de Padua y terminó su carrera en Roma. Frecuentó la *Reale scuola italiana di Archeologia*, la Escuela de Arte Clásico en Bolonia y cursó paletnología en Roma. Como inspector de Excavaciones y Museos, en 1888 fue enviado a Siracusa, Sicilia, donde estudió los orígenes de los "sicani" y de los

---
343 Camporeale 2000, 27.
344 Pallottino 1994, 15-16.

"siculi" (los pueblos prerromanos de la isla) y de las ciudades de Thapsos y de Megara Hyblaea. Orsi se dedicó, con la práctica de la excavación y sus investigaciones, a la clasificación cronológica de los materiales prehistóricos de Sicilia. Propuso una distinción en cuatro "períodos siculos" (los primeros dos pertenecientes a la Edad del Bronce, el tercero y el cuarto a la Edad del Hierro) que constituyen el marco cronológico, aceptado todavía hoy en día, de la periodización de la prehistoria reciente de la mayor de las islas del Mediterráneo.

Bajo el punto de vista de la arqueología prehistórica, Sicilia, en la época de Orsi, era todavía una tierra aún por explorar. El arqueólogo italiano empezó las campañas de excavaciones en el yacimiento neolítico de Stentinello, luego excavó las necrópolis de Pantalica, de Melilli, de Plemmiro, de Castelluccio y de Thapsos. Después se interesó también en la arqueología de las colonias griegas en Sicilia.

En 1907 Paolo Orsi se mudó a Reggio Calabria, donde tuvo el cargo de director de la Sovrintentenza Calabra per gli Scavi y contribuyó al nacimiento del gran Museo Nazionale della Magna Grecia. En 1924 Orsi volvió en Sicilia donde trabajó en el museo de Siracusa, que hoy en día lleva su nombre (Museo archeologico regionale Paolo Orsi). Este investigador demostró su preparación en la práctica arqueológica, sobre todo en los contextos funerarios y en la aproximación a la arqueología del paisaje[345].

Fue uno de los fundadores de la *Societá Italiana di Archeologia*, en 1909. A él y a su compañero Federico Halbherr, quien le ayudó en las investigaciones arqueológicas en Trentino, se les dedica la anual *Rassegna del cinema archeologico* (un encuentro anual de cine arqueológico) en el Museo Civico di Rovereto.

PALLOTTINO, M.: uno de los más renombrados arqueólogos italianos (1909-1995) fue el primer profesor de etruscología a la Universidad "La Sapienza" en Roma. A él se debe uno de los más grandes descubrimientos de la civilización etrusca: se trata del hallazgo, durante una campaña de excavación dirigida por él, en Santa Severa (Roma,) en julio de 1964, de las "Tablillas de Pyrgi" con inscripciones bilingües etruscas y fenicias.

---
345 Barbanera 1998, 81.

Efectuó diferentes estudios sobre el Templo de Apolo en Veyes (Veio, en Etruria) y más adelante, a través de sus investigaciones, creó el concepto moderno de "etruscología", creando también una sección de investigación etrusco-itálica en el CNR. Participó en la creación del Istituto Nazionale di Studi Etruschi e Italici y del periódico "Studi Etruschi". Su primer ensayo sobre el tema, *Etruscologia*, publicado por primera vez en Milán, en 1942, ha sido un libro de éxito internacional (siete ediciones hasta 1948), también traducido al francés, inglés, alemán, polaco y español. En 1982 ganó el premio "Balzan" (sección de "ciencias de la Antigüedad") y en 1984 ganó el "Premio Erasmiano", además de otros premios internacionales. En 1993 salió la edición de su *Origine e storia primitiva di Roma* y en 1994 su libro *Storia della prima Italia*.

STOPPANI, A.: nació en 1824 en Lecco (Lombardia). Fue profesor de geología en la Universidad de Pavía y en el Politécnico de Milán, y fue uno de los fundadores del Museo de Historia Natural de Milán (y director del mismo museo entre los años 1882-91). Antonio Stoppani fue uno de los "padres fundadores" de la geología y de la paletnología en Italia. Sus investigaciones prehistóricas estaban enfocadas sobre todo en el estudio de la "terramaras", los asentamientos neolíticos y de la Edad del Bronce de Italia del Norte.

TRIGGER, B.: fue un arqueólogo canadiense (1937-2006). Estudió en la Universidad de Yale y obtuvo el cargo de Profesor en el Departamento de Antropología en la McGill University. Desarrolló sus investigaciones arqueológicas en Egipto (*Ancient Egypt: a social history*[346]) y en Sudán. También enfocó sus intereses científicos sobre la historia de la arqueología y la teoría arqueológica. Entre sus libros, el más renombrado es *A History of Archaeological Thought* ("Historia de pensamiento arqueológico")[347].

TUTANKHAMÓN: fue un faraón de la dinastía XVIII. Probablemente hijo de Amenhotep III (o del mismo Amenhotep IV, *Akenatón*) y de la reina Teye, subió al trono con diez años y murió nueve años después,

---

346 Trigger, Kemp, O'Connor y Lloyd 1985.
347 Trigger 1993.

probablemente por culpa de una infección. Con Tutankhamón, Egipto volvió a la tradición religiosa anterior a la "revolución" instaurada por Akenatón; el clero de Amón recuperó sus posesiones y su situación de privilegio dentro del circuito próximo al poder[348]. Más que por su reinado, el joven faraón es uno de los reyes más famosos del Antiguo Egipto gracias a su tumba. La sepultura de Tutankhamón es conocida con la sigla "KV62" y se halla en el área central del Valle de los Reyes. La magnífica tumba fue descubierta por Howard Carter y Lord Carnarvon tras la Segunda Guerra Mundial. El acceso a la estructura funeraria fue hallado el día 4 de noviembre de 1922 y las excavaciones duraron hasta la primavera de 1932. La importancia de este descubrimiento se debe al hecho de que, única entre las tumbas reales del Nuevo Reino, la de Tutankhamón nunca fue violada por los saqueadores y ha sido descubierta prácticamente intacta; de esta forma es la única "imagen" detallada del ajuar funerario de un rey del Antiguo Egipto de aquella época[349].

WATTENBERG, F.: Federico Wattenberg Sampere, nació en Valladolid en 1923. Desarrolló sus investigaciones arqueológicas sobre los pueblos prerromanos de la Meseta Norte española, sobre todo de los vacceos[350] y los numantinos. Fue nombrado Secretario de la Junta provincial de Excavaciones (Valladolid) y colaborador de la Comisaría General de Excavaciones Arqueológicas. Estudió las cerámicas indígenas del yacimiento de Numancia[351] y el yacimiento del Soto de Medinilla de la I y II Edad del Hierro. Fue, además de profesor de arqueología en Valladolid y director del Museo Nacional de Escultura, miembro de muchas instituciones arqueológicas nacionales y extranjeras.

WHEELER, M.: Robert Eric Mortimer Wheeler (1890-1976) fue uno de los más famosos arqueólogos británicos del siglo XX. Nació en Glasgow y frecuentó la Universidad de Londres. En 1920 obtuvo el cargo de director

---

348 Urruela Quesada 2006, 258.
349 Fagan 1996, 726-727.
350 Wattenberg 1959.
351 Wattenberg 1963.

del Museo Nacional de Gales y fue conservador del Museo de Londres desde 1926 hasta 1944.

Llevó a cabo numerosas excavaciones importantes en Gran Bretaña, entre otras las de Verulamium, publicadas en 1936, y las de Maiden Castle, publicadas en 1943. En Inglaterra Wheeler revolucionó la metodología de la excavación arqueológica confiriendo gran importancia a la sección, al sistema de excavación por cuadrículas y al registro tridimensional de los datos. Wheeler trabajaba a gran escala y era consciente de la necesidad de tener una visión de la evidencia arqueológica tanto horizontal como vertical. Las excavaciones del arqueólogo inglés estaban constituidas por un conjunto ortogonal de catas cuadrangulares regulares. La multiplicación sistemática de las catas separadas por testigos de tierra combinaba la exigencia de no tener que abandonar el uso de las catas con la necesidad de excavar en extensión, sobre amplias áreas. Este tipo de excavación arqueológica, utilizado también por Kathleen Kenyon en Oriente Medio, representó una etapa fundamental en la arqueología de campo, el principio de la excavación moderna en Europa, Oriente Medio y América, aunque esta forma de excavar, hoy en día, ha sido en parte criticada y mejorada[352].

Wheeler obtuvo el cargo de director de las Antigüedades en India (1944-1948) y a él se debe la continuación, con métodos científicos, de las excavaciones de Marshall y Mackay en el Valle del Indo (las excavaciones que sacaron a la luz, desde los años '20, la antigua civilización de Harappa y Mohenjo Daro, en el actual Estado de Pakistán), la organización de las estructuras arqueológicas de India y la formación en arqueología de muchos especialistas de la ex colonia.

Después de haber vuelto a Inglaterra, en 1948, fue profesor en el Instituto de Arqueología, y publicó libros famosos en todo el planeta como su manual de excavación arqueológica *Archaeology from the Earth*, de 1954. Además apareció en la Televisión y en la Radio, llamando la arqueología, de esta manera, la atención del público mundial.

Mortimer Wheeler obtuvo el título de Caballero, "Sir", en 1952, por sus servicios a la arqueología. En 1968 se publicó, como suplemento a

---

[352] Carandini 1991, 42-51.

la *Cambridge History of India*, la tercera edición de los resultados de sus investigaciones en el valle del Indo: *The Indus civilization*.

WILAMOWITZ-MOELLENDORFF, U.: fue un renombrado filólogo alemán y estudioso de la civilización clásica. Nació en Markowitz, en la actual Polonia. Después de haber estudiado filología clásica en la Universidad de Bonn, hizo un viaje de estudio a Italia y Grecia. Ulrich von Wilamowitz-Moellendorf fue un gran estudioso de la obra de Homero y dirigió la serie de publicaciones *Inscriptiones Graecae*, con el objetivo de recoger y publicar todas las inscripciones conocidas de la Grecia Antigua (madre patria y Magna Grecia).

Bibliografía

Alimen, M. H. y Steve, M. J. 1967. *Preistoria*, Feltrinelli, Milano.

Almagro-Gorbea, M y Martín A. M. (eds.) 1994. *Castros y oppida en Extremadura*, Editorial Complutense, Madrid.

Alonso González, P. 2009. *Museología, Arqueología y Patrimonio*, Universidad de León, Área de Publicaciones, León.

Álvarez-Sanchís, J. R. 2006. *Guía arqueológica de castros y verracos: provincia de Ávila*, Deputación Provincial de Ávila, Institución Gran Duque de Alba, Ávila.

Andreae, B. 1991. L'immagine dei Celti nel mondo antico: arte ellenistica, en S. Moscati (coord.), *I Celti*, Bompiani, Milano.

Anthony, D. W. 2007. *The horse, the wheel, and language: how Bronze-Age riders from the Eurasian steppes shaped the modern world*, Princeton University Press, Princeton.

Baldi, P. 1983. *An introducción to the Indo-European languages*, Southern Illinois University Press, Carbondale and Edwardsville.

Ball, M. 1993. *The Celtic language*, Routledge, London.

Barandiarán, I et alii, 1998. *Prehistoria de la Península Ibérica*, Ariel, Barcelona.

Barbanera, M. 1998. *L'archeologia degli italiani*, Editori Riuniti, Roma.

Barceló, J. 2009. En defensa de una arqueología explícitamente científica, Complutum, 20, 1, 175-196.

Barja de Quiroga, P. L. y Lomas Salmonte, F. J. 2004. *Historia de Roma*, Akal, Madrid.

Barker, P. 1981. *Tecniche dello scavo archeologico*, Longanesi, Milano (1996. *Techniques of archaeologial excavation*, Batsford ltd., London).

Barley, N. 2002. *El antropólogo inocente: notas desde una choza de barro*, Anagrama, Barcelona.

Benito del Rey, L y Grande del Río, R. 1994. Menhir fálico en el término de Buenamadre (Salamanca), Zephyrus, XLVII, 365-366.

Bentley, R. A.; Maschner, H. D. G. y Chippindale, C. (eds.) 2008. *Handbook of archaeological theories*, Altamira Press, Plymouth.

Bernabó Brea, L. 1946. *Gli scavi nella caverna delle Arene Candide (Finale Ligure)*, Collezione di monografie preistoriche de archeologiche, Istituto Internazionale di Studi Liguri, Bordighera.

Bernabó Brea, L. 1960. *Melingunís-Lipára: la stazione preistorica della contrada Diana e la necropoli protostorica di Lipari*, S. F. Flaccovio, Palermo.

Bibby, G. 1960. *Le navi dei vichinghi*, Giulio Einaudi Editore, Torino (1956. *The testimony of the spade*).

Binford, L. R. 1983. *In pursuit of the past. Decoding the archaeological record*, Thames and Hudson, New York (2009. *En busca del pasado. Descifrando el registro arqueológico*, Crítica, Barcelona).

Birx, H. J. 2001-2002. Nietzsche, Darwin and Evolution, www.hichumnities.org/Ahproceedings/James%20Birx.pdf consultado el 19-9-2011.

Bonassie, P.; Guichard, P. y Gerbet M. C. 2008. *Las Españas medievales*. Crítica, Barcelona.

Bordes, F. 1968. *El mundo del hombre cuaternario*, Guadarrama, Madrid.

Borges, J. L. 2005. *Ficciones. El Aleph. El informe de Brodie*. Fundación Biblioteca de Ayacucho, Venezuela.

Bradley, R. 2003. A life less ordinary: the ritualization of domestic sphere in late prehistoric Europe, Cambridge Archaeological Journal, 13, 1, 5-23.

Brink, S. 2005. Verba volant, scripta manent? Aspects of the Oral Society in Scandinavia, en P. Hermann (ed.) *Literacy in Medieval and Early Modern Scandinavian culture*, Viking collection 16, Odense, 59-117.

Brink, S. 2008. People and Land in Early Scandinavia, en I. H. Garipzanov, P. Geary y P. Urbanczyk (eds.) *Franks, Northmen and Slavs*, Turnhout Brepols Publishers, 5, 87-112.

Bristow, P. H. W. 1998. *Attitudes to Disposal of the Dead in Southern Britain. 3500 bc-AD43*, BAR, Oxford, 274.

Brück, J. 1999. Ritual and rationality, some problems of interpretation in European archaeology, European Journal of Archaeology, 2 (3), 313-344.

Burillo Mozota, F. 1998. *Los Celtíberos: etnias y estados*, Crítica, Barcelona.

Butzer, K. W. 1989. *Arqueología, una ecología del hombre. Método y teoría para un enfoque contextual*, Bellaterra, Barcelona.

Cabré Aguiló, J. 1930 *Excavaciones de Las Cogotas, Cerdeñosa (Ávila). El Castro*, Junta Superior de Excavaciones y Antigüedades, Madrid.

Camporeale, G. 2000. *Gli Etruschi*, UTET librería, Torino.

Carandini, A. 1991. *Storie dalla terra. Manuale di scavo archeologico*, Einaudi, Torino (1997. *Historias en la tierra*, Crítica, Barcelona).

Carandini, A. 2006. *Remo e Romolo. Dai rioni dei Quiriti alla città dei Romani (775/750 – 700/675 a. C.)*, Einaudi, Torino.

Carballo Arceo, L. X. 2005. *Guía de los castros de Galicia*, Nigratrea, Vigo.

Carena, C. 1987. *Cesare. Le guerre in Gallia. De Bello Gallico*, Oscar Mondadori, Cles (TN).

Carlier, P. 2005. *Homero*, Akal, Madrid.

Cassano, M. S., Cazzella A., Manfredini, A. Moscoloni, M. Mussi, M. 1984. *Paletnologia. Metodi, e strumenti per l'analisi delle società preistoriche*, NIS, Roma.

Cazzella, A. 1985. L'archeologia dopo la *New Archaeology*: il rapporto con l'etno-archeologia, Dialoghi d'Archeologia, serie 3, 3, 11-24.

Ceram C. W. 1987. *Dioses, tumbas y sabios*, Crítica, Barcelona.

Ceva, B. 1990. *La vita di Agricola. La Germania*, Biblioteca Universale Rizzoli, Milano.

Champion, S. 1983. *Archeologia. Dizionario di termini e tecniche*, Garzanti, Milano (1980. *A dictionary of terms and techniques in archaeology*, Oxford).

Childe, V. G. 1929. *The Danube in Prehistory*, Oxford at the Clarendon Press, Oxford.

Childe, V. G. 1930. *The Bronze age*, Cambridge University Press, Cambridge.

Childe, V. G. 1949. *L'aube de la civilisation européenne*, Payot, Paris.

Childe, V. G. 1950. *The dawn of European civilization*, Routledge, London.

Clarke, D. L. 1984. *Arqueología analítica*, Bellaterra, Barcelona.

Clermont, N and Smith, P. E. L. 1990. Prehistoric, prehistory, prehistorians... who invented the terms, Antiquity 63, 242, 97-102.

Clottes, J. y Lewis-Williams, D. 2001. *Los chamanes de la prehistoria*, Ariel, Barcelona.

Coles, J. 1979. *Experimental Archaeology*, Academic Press, London.

Collis, J. 1989. *La Edad del Hierro en Europa*, Labor, Barcelona.

Cracco Ruggini, L. 1984. I barbari in Italia nei secoli dell'Impero, en G. Pugliese Caratelli (ed.) *Magistra Barbaritas*, Antica Madre, collana di studi sull'Italia Antica, Garzanti – Scheiwiller, Milano, 3-52.

Cunliff, B. 1998. *Prehistoria de Europa*, Grijalbo Mondadori, Barcelona.

Daniel, G. 1963. *The idea of prehistory*, The World Publishing Company, Cleveland y New York.

Dark, K. R. 1995. *Theoretical Archaeology*, Dukworth, London.

Day, J. V. 1991. *Indo-european origins. The anthropological evidence*, The Institute for the Study of Man, Washington D. C.

De Marinis, R. 1990. I Liguri, en G. Pugliese Carratelli (ed.), *Italia, omnium terrarum alumna*, Antica Madre, collana di studi sull'Italia Antica, Garzanti – Scheiwiller, Milano, 248-260.

Del Ponte, R. 1999. *I Liguri. Etnogenesi di un popolo*, ECIG, Genova.

Díaz-Andreu, M. y Champion, T. 1996. *Nationalism and archaeology in Europe*, UCL Press, London.

Díaz Santana, B, 2003. Los Celtas. Identidad, etnicidad y arqueología, SPAL, 12, 299-316.

Dobesch, G. 1991, Le fonti letterarie, en S. Moscati (coord.), *I Celti*, Bompiani, Milano.

Domingo, I.; Burke, H. y Smith, C. 2007. *Manual de campo del arqueólogo*, Ariel, Barcelona.

Eco, U. 1999. *En búsqueda de la lengua perfecta*, Crítica, Barcelona.

Eco, U. 2009. *El vértigo de las listas*, Lumen, Barcelona.

Eidelstein, E. 1997. *El Anticristo*, Edicomunicación, Barcelona.

Eiroa, J. J. 2000. *Nociones de Prehistoria general*, Ariel, Barcelona.

Eiroa, J. J. et alii 1999. *Nociones de tecnología y tipología en Prehistoria*, Ariel, Barcelona.

Esparza Arroyo, A. 1986. *Los castros de la Edad del Hierro del noroeste* de *Zamora*, Instituto de Estudios Zamoranos Florián de Campo, Diputación de Zamora, Zamora.

Fagan, B. M. (ed.) 1996. *The Oxford Companion to Archaeology*, Oxford University Press, Oxford.

Fanjul Peraza, A. 2005. *Los castros de Asturias: una revisión territorial y funcional*, Ayuntamiento de Teverga, Teverga.

Farrington, K. 2000. *Historical atlas of expeditions*, Checkmark Books, New York.

Fedele, F. 1988. *L'uomo, le Alpi,la Valcamonica. 20.000 anni al Castello di Breno*. La Cittadina, Boario Terme (BS).

Fedele, F. 1999. Economy and territory of high-altitude Mesolithic land use: the Central Alps, en P. Della Casa (ed.), *Prehistoric alpine environment, society and economy*, Habelt, Bonn, 25-36.

Fedele, F. 2000 a. Il sito stratificato BC3: notizie sulle occupazioni neo-calcolitiche e sul contesto delle ceramiche, en F. Fedele (coord.), *Ricerche archeologiche al Castello di Breno, Valcamonica, 1.* Notizie Archeologiche Bergomensi, 8, Civico Museo Archeologico di Bergamo, Bergamo, 35-62.

Fedele, F. 2000 b. Il sito calcolitico B5: notizie sugli scavi e sul contesto delle ceramiche, en F. Fedele (coord.), *Ricerche archeologiche al Castello di Breno, Valcamonica, 1.* Notizie Archeologiche Bergomensi, 8, Civico Museo Archeologico di Bergamo, Bergamo, 63-71.

Fedele, F. 2000 c. Il programma di ricerche al Castello di breno, 1980-85, en F. Fedele (coord.), *Ricerche archeologiche al Castello di Breno, Valcamonica, 1.* Notizie Archeologiche Bergomensi, 8, Civico Museo Archeologico di Bergamo, Bergamo, 11-34.

Fernández Götz, M. A. 2009. Gustaf Kossinna: análisis crítico de una figura paradigmática de la arqueología europea. Arqueoweb 11, www.ucm.es/info/arqueoweb/pdf/11/gotz.pdf consultado el 08-04-2010.

Fernández Martínez, V. M. 1997. Desenterrando la risa: una aproximación a la arqueología y el humor, Complutum, 8, 335-368.

Finn, C. 2004. *Past poetic: Archaeology in the Poetry of W. B. Yeats and Seamus Haeney*, Duckworth, London.

Flannery, K. V. y Marcus, J. (eds.) 1983. *The Cloud people: divergent evolution of the Zapotec and Mixtec civilization*. New York.

Forston, B. W. 2004. *Indo-European language and culture*, Blackwell, Oxford.

Fouler, D. D.; Jolie, E. A. y Salter, M. W. 2008. Archaeological ethics in context and practice, en R. A. Bentley, H. D. G. Maschner y C. Chippindale (eds.), *Handbook of archaeological theories*, Altamira Press, Plymouth.

Francovich, R. y Manacorda, D. 2001. *Diccionario de Arqueología. Temas, conceptos y métodos*, Crítica, Barcelona (2000. *Dizionario di Archeologia*, Editori Laterza, Roma-Bari).

Frigoli, R. 2010. *Las excavaciones de R'lyeh. La arqueología como método, la prehistoria como idea y la literatura fantástica de H. P. Lovecraft*, JAS Arqueología, Madrid.

Garanger, J. 2002. *La Prehistoria en el mundo*, Akal, Madrid.

García Gual, C. 2007. *Introducción a la mitología griega*, Alianza Editorial, Madrid.

García Yerba, V. 1987. Protohistoria de la traducción, en J. C. Santoyo (ed.) *Fidus interpres*, Actas de las primeras jornadas nacionales de Historia de la Traducción, Universidad de León, León, 11-23.

Girwood, A. 1984. The immaginative response to Archaeology in late-nineteenth and early twenteeth-century literature, Archaeological review from Cambridge, 3, 29-37.

González-Rubial, A. 2006. Experiencia, Narración, Personas: elementos para una arqueología comprensible, Complutum, 17, 235-246.

Gonzalez Tablas-Sastre, F. J. 1987. Transición a la segunda Edad del Hierro, Zephyrus, 39-40, 49-57.

Gourvish, T. 1999. Los ferrocarriles como medio de transporte en Gran Bretaña, 1830-1990, en M. Muñoz Rubio, J. Sanz fernández y J. Vidal Olivares (eds.), *Siglo y medio del ferrocarril en España, 1848-1998*. Fundación de los Ferrocarriles Españoles, 55-63.

Gran-Aymerich, E. 2001. *El nacimiento de la Arqueología moderna. 1798-1945*, Prensas Universitarias de Zaragoza, Zaragoza.

Grant, J.; Gorin, S. y Fleming, N. 2008. *The Archaeology coursebook. An introduction to themes, sites, methods and skills*, Routledge, New

York and London.

Gräslund, B. 1987. *The Birth of Prehistoric Chronology*, Cambridge University Press, Cambridge.

Green, K. 1999. V. Gordon Childe and the vocabulary of revolutionary change, Antiquity, 73, 279, 97-109.

Guidi, A. 1988. *Storia della Paletnologia*, Editori Laterza, Roma-Bari.

Guidi, A. 1994. *I metodi della ricerca archeologica.* Roma-Bari, Editori Laterza.

Hackett, A. y Dennell, R. 2003. Neanderthals as fiction in archaeological narrative, Antiquity, 77, 298, 816-827.

Hardcastle, G. L. 1991. Presentism and the Indeterminacy of Translation, Studies in History and Philosophy of Science, 22, 2, 321-345.

Harden, D. 1963. *The Phoenicians*, Thames and Hudson, London.

Harding, A. F. 2003. *Sociedades europeas en la Edad del Bronce*, Ariel, Barcelona.

Harrison, R. 2010. Exorcising the 'plague of fantasies': mass media and archaeology's role in the present; or, why we need an archaeology of 'now', World Archaeology, 42, 3, 328-340.

Hernández Descalzo, P. J. 1997. Luces, Cámara, ¡acción!: arqueología, toma 1, Complutum, 8, 311-334.

Hernández Guerra, L. 2005. *Pueblos prerromanos y romanización de la provincia de Soria*, Diputación provincial de Soria, Soria.

Hernández Hernández, F. 2009. *Planteamientos teóricos de la museología*, Ediciones Trea, Gijón.

Hernando, A. 1999. *Los primeros agricultores de la Península Ibérica*, Sintesis, Madrid.

Hines, J. 2004. *Voices of the past: English literature and Archaeology*, D. S. Brewer, Cambridge.

Hodder, I. 1982. *Symbols in action*, Cambridge University Press, Cambridge.

Hodder 1988. *Interpretación en arqueología. Corrientes actuales*, Crítica, Barcelona.

Holtorf, C. 2005. *From Stonehenge to Las Vegas. Archaeology as popular culture*, Altamira, Valnut Creek.

Holtorf, C. 2007. *Archaeology is a brand! The meaning of archaeology in popular culture*, Archaeopress, Oxford.

Hull, D. 1979. In defense of presentism, History and Theory, 18, 1-15.

Hurtado Albir, A. 2011. *Traducción y Traductología*, Cátedra, Madrid.

Huss, W. 1993. *Los cartagineses*, Gredos, Madrid.

James, N. 2008. Rome + Barbarians = Europe?, Antiquity, 82, 493-496.

James, P. 1993. *Siglos de oscuridad. Desafío a la cronología tradicional del Mundo Antiguo*, Crítica, Barcelona.

Jimeno, A. et alii 2004. *La necrópolis celtibérica de Numancia*. Junta de Castilla y León, Consejería de Turismo.

Jones, S. 1997. *The archaeology of ethnicity: constructing identities in the past and present*, Routledge, London.

Jouffroy, L. M. 1953. *L'Ère du Rail*, Libraire Armand Colin, Paris.

Joukowsky, M. 1986. *A complete manual of Field Archaeology*, Prentice Hall Press, New York.

Koch, J. T. 2009. *Tartessian: Celtic in the South-west at the dawn of history*, Celtic studies publications, Aberystwyth.

Korfmann, M. 2001. *A guide to Troya*. Excavation Guides Series: 1, Istanbul, University of Tübingen, Troya Project.

Kristiansen, K. 2008. Should archaeology be in the service of 'popular culture'? A theoreticl and political critique of Cornelius Holtorf's vision of archaeology, Antiquity, 82, 316, 488-492.

Kristiansen, K. y Larsson, T. B. 2006. *La emergencia de la sociedad del Bronce. Viajes, transmisiones y transformaciones*, Bellaterra, Barcelona.

Kurtz, W. S. 1987. *La necrópolis de Las Cogotas*, BAR International Series 344, Oxford.

Leroi-Gourhan, A. 1982. *The dawn of european art: an introduction to paleolithic cave painting*, Cambridge University Press, Cambridge.

Lewin, A. 2005. *The archaeology of Ancient Judea and Palestine*, The J. Paul Getty Museum, Los Angeles.

Liverani, M. 2008. *El Antiguo Oriente*, Crítica, Bacelona.

López Jiménez, O. 2001. Europa y la creación de los modelos "célticos".

El origen del paradigma étnico-cultural, Trabajos de prehistoria, 58, 2, 69-88.

Lorrio, A. 1997. *Los Celtíberos*, Universidad de Alicante, Alicante.

Lorrio, A. J. 2008. Los Celtíberos, en F. Gracia Alonso (coord.), *De Iberia a Hispania*, Ariel, Barcelona.

Luiselli, B. 1992. *Storia culturale dei rapporti tra mondo romano e mondo germanico*, Herder editrice e librería, Roma.

Maddoli, G. 1985. Magna Grecia: storia di un nome, en G. Pugliese Caratelli (ed.) *Magna Grecia. Il Mediterraneo, le metropoleis e la fondazione delle colonie*, Electa, Milano, 35-46.

Martín Valls, R. 1987. La segunda Edad del Hierro: consideraciones sobre su periodización, Zephyrus, 39-40, 59-86.

Meyers, E. M. (ed.) 1997. *The Oxford enciclopedia of Archaeology in the Near East*, vol. 1, Oxford University Press, New York y Oxford.

Moberg, C. A. 1987. *Introducción a la arqueología*, Cátedra, Madrid.

Moro Abadía, O. 2007. *Arqueología prehistórica e historia de la ciencia. Hacia una historia crítica de la arqueología*, Bellaterra, Barcelona.

Moscati, S. 1982. *I Cartaginesi*, Jaca Book, Milano.

Moser, S. 2009. Archaeological representation: the consumption and creation of the past, en B. Cunliffe, C. Gosden y R. A. Joyce (eds.), *The Oxford Handbook of Archaeology*, Oxford University Press, Oxford.

Mosse, G. L. 1968. *The crisis of German Ideology*, Grosset and Dunlop, New York.

Mudrovcic, M. I. 2005. *Historia, narración y memoria*, Akal, Madrid.

Müller-Karpe, H. 1984. *Storia dell'età della pietra*, Laterza, Roma-Bari.

Müller-Scheessel, N. 2001. Fair Prehistory: archaeological exhibits at French Expositions Universelles, Antiquity, 75, 391-401.

Pallottino, M. 1984. *Etruscologia*, Editore Ulrico Hoepli, Milano (1975, *The Etruscans*, Penguin Books, Harmondsworth).

Pallottino, M. 1994. *Storia della prima Italia*, Rusconi Libri, Milano.

Parezo, N. 1987: The formation of Ethnographic Collections: The Smithsonian Insitution in the American Southwest, Advances in

Archaeological Method and Theory, 10, 1- 48.

Pauli, L. 1984. *The Alps. Archaeology and Early History*, Thames and Hudson, London.

Pelayo, F. 2003. Desenterrando a los ancestros: los orígenes de la paleontología humana, www.gobcan.es/educacion/3/Usrn/fundoro/archivos%20adjuntos/publicaciones/actas/Actas%20Seminario%20XV-XVI/conferencias/17.pdf consultado el 19-9-2011.

Pereira Menaut, G. 1992. Aproximación crítica al estudio de etnogénesis: la experiencia de Callaecia, en *Paletnologia de la Península Ibérica*, Complutum, 2-3, 35-43.

Pickstone, J. V. 1995. Past and Present Knowledges in the Practice of the History of Science, History of Science, 33, 203-224.

Pluciennik, M. 1999. Archaeological narratives and other ways of telling, Current Anthropology, 40, 5, 653-678.

Praetzellis, A. 2011. *Death by Theory. A tale of mistery and archaeological theory*, Altamira Press, Plymouth.

Price, S. y Kearns, E. (eds.) 2003. *The Oxford dictionary of Classical Myth and Religion*. Oxford University Press, Oxford.

Pugliese Caratelli, G. 1983. Storia civile, en *Megale* Hellas, Libri Scheiwiller, Milano 5-102.

Querol, M. A. y Martínez Díaz, B. 1999. El patrimonio arqueológico en la normativa internacional, Complutum Extra, 6 (II), 295-306.

Quine, W. V. O. 1960. *Word and object*, Bradford Books, Cambridge.

Raup, D. 1994. *L'estinzione. Cattivi geni o cattiva sorte?*, Einaudi, Milano (1991. *Extinction. Bad genes or bad luck?*).

Renfrew, C. 1975. *Before civilization. The Radiocarbon Revolution and Prehistoric Europe*, Jonathan Cape, London.

Renfrew, C. 1985. *The Archaeology of Cult. The sanctuary at Phylakopi*, Thames and Hudson, London.

Renfrew, C. 1990. *Arqueología y lenguaje: la cuestión de los orígenes indoeuropeos*, Crítica, Barcelona.

Renfrew, C. 1993. *Arqueología: teorías, métodos y práctica*, Akal, Madrid.

Renfrew, C. 2007. *Prehistory. The making of human mind*, Weidenfeld and Nicolson, London.

Romero Carnicero, F.; Sanz Mínguez, C. y Álvarez-Sanchís J. R. 2008. El primer milenio a. C. en las tierras del interior penisnular, en F. Gracia Alonso (coord.), *De Iberia a Hispania*. Ariel, Barcelona.

Roskams, S. 2003. *Teoría y práctica de la excavación*, Crítica, Barcelona.

Ruiz Rodríguez, A. et alii 1988. La arqueología contextual, Trabajos de Arqueología, 45, 11-17.

Ruiz Zapatero, G. 1997. Héroes de piedra en papel: la prehistoria en el cómic, Complutum, 8, 285-310.

Ruiz Zapatero, G. y Fernández Martínez, V. M. 1997. Arqueología: imagen y proyección social, Complutum, 8, 263.

Salza, A. 2000. Presentación, en *Le origini dell'Umanitá*, Quaderni, Le Scienze, 113, 2-5.

Sansoni, U. 2001. L'arte rupestre nel Medioevo, E. Anati y A. Fradkin (coord.), *Valcamonica preistorica*, Edizioni del Centro, Capo di Ponte, Brescia.

Santacana Mestre, J y Hernández Cardona, F. X. 2006. *Museología crítica*, Ediciones Trea, Gijón.

Sanz-Mínguez, C. 1997. *Los Vacceos, cultura y ritos funerarios de un pueblo prerromano del Valle Medio del Duero: la necrópolis de Las Ruedas, Padilla de Duero (Valladolid)*, Junta de Castilla y León, Consejería de Educación y Cultura, Valladolid.

Schadla-Hall, T. 1999. Editorial: Public Archaeology, European Journal of Archaeology, 2,2, 147-158.

Severi C. 2004. *Il percorso e la voce*, Einaudi, Torino.

Shaw, I. 2007. *Historia del Antiguo Egipto*, La esfera de los libros, Madrid.

Sperber, D. 1984. *Il sapere degli antropologi*, Feltrinelli, Milano.

Tobias, P. V. 1992. *Paleoantropologia*, Jaka Book, Milano.

Torelli, M. 1996. *Historia de los Etruscos*, Crítica, Barcelona.

Trigger 1984. Alternative archaeologies: nationalist, colonialist, imperialist, Man, 19, 3, 355-370.

Trigger, B. 1992. *Historia del pensamiento arqueológico*, Crítica, Barcelona.

Trigger, B; Kemp, B. J.; O'Connor, D. y Lloyd a. B. 1985. *Historia del Egipto Antiguo*, Crítica, Barcelona.

Trotta, F. 1996. *Geografia. Iberia e Gallia*, Biblioteca Universale Rizzoli, Milano.

Urruela Quesada, J. J. 2006. *Egipto faraónico. Política, economía y sociedad*, Ediciones Universidad de Salamanca, Salamanca.

Véga, M. A. 2004. *Textos clásicos de teoría de la traducción*. Cátedra, Madrid.

Vidal, C. 2001. *Los exploradores de la reina y otros aventureros victorianos*. Barcelona, Planeta.

Vv.Aa. 2004. *Celtas y Vettones*, Exposición. Ávila, Torreón de los Guzmanes. Diputación Provincial de Ávila, Ávila.

Vv.Aa. 2005. *El descubrimiento de los Vettones,* Catálogo de la Exposición, Ávila, Torreón de los Guzmanes, Institución Gran Duque de Alba, Ávila;

Vv.Aa. 2007. *Los Etruscos. (Exposición. Museo Arqueológico Nacional, 27 de septiembre – 6 de enero 2008)*, Ministerio de Cultura, Subdirección General de Publicaciones, Información y Documentación, Madrid.

Vv.Aa. 2008. *A new dawn for the Dark Age? Shifting paradigms in Mediterranean Iron Age chronology*, proceedings of the XV World Congres (Lisbon 4-9 september 2006), Archaeopress, Oxford.

Wallace, G. 2008. Archaeology and society, en R. A. Bentley, H. D. G. Maschner y C. Chippindale (eds.), *Handbook of archaeological theories*, Altamira Press, Plymouth.

Wattenberg, F. 1959. *La región Vaccea: celtiberismo y romanización en la cuenca media del Duero*, Consejo Superior de Investigación Científica, Instituto Español de Prehistória, Madrid.

Wattenberg, F. 1963. *Las cerámicas indígenas de Numancia*, Insituto Español de Prehistoria, Madrid.

Wasilewska, E. 1994. The research of the impossible: the archaeology of religion of prehistoric societies as an athropological discipline, Journal of prehistoric religion, VIII, 62-75.

Wendt, H. 2009. *Tras las huellas de Adán*, Zeta, Barcelona.

Wheeler M. 1961. *Arqueología de campo*, Fondo de Cultura Económica, México D. F.

Wilkinson, T. A. H. 1999. *Early Dynastic Egypt*, Routledge, London y New York.

Wiwjorra, I. 1996. German archaeology and its relation to nationalism and racism, en Díaz-Andreu, M. y Champion, T. (eds.), *Nationalism and archaeology in Europe*, UCL Press, London.

ÍNDICE

1. Un millón de años de viaje en el tiempo. — 1

2. La poiêsis del pasado. — 35

3. Picos, ases de picas... y comodines. — 65

4. Mantras arqueológicos. — 87

5. Too fast to live, too young to die! — 101

6. Contraespionaje en las Galias y otros problemas de interpretación. — 113

7. "Yo sólo juego con mi vida, nunca con mi dinero". — 137

Anexo 1: "aforismos arqueológicos". — 235

Anexo 2: Definiciones, lugares, protagonistas. — 249

Bibliografía. — 284

AHIA: Colección Arqueología Pública

AHIA significa 'burro' en Amárico, la lengua principal de Etiopía... La imágen es un pequeño burrito reinterpretado de un panel de arte rupestre en Las Batuecas, Salamanca. ¿Era un burro de verdad? Las cabras de al lado sí parecen claras, el burro me lo parece a mí. Pero sólo quien lo pintó lo sabe.

La Arqueología Pública intenta acercar nuestra disciplina a la sociedad. Por ello, con esta colección pretendo promover títulos que se salen de la tónica habitual de la investigación arqueológica, acoger a esos estudios que analizan el pasado, el presente y el futuro de la Arqueología con vistas a la sociedad. ¿Por qué? Porque cada día se hace más necesario otorgar a la sociedad la importancia que se merece dentro del proceso de investigación arqueológica.

AHIA es la primera colección de su clase editada desde España y promete convertirse en un referente.

Espero que disfruten de esta colección.

Un saludo,

Jaime Almansa Sánchez, Editor